中国科学院科学家70年爱国奋斗事迹读本

中国科学院直属机关党委◎编

科学出版社

北京

内 容 简 介

本书选取中国科学院老一辈科学家的爱国奋斗事迹，将历史传记和个人自述相结合，突出感人事迹和崇高精神，展现老一辈科学家的家国情怀。本书收录各学科奠基人、“两弹一星”元勋、国家最高科学技术奖获得者共24位老一辈科学家，生动翔实记录他们爱国奋斗的故事，从中读者可以领略典范的精神、感受榜样的力量。

本书适合科技工作者和大众读者阅读。

图书在版编目（CIP）数据

中国科学院科学家70年爱国奋斗事迹读本/中国科学院直属机关党委编.
—北京：科学出版社，2020.1
ISBN 978-7-03-063674-4

Ⅰ.①中… Ⅱ.①中… Ⅲ.①中国科学院-科学家-先进事迹 Ⅳ.①K826.1

中国版本图书馆 CIP 数据核字（2019）第280877号

责任编辑：侯俊琳 朱萍萍 刘巧巧 张 楠 陈晶晶
责任校对：韩 杨/责任印制：李 彤 / 封面设计：有道文化

科学出版社出版
北京东黄城根北街 16 号
邮政编码: 100717
http://www.sciencep.com
北京虎彩文化传播有限公司印刷
科学出版社发行 各地新华书店经销
*
2020 年 1 月第 一 版 开本：720×1000 1/16
2022 年 1 月第三次印刷 印张：19
字数：388 000

定价：98.00 元

（如有印装质量问题，我社负责调换）

本书编写组

组　长：李和风

副组长：房自正　李　斌　柯遵科

成　员（以姓氏笔画为序）：

王　玉　王扬宗　王洪鹏　王勇忠　王润秋

王家乾　云　霞　刘　洋　李雨浓　杨　枭

杨　萃　胡晓菁　傅　芳　熊　姣　熊卫民

前言

2019年是中华人民共和国成立70周年，也是中国科学院建院70周年。70年来，中国科学院几代科学家坚持与祖国同行、与科学共进，始终以“创新科技、服务国家、造福人民”为己任，前赴后继、不怕艰难、无惧牺牲，大胆探索、开拓创新、勇于实践，解决了一大批事关国家全局的重大科技问题，突破了一大批制约发展的关键核心技术，取得了一大批一流水平的原创成果，不断为中国科技事业发展做出开拓性贡献，在新中国的现代化进程中做出了重大贡献，在国家富强和民族复兴的道路上写下辉煌篇章。他们求真务实、报国为民、无私奉献的先进事迹充分展现出我国广大知识分子的家国情怀和奉献精神。

新中国成立之初，中国科学院老一辈科学家在当时国际形势恶劣、国内经济基础薄弱、工作和生活条件十分艰苦的情况下，怀着满腔的爱国热情，响应党和国家的号召，党让去哪里，背上行囊就去哪里，始终与党和国家的发展同向同行，义无反顾地投身建设新中国的科学事业中，为我国科技进步、经济社会发展和国家安全做出了彪炳史册的贡献。“两弹一星”、我国第一台计算机、顺丁橡胶、陆相成油理论、自主研制氯霉素和青霉素、人工合成牛胰岛素、数学机械化证明等一座座科技创新的丰碑解决了威胁国家安全和制约经济社会发展的关键核心技术。在西方国家“卡我们脖子”、以为“捏住了我们的命门”的时候，他们坚决贯彻落实党中央决策部署，勇挑重担，迎难而上，披荆斩棘，攻克“卡脖子”

关键核心技术，真正做到急国家之所急、研国家之所需。他们是中国科学家精神的塑造者、引领者和践行者，是习近平总书记赞许的“干惊天动地事，做隐姓埋名人”的民族英雄！

本书以习近平总书记关于弘扬爱国奋斗精神的一系列重要指示精神为指导，选取学科奠基人、“两弹一星”元勋、国家最高科学技术奖获得者 3 个群体，在已有传记材料的基础上，采用历史传记和个人自述相结合的形式，真实可信地通过代际差异和不同学科展现他们在“爱国奋斗精神”这一共同主题下各自不同的人生经历和丰富多样的动人事迹。

上篇选取的是中国科学院的第一代科学家。他们在民国时期已经是知名科学家。新中国成立后，他们在数理化天地生及技术科学等学科的开创和奠基，研究所的设计、筹备与建立，乃至中国科学院的组织和管理上发挥了重要作用。中篇和下篇选取的是 20 世纪 10 年代前后出生的中国科学院第二代科学家和 20 世纪 20 年代前后出生的中国科学院第三代科学家。他们中的大多数都是新中国成立后从海外归国献身于新中国科学事业的精英。其中，中篇选取的是这一群体中获得“两弹一星功勋奖章”的科学家[①]，下篇选取的是这一群体中获得国家最高科学技术奖的科学家。

本书既反映了时代的共同特征，也体现出科学家的鲜明个性，突出展现了老一辈科学家的坚守科技报国初心、投身祖国建设苦干实干的感人事迹。

伟大的事业在召唤，实现中华民族伟大复兴的号角已经吹响，希望本书能够引导新时代科技工作者读懂典范精神、感受榜样力量，自觉传承、践行老一辈科学家的爱国奋斗精神，铭记报国情怀、砥砺奋斗精神、激发创造活力，在新时代自觉把个人梦融入中国梦，勇担民族复兴大任，为实现“四个率先”目标、建设世界科技强国贡献智慧和力量。

中国科学院直属机关党委
2019年10月

①在23位“两弹一星”元勋中，本书只选取了部分长期在中国科学院工作的科学家。

目　录

下篇　国家最高科学技术奖获得者

上　篇

学科奠基人

华罗庚

——一腔报国热情的世界顶级数学家

华罗庚是天赋异禀的天才少年，通过自学成为享誉世界的顶级数学家；他是受人敬仰的人民教师，无论在何处，无论何种处境，都不会阻碍他对学生的关爱；他是爱国志士，异国科研环境再好，也无法打消他报国的归心。他就是华罗庚，当代中国人最耳熟能详的数学家。他不仅是数学界公认的中国解析数论、矩阵几何学、典型群、自守函数论与多元复变函数论等多方面研究的创始人和开拓者，在计算数学领域也做出了开创性的贡献，被称为中国计算数学的开创者和实践者。

华罗庚一生坎坷，少时无钱读书，青年时遭遇战乱，中年时又被迫离开自己的专业研究。但他就像一团永不熄灭的火，祖国哪里需要他，他就在哪里，凭借自己的一腔热情，他将优选法和统筹法（简称“双法”）“烧遍”整个中华大地。菲尔兹奖与沃尔夫奖获得者赛尔贝格（Atle Selberg）曾说：“要是华罗庚在第二次世界大战之后仍然留在美国的话，他本来会对数学做出更多贡献的。但很难想象，如果他不曾回国，中国的数学会怎么样？”①

华罗庚

■ 自学成才的数学少年

1910 年 11 月 12 日，华罗庚出生在江苏省太湖以西的小县城金坛，父亲华瑞栋以经营小杂货铺为生。

①详见王元. 回忆我的老师华罗庚［EB/OL］. http: //cmsold.cms.org.cn/zl/hlgeng/20100112-24. htm.

读初中时，华罗庚的数学天赋被王维克老师发现。王维克老师在小华罗庚心中“埋下了数学的种子”。尽管华罗庚以全班第二名的成绩从金坛县立初级中学毕业，但是家里已经无力供他继续读高中。为了毕业后能谋一个会计之类的工作养家糊口，经过一番努力，华罗庚考取了上海中华职业学校。但是上海中华职业学校的老师不明白华罗庚的解题思路，再加上其家道越发衰落，无法支付住宿费，因此，华罗庚在最后一个学期选择了退学。

16 岁时，辍学在家的华罗庚开始一边在父亲的杂货铺帮忙，一边自学数学。因为看书太过投入，华罗庚常常忘记照顾生意，因此时常与父亲发生口角，甚至有时被左邻右舍称为“呆子”。两年后，王维克从法国留学归来，成为金坛中学的校长，将华罗庚招入金坛中学工作。这无疑是为当时一贫如洗的华家雪中送炭。加入金坛中学后，华罗庚先后发表了六篇论文。

1930 年，华罗庚在《科学》（*Science*）第 15 卷第 2 期上发表文章《苏家驹之代数的五次方程式解法不能成立的理由》。这篇文章体现了华罗庚严谨的治学风格，深受熊庆来等老一辈数学家的赏识，华罗庚的命运因此改变——第二年，他就被调到了清华大学数学系任助理。华罗庚在清华大学边学习边工作，只用一年半时间就学完了数学系的全部课程，同时自学了英语、法语、德语、日语，在国际学术期刊上发表了 3 篇论文。1933 年，华罗庚被熊庆来破格任用为助教，1934 年 9 月被提拔为讲师。

在清华的 5 年，是华罗庚自学的巅峰时期，也是在这一时期，他正式与“初等”数学研究告别。

■ “一二·九”与爱国运动

华罗庚自幼就很有爱国情怀与正义感。“九一八”事变之后，北平①的学生开展抗日救亡运动，当时他便在内心暗自称赞这些清华园里的进步学生。随后，他也不甘寂寞，暑假回乡时发起了一个小小的读书会。

1935 年冬天，“一二·九”运动爆发。这一天华罗庚起得特别早，夹着一本数学书，在黎明时分随着游行示威的队伍，“目送同学逆朔风，踏积雪前进”②。

①今北京市，1928年6月～1949年9月称为北平——出版者注。

②王元．华罗庚传．南昌：江西教育出版社，1999：55.

在这次运动中，许多教授虽然身不能至，但心向往之。他们支持这些学生的爱国运动，并关心他们的安危。许多老师的家成为这些学生的避难所。据清华大学原副校长李寿慈回忆，当时局势紧张，因为他曾在“清华救国会宣言”上签名，很容易被根据名字抓捕。华罗庚主动为李寿慈提供避难所。没想到，日本宪兵不仅冲进了清华园，而且冲进了华罗庚的宿舍。日本宪兵看到李寿慈非常惊讶，询问他的身份。李寿慈只能一边找借来的学生证一边称自己叫“王乃梁”。这时，华罗庚立即开口，高声说道：“密斯特王！先坐下来歇歇吧！有什么难题做不出，一大清早来找我？”[①]华罗庚及时机智地哄走日本宪兵，保住了李寿慈。华罗庚心里也是极认可这些学生的。他曾说：“‘天下兴亡，匹夫有责’啊！今天北平十分危险，这是事实。但我们国家整个都处在危险之中。因为‘日本佬’想吞并中国，并不满足于北平甚至华北。今天平津危急，在政府的不抵抗政策下，明天南京也可能危急。从个人来说，读书是大事，但就全国来说，民众奋起救亡，才是大事啊！今天我们大家要多多体味顾亭林的名言，首先要在救亡图存方面多做些工作，要做到读书不忘救国才好！”[②]

后来在抗日战争时期华北战场局势最危急的时候，北平的学生发起了轰轰烈烈的大游行，面对日本宪兵喊出“打倒日本帝国主义”的口号。作为老师，华罗庚是不便随行的，但曾有学生在一次示威中看到华罗庚走在队伍的最前列。

1936年夏天，华罗庚回到故乡金坛，在清华“一二·九”运动战士、地下党员王兆芹（王时风）的协助下，邀请了上海、苏州、南京、武汉等地的回乡学生，在金坛县立初级中学创办暑期学校，并亲自担任校长，向县里的学生宣传“一二·九”运动和抗日救亡的爱国思想。

■ 从剑桥大学到国立西南联合大学

为了在数学上有更高的造诣，华罗庚选择了出国留学。1936年，华罗庚得到中华文化教育基金会每年1200美元的乙种资助，以访问学者的身份赴英国剑桥大学进修。旅途漫漫，华罗庚与周培源一道，先从上海乘坐轮船到达符拉迪沃斯托克，再经西伯利亚大铁路到达莫斯科、柏林，最后抵达英国。

---

①王元. 华罗庚传. 南昌：江西教育出版社，1999：57.

②王元. 华罗庚传. 南昌：江西教育出版社，1999：56.

华罗庚一年之中完成了 11 篇论文，凭每篇都可以获得博士学位，但因为学费太贵，他选择只做访问学者，不攻读学位，以获取更多的知识。在华罗庚即将离开剑桥大学时，数学家托马斯·哈代（Thomas Hardy）问他这两年收获了什么，华罗庚把关于完整三角和的估计问题、华林问题与塔内问题的结果一一告诉了哈代，哈代将其引用到著作《数论入门》（*An Introduction to the Theory of Numbers*）中。

很快，抗日的战火烧遍了中国，这不禁让华罗庚归心似箭。他放弃了留在英国工作和开展研究的机会，决定与全国人民共赴国难，回到大后方云南昆明——国立西南联合大学的所在地。回国之路并不顺畅，为了回国，他首先要取道大西洋、印度洋、马六甲海峡及新加坡，抵达香港后，再乘飞机经过越南西贡、河内，最后到达昆明。

抗日战争（简称抗战）时期，物价飞涨，资源匮乏，头顶还有日军飞机接连不断地轰炸。华罗庚一家在昆明的生活很艰辛。他们住在昆明城外 20 里①的小村庄中，挤在一间小阁楼里，吃饭、睡觉、读书甚至研究都在这个小房间中进行，白天还要出去到防空洞躲警报。晚上回家只有一盏灯，这盏灯还是用香烟罐子做底、破棉絮做芯制成的，当真是“一灯如豆”。华罗庚一家人食不果腹，应了当时的打油诗“教授教授，越教越瘦”。

在离村不远的山谷里，家家户户的防空洞密密麻麻地连成一片。一次警报后，日军飞机很久未到，于是华罗庚去临近的闵嗣鹤家的防空洞讨论问题。不料他刚到洞中，日军飞机袭来，倾泻而下的一串炸弹炸得山谷黄土四溅，掩埋了洞口。人们用手刨了 3 个小时，才救出华罗庚和闵嗣鹤。华罗庚的耳朵被震出了血，而这次“活埋”也不得不让华罗庚搬到更远的地方居住。

华罗庚年少时曾因患病而左脚跛足，住在离学校如此远的地方，上下班通行更加困难。因此，华罗庚每次只能搭乘农民的牛车进城。牛车十分简陋，左右两轮中间搭一块木板就成了座位，乘坐时必须抓紧木板才能避免不慎跌落，再加上路面崎岖不平，乘坐牛车通行非常辛苦，不到十分钟就会腰酸背痛。

后来警报渐少，华罗庚一家搬到了离昆明城区稍微近一点的村子。妻子吴筱之心疼他缺少营养，每天早晨给他蒸鸡蛋羹，但是华罗庚心疼孩子，又把鸡蛋羹一块一块地喂给了孩子。吃不起鸡蛋，更遑论穿衣。夫妻两个人的衣服改一改就成了儿

①1 里=500 米。

女的衣服，等到二儿子出生，大儿子的衣服改一改就成了二儿子的。华罗庚则终年只穿一件蓝不蓝灰不灰的旧袍子，踏着一双破布鞋，面黄肌瘦，连路上的乞丐都不向他伸手。

尽管如此，华罗庚的工作热情依旧高涨。在昆明期间，他共写了20多篇论文，完成了第一部数学专著《堆垒素数论》。在学校，每学期开始，华罗庚、陈省身、许宝騄等人竞相争取开设新课，来扩展自己数学领域的知识。华罗庚曾开设过“解析数论”“连续数论”“行列式与矩阵”“复变函数论”“近世代数”等课程。

1945年，华罗庚与吴筱之的第三个儿子出生，华罗庚给他取名为华光。这个名字一语双关，既是自嘲家里太穷，钱已经花光了；也表达了他衷心的期盼，希望抗日战争早日胜利，中华重光。

在国立西南联合大学家门口全家的合影

■ 梁园虽好，非久居之乡

1946年，国立西南联合大学宣告停止办学。华罗庚应苏联科学院的邀请，赴莫斯科讲学。在当时，苏联邀请我国学者前往讲学，实属空前。

在苏联期间，华罗庚不仅做了许多数学学术报告，还做了一次有关中国数学史的报告，介绍了中国古代数学的辉煌成就，分析了后来衰落的原因，以及如今通过学习西方而迎来的复兴。苏联的研究所和大学很重视应用数学，这不禁让华罗庚想到国内的“数学无用论”。这让他开始思考如何将数学理论和应用实践相结合。此外，华罗庚还去听了苏联著名数学家给参加竞赛的师生所做的演讲，听众中既有十五六岁的青少年，也有白发苍苍的老者。华罗庚心中开始酝酿新中国数学发展的蓝图，竞赛活动和数学普及活动的火种早在这时就埋入了他的心中。

归国仅两个月后，华罗庚又受邀访问美国。在美国，华罗庚的数学研究又登上了一个新的高度，而且他不仅在一个领域游刃有余。华罗庚有一种不可思议的能力，他总是能快速抓住每项研究中的重点，并准确指出其中可以改进的地方。他对数论的探索和发展也拓展到其他领域。伊利诺伊州立大学非常重视华罗庚，除了授予他终身教职外，还提出由他选择两位杰出的青年数学家共同组建代数研究中心。在伊利诺伊州立大学，华罗庚经常与活跃分子组织聚会，密切注意国内的形势和战争的进程。

1949年，华罗庚从报纸上得知新中国成立的消息，激动得无法入眠。他很快做出了一个决定：他要回祖国。打点好行装，华罗庚携家人取道香港归来，途中写下了著名的《致中国全体留美学生的公开信》，信中这样写道：

> “梁园虽好，非久居之乡”，归去来兮！……为了抉择真理，我们应当回去；为了国家民族，我们应当回去；为了为人民服务，我们也应当回去；就是为了个人出路，也应当早日回去……回去之后，建立我们的工作基础，为我们伟大祖国的建设和发展而奋斗！①

当时在美国的中国知识分子大约有 5000 人，除了少数教授和学者外，绝大部分是遍布全美各大学校的学生。华罗庚的一封信，在留学生中引起了广泛的共鸣，间接促成了 20 世纪 50 年代知识分子回归建设新中国的热潮。

---

①顾迈南．华罗庚传．石家庄：河北人民出版社，1985：66．

1950年，华罗庚（站立排左二）在回国的轮船上

■ 数学研究所的建立与哥德巴赫猜想

华罗庚一直抱有发展中国数学的雄心，这是他放弃美国的优越条件回国发展的根本原因。

1950年回国后，华罗庚重回清华大学执教。1952年，受中国科学院院长郭沫若之邀，华罗庚积极参与建立中国科学院数学研究所（简称数学所），并担任所长。有了数学所这个用武之地，他的专长才得以尽展。在他回国的短短几年间，他把数学所办成了中国数学最重要的研究中心，还培养出了一批杰出的青年数学家。数学所成立之初，华罗庚广泛地网罗人才。在当时的中国，人们对数学的看法还很肤浅，总是用贴标签的方法描述“数论是不联系实际的”“概率统计是联系实际的”，①由此简单粗暴地将数学分为两类。作为所长，他比其他人更有远见，不仅重视基础数学研究，同时关注应用数学的学科建设。在数学界有一个共识：微分方程和概率统计是数学联系实际的两大触角，应该优先发展。数学所最先成立了微分方程与数论两个研究小组，随后根据研究员的个人意愿进行分组，让大家选择更细致的研究领域，还特别成立了电子计算机的研究小组。

此外，数学所与北京大学、清华大学多有合作。数学所自建立起，即向全国开

①王元．华罗庚传．南昌：江西教育出版社，1999：171．

放，欢迎全国的数学研究者来访问讲学，还办起了偏微分方程讲习班，从全国高等学校招收了一批年轻的科研教学骨干教师，向他们系统讲授偏微分方程。这对于向全国普及数学和应用数学起到至关重要的作用。

华罗庚选择“哥德巴赫猜想”作为数论研究小组讨论班的主题。他说：“我并不是要你们在这个问题上做出成果来。我的着眼点是哥德巴赫猜想跟解析数论中所有的重要方法都有联系，以哥德巴赫猜想为主题来学习，将可以学会解析数论中所有的重要方法。”虽然数学所成立时没有图书、杂志，但华罗庚从美国带回了不少书、杂志与单印本，数学所的人都可以去自由借阅。

“哥德巴赫猜想”数论研究小组讨论班分为四个单元进行：

（1）史尼尔曼密率、曼恩定理与赛尔贝格方法；

（2）布伦筛法、布赫夕踏布方法；

（3）林尼克大筛法、瑞尼定理；

（4）素变数的三角和估计方法、西格尔定理、维诺格拉朵夫三素数定理。

在讨论班结束之后，华罗庚将四个单元的材料写成综合性论文，而与哥德巴赫猜想相关的问题引起了许多年轻学者的兴趣。王元通过布伦筛法，改进了哥德巴赫猜想相关问题，但华罗庚鼓励他要有质量更高的成果。在华罗庚的帮助指导下，王元将赛尔贝格方法用来改进布伦筛法以得到更好的上界估计。这时，国内外几个重要学者都在研究这个问题，竞争十分激烈，华罗庚为此专门写信到国外借来相关的影印论文。就这样，26岁的王元在哥德巴赫猜想上做出了重要成果。除了王元外，著名数学家陈景润也是因受到华罗庚赏识而被调到了数学所，后来发表了哥德巴赫猜想中（1+2）的详细证明，被公认为对这项研究做出了重大贡献。

华罗庚很希望将自己的才智全部贡献给祖国，因而花了许多时间在报刊上撰写文章，介绍自己的学习经验和学习体会。他在一篇《聪明在于学习，天才在于积累》的文章中语重心长地说：“许多有名的科学家和作家，都是经过许多次失败，走过许多弯路才成功的。大家平常看见一个作家写出一本好小说或者看见一个科学家发表几篇有分量的论文，便都仰慕不已，很想自己能够信手拈来，便成妙谛；一觉醒来，誉满天下。其实，成功的论文和作品只不过是作者们整个创作和研究中的极小部分……根据我自己的体会，所谓天才就是靠坚持不懈的努力。有些同志也许觉得我在数学方面有什么天赋，其实从我身上是找不到这种天才的痕迹的……从初中二年级以后，我就发生了一个根本转变，这是因为我认识到既然我的资质差一些，就应该多用点时间来学习。别人只学一个小时，我就学两个小时，这样我的数学成绩就能不断得到提高……并且在基本技巧烂熟之后，往往能够一个钟头就看完一篇人家看十天半月也解不透的文章。所以，前一段时间的加倍努力，在后一段时间内却收得意想不到的效果。是的，聪明在于学习，天才在于积累。”①

华罗庚还决定由数学所编辑出版两套专刊丛书。甲种专刊是由个人系统的研究工作总结而成的专著；乙种专刊是对数学某一领域的系统介绍，以便于后续研究者更快地进入某个领域的研究工作。虽然限于时代背景总共只出版了4本，但从中可以看出华罗庚想要将中国数学尽快发展起来的强烈愿望与决心。

1953年8月，华罗庚（右四）和数学所的研究人员在清华园新林院数学所门前漫谈数学问题

1953年，为了全面学习苏联，中国科学院组织了26人的代表团赴苏联访问，着重了解和学习苏联科学院从沙俄时期发展壮大到领导全苏科学研究的经验。在上次访苏时，华罗庚以俄文出版了《堆垒素数论》，得到了世界数学界的广泛认可。这一次访苏期间，华罗庚又将俄文版译回中文，并出席了在匈牙利召开的国际数学家代表大会，以及亚太和平会议、世界和平理事会。

除此之外，仿照苏联的模式，华罗庚在1956年倡导中国举办中学生数学竞赛活动。竞赛前一个星期天的上午，数学所租用了一家戏院的场地，华罗庚向参赛学

①王元．华罗庚传．南昌：江西教育出版社，1999：207.

生、中学教师及一些数学家做了主题报告“从杨辉三角谈起”。这场报告的内容深入浅出，既讲述了数学知识，又弘扬了中华文化，后来还出版了一本小册子《从杨辉三角谈起》。数学竞赛曾因一些政治运动而暂停，但形势一旦好转，数学竞赛就又恢复了。除了杨辉三角，华罗庚还做过“从祖冲之的圆周率谈起”“从孙子的‘神奇妙算’谈起”等一系列报告。

1956 年，华罗庚为中学生做“从杨辉三角谈起”的报告

■ 一路坎坷，一路前行

1951 年底，国家开始开展反贪污、反浪费、反官僚主义的“三反”运动和知识界的思想改造运动。华罗庚抛弃了一切，一片热心地由美国归来投奔祖国，却不幸遭遇思想改造运动，甚至成了清算的对象。

思想改造运动虽然只有半年，但影响却很大，海外不少向往祖国而尚未回国的知识分子更是迷惑不解，深感彷徨。而最大的后遗症是，其造成了后来数学界一定程度的不团结。

1957 年，数学教学被打为唯心论，华罗庚的研究工作也被批判为所谓“资产阶级学术思想”，他提倡的哥德巴赫猜想研究更是受阻。为了落实“理论联系实际”，数学界基础研究工作者停下工作，而微分方程、概率统计开始更多地出现在人们的视野中。

数学所的一些人组成一个指挥部，专门研究应用数学与运筹学。研究运筹学的大部分人到北京市的汽车运输公司现场帮助工人修订运输计划，其他人调到粮食调运部门，帮助制订调拨计划。线性规划的普及活动就这样从数学界过渡到各行各业，等到热潮冷却下来，华罗庚却开始认真反思这次运动，想将应用数学应用到其他领域。

他首先到其他学科了解其中的数学问题，无疑，物理学与力学对数学的应用最多。但这两门学科主要还是理论研究，并不能直接应用于生产实际。于是，他又让王元去北京各部门了解采矿与水利等方面的情况。两个人研究了矿体几何学，发现其中一些方法是用初等数学来阐述的，但是当时采矿与水利过程复杂且不够精密，于是两个人用微积分改进了原本的方法。除了学术论文外，华罗庚还在《人民日报》上发表文章《数学工作者要大力为农业服务》，介绍运筹学在农业中的应用。

1974 年，华罗庚（左一）在农村访问，了解应用统筹法科学种田获得丰收的情况

在“大跃进”中，华罗庚被公开批判。但“大跃进”运动还只是一系列曲折的开始。“文化大革命”时期，华罗庚受到排挤，不得不辞去数学所所长职务，转而任职于中国科学技术大学。

回国以来，华罗庚积极参加各种政治活动，他衷心期盼有安心的治学环境。华罗庚本来是搞基础数学的，却一再受到“脱离实际”的指摘。他转向了应用数学，却没有资格参与当时最重要的应用数学工作。也是从这时开始，他不再继续之前的基础数学研究，而是决定深入人民群众中去，将精力全部放在“双法”的普及工作上。是什么原因让他放弃热爱的数学研究，转而全心全意投入数学普及工作中呢？

华罗庚最早去的地方是中国大西南的铁路建设现场。那里的三线建设①条件非常辛苦，雷管的不合格率非常高，战士常常因为意外爆破而牺牲。华罗庚意识到，如果将参数选好，就会减少不少废品。于是，华罗庚从乌蒙山开始推广优选法。他还曾带领其他研究员去国营 774 厂（即北京电子管厂）进行统筹法的试点工作。他们一边讲方法，一边工作。统筹法更适用于单项工程，因而试点项目并不顺利，但引起了铁道兵副司令员郭维城的兴趣。华罗庚便在地板上用粉笔画图，给他讲解统筹法的大意。郭维城当场邀请华罗庚去成都三线指挥部做统筹法的试点工作。在那里，华罗庚组织当地工程技术人员、工人一起工作，制订隧道工程与桥梁工程计划。这些计划都取得了很好的成果。

华罗庚还在北京开设了统筹法学习班，并出版了《统筹方法平话及补充》。

在整个“文化大革命”时期，华罗庚凭借个人影响力亲自带队推广优选法和统筹法，走遍了中国的大江南北。一路上不仅有环境带来的艰难险阻，还有各种明枪暗箭，他曾几次因为心肌梗死等病痛卧病在床。但这都没有阻挡他前进的步伐。

■ 为人民服务的中共党员

“文化大革命”结束后，中国数学会复会，与各国数学界重新建立联系。华罗庚在解析数论方面的成就广为人知，国际上的“中国解析数论学派”颇具名气，因为其对素数分布问题与哥德巴赫猜想做出了许多重大贡献。1979 年，中国科学院新建系统科学研究所，在应用数学研究推广办公室的基础上扩建成立应用数学研究所，华罗庚担任应用数学研究所所长。但华罗庚仍然在努力普及“双法”，应用数学研究所的主要工作逐渐交给了年轻人。

同年，华罗庚终于被接收为中国共产党党员。华罗庚加入中国共产党的经历非常曲折。从 1950 年回国，华罗庚就“下定决心把他的政治生命和中国共产党结合在一起了”。但从 1951 年的思想改造运动开始，华罗庚在一些人眼里就成了“问题人物”。尽管上级党组织做了结论，认为华罗庚与国民党并没有特殊关系，还肯定华罗庚早前在“一二·九”运动中就保护过进步学生，抗战后与地下党员有过接触，但一些人却坚持认为华罗庚回国是“政治投机”。“大跃进”过后，中国科学院党组

---

①指自 1964 年起我国政府在中西部地区的 13 个省份进行的一场以战备为指导思想的大规模国防、科技、工业和交通基本设施建设。

吸取教训，调整知识分子政策。1961年，中国科学院党组和国家科学技术委员会党组制订“科学十四条”，其中提出了知识分子“初步红”的标准是“拥护党的领导，拥护社会主义，用自己的专门知识为社会主义服务”。在这样的形势下，华罗庚于1963年正式提出入党申请，却仍然失败。

“文化大革命”结束后，中国科学院于1976年决定，以小分队为基础成立应用数学研究推广办公室。至此，华罗庚和他的小分队才在中国科学院有了一个正式的名分和归属。这个办公室有独立的党组织，华罗庚随即再次提出入党申请。1976年底，中共中央统一战线工作部将华罗庚的入党材料转到中国科学院。1977年，当时的中国科学院领导李昌和胡克实批示基本同意华罗庚入党，并亲自同华老谈话勉励。但有关的程序又走了两年。到1979年3月，在中央领导的支持下，中国科学院党组终于排除干扰，华罗庚成功入党。这意味着他终于从作为统战对象的“先生”转为党员同志，几十年来压在他心上的沉重政治包袱至此终于卸了下来。

1978年在全国科学大会上华罗庚（右二）和陈景润（右一）、杨乐（左一）、张广厚（左二）交谈

1981年3月，中国优选法统筹法与经济数学研究会成立，归属于中国科学技术协会。华罗庚的“双法”小分队已经推广到全国的26个省（自治区、直辖市）。因“双法”的普及，各个地区的基层管理与生产技术都有了大幅度提高。他的研究成果被国际数学界命名为“华氏定理”“布劳威尔-加当-华定理”“华-王方法”“华氏恒等式”“华氏引理”等。他一生著有200篇学术论文、10部专著，还有10多部科普作品。

1983 年，华罗庚被评为发展中国家科学院院士；1984 年，他被评为美国国家科学院外籍院士；1985 年，他当选为联邦德国巴伐利亚科学院院士。1985 年 6 月 12 日，华罗庚应邀到日本东京大学做学术报告。报告结束后，他由于急性心肌梗死倒在讲台上。送院后不治去世，终年 74 岁。

华罗庚去世前，一直在践行他归国时立下的宏愿：培养我们自己的学生，让中华民族立足于世界科学之林。他培养了一个又一个数学人才，其中包括中国科学院院士王元，世界知名的数学家陈景润，中国科学院院士万哲先，“陆氏猜想”的提出者、中国科学院院士陆启铿，中国科学院院士杨乐。这位自学成才的科学巨匠和誉满中外的数学家一生致力于数学研究和发展，以高度的历史责任感投身科普和应用数学推广，为数学科学事业的发展做出了卓越贡献，也为祖国现代化建设付出了毕生精力。

参考文献

顾迈南. 1985. 华罗庚传. 石家庄：河北人民出版社.

华罗庚. 2017. 华罗庚语录. 中国管理科学，7：197.

丘成桐，杨乐，季理真，等. 2010. 传奇数学家华罗庚：纪念华罗庚诞辰 100 周年. 北京：高等教育出版社.

王扬宗. 2015-01-09. 华罗庚在数学与政治的夹缝中. 中国科学报：6 版.

王元. 1999. 华罗庚传. 南昌：江西教育出版社.

王元. 2002. 华罗庚传. 数学译林，21(4)：338-346.

王元，杨德庄. 2000. 华罗庚的数学生涯. 北京：科学出版社.

周雷鸣，李书锐. 2018. 华罗庚致朱家骅的三封信. 北京档案，1：50-55.

竺可桢

——“科学救国”“求是”精神的典范

100年前，西方的博物学家还在中华大地上贪婪地攫取资源，华夏子孙仍然生活在战火之中，朝不保夕。就是在这个时候，有一个人意识到，这片土地是我们生生不息的家园；只有了解她，才能更好地保护她。他勘探地质，观测气象、每天的阴晴雨雪、长年累月的气候变化，70多年如一日，从未懈怠。他不仅关注脚下的土地、头顶的天空，还热心培养代表未来希望的莘莘学子。凭借惊人的热情和毅力，他成为地质学与气象学的一代宗师，也是万千学子心目中的好老师、好校长。他就是我国现代气象学和地理学技术的奠基人、我国第一个现代化物候观测网的组织者——竺可桢。

竺可桢

■ 在美留学的中国梦

1890年3月7日，竺可桢生于浙江绍兴。他的祖上多靠种田为生，父亲从青年时期开始在东关镇开设米行，母亲也来自农村，因此一年中气候条件的好坏、农村的自然环境，给幼年的竺可桢留下了深刻的印象。

1905年，竺可桢进入上海澄衷中学中学部学习。他的中学时代恰逢中国社会酝酿大变动的时期——革命派论战立宪派，秋瑾被害，学生为反对封建奴化、反对外国教士而集体退学……在这几年里，竺可桢参加了绍兴旅沪同乡会的集会，也听过热心于教育事业的蔡元培与热心于传播科学知识的杜亚泉的讲演，因而逐渐树立了“科学救国”的思想。在江浙绅商为抵制英国掠夺苏杭甬铁路主权而斗争之时，竺可桢离开上海澄衷中学，考取了唐山路矿学堂（今西南交通大学）预科土木工程专业。而此时，国与家的处境都越来越艰难。

1908 年，美国国会正式通过退还部分“庚子赔款”，将中国留学潮引向美国。此时的竺可桢“最热烈的希望是要出洋到欧美”。多年后，竺可桢回忆道：“这个动机，在当时我自己以为是要学好技术为国家、社会服务。”1910 年，竺可桢考取第二期中美庚款留学生。同年秋天，他剪掉辫子，登上了去往美国的“中国号”轮船。

到美国后，他想到幼时家乡的情况，认为中国以农立国，万事以农为本，于是选择了农学方向，进入美国伊利诺伊州立大学农学院学习。但是，他很快发现美国的农业制度与中国的完全不同，在美国所学的知识在中国无法应用，而且当时美国农科的学术水平也很低，于是竺可桢逐渐对农学课程失去了兴趣。大学毕业后，竺可桢计划改学理科，并选择了与农业相关的气象学。那时气象学是一门新兴学科，在美国高校中隶属于地质学与地理学系，还没有专门设立相关的教育机构，美国只有哈佛大学的研究院开设了气象学课程。1913 年，竺可桢进入哈佛大学地质学与地理学系攻读硕士和博士学位。

1918 年摄于波士顿

竺可桢在哈佛大学学习期间，国际形势发生了重大变化。1914 年爆发的第一次世界大战和 1917 年的“十月革命”不但改变了世界格局，而且影响了美国的地理学研究。这时起源于德国的近代地理学已传入美国 20 多年，而由于世界政治环境的变化，地理学范畴已经在变革之中，焦点逐步转向社会科学，离开了单纯的地球科学。地理学和地质学在传统上的结合也逐步松散。

竺可桢虽然在哈佛大学主修气象学专业，但是他选修的课程并不限于气象学。他还学习了历史地质学、冰川沉积学、地震学、区域地理等有关课程。1916 年，著名科学史学家乔治·萨顿（George Sarton）在哈佛大学开设了科学史课程。竺可桢旁听了这门课程，并接受了萨顿的科学史思想：在人类活动越来越专业化的形势下，科学史是人类文明史中最重要的一部分，因为科学史是唯一能确切反映人类进步的历史。广泛的知识背景和“新人文主义”思想的影响，为竺可桢构建地学综合体系奠定了学术基础。

辛亥革命以后，“科学救国”逐渐成为社会有识之士的口号。此时出国的留学生所选科目大多以理工农医为主，其中又以工程技术居多。这个时期的美国十分重视经济建设，并把科学看作决定成败的关键因素。留美学生受此风气感染，把发展科学视为国家崛起的关键。竺可桢留美期间，"科学救国"开始由一种观念转变为具有广泛影响的社会思潮。其中的推动者，正是包括竺可桢在内的海外留学生。他们在国外期间即以"科学救国"为宗旨创办学术团体和科学期刊。1914 年，在美国康奈尔大学留学的任鸿隽、杨铨等提议组织一个科学社，并创办杂志向国内介绍科学知识和科学思想。不久，科学社及其刊物就随其创办人一同转到哈佛大学。1915 年 10 月，科学社正式定名为"中国科学社"。竺可桢成为"中国科学社"的第一批成员，并积极参与社务活动。他在《科学》第 2 卷第 2 期发表了文章，自此成为《科学》最重要的作者之一，先后撰写了《近代科学与发明》《科学研究的精神》等文章，促进了民众科学观念和"科学救国"意识的深化。竺可桢也是中国科学社最重要的领导人之一，他于 1916 年在中国科学社首次年会上当选为理事，1923 年再次当选，以后几乎届届当选，并于 1927～1930 年担任社长。由留美学生创办的中国科学社及其刊物《科学》，使"科学救国"思想的宣传有了相对固定的阵地和代表人物，并最终促使"科学救国"思潮的形成。

■ 归国建立中国地学

1918 年竺可桢留学归国，任教于国立武昌高等师范学校（今武汉大学）。竺可桢在博物部讲授地理课，并为原数学物理部毕业班教授天文气象学。此时学校使用的气象学教材还是传统的《观象台实用气象学》，竺可桢有意改进教学内容，把新的学术思想传授给学生。当时国立武昌高等师范学校的教员多是日本东京高等师范学校的毕业生，竺可桢在国立武昌高等师范学校推行新式教学内容时遇到很大的阻力。

1920 年，竺可桢就职于南京高等师范学校，着手建立中国第一个地学系。地理学在中国究竟应该如何发展，是否应该照搬西方的体系，是竺可桢一直在思考的问题。西方近代地理学传入中国时，学科理论体系尚不完善，因此在学科建设上留给了中国学者许多需要解决的问题。在这里，他首先开设了地质学、地文学（自然地理学）和气象学等课程。他到任的第二年，南京高等师范学校改建为中国第二所国立大学——国立东南大学，并进行了科系调整。科系调整初期在理科曾设有地理学系，但竺可桢认为地理学系的范围过于狭窄，于是改为地学系，并尝试将相关学科融合进来。

竺可桢在创建地学系时有意促成地质学、地理学和气象学的融合。地学系早期即以地质学、地理学、气象学和古生物学为主要内容，后来分为地质矿物门和地理气象门。所谓“门”，就是在系之下所分的专业。这是中国最早在地学系中分设的专业，气象学也作为地学的重要内容被列入高等教育中。在地学教育中，竺可桢十分重视地学知识的综合训练。地学系虽然根据学科发展的需要设置了地质矿物和地理气象两个专业，但是所有学生的必修科目包括地质、地理和气象学科的基础知识。野外实习往往也是地理学与地质学的教学同时进行，竺可桢还亲自开设了“地学通论”课程。

“地学通论”课程是国立东南大学文理科各系学生第一学年的共同必修科目。竺可桢试图通过这门课程，将近代地学发展的总体框架介绍给学生。地学涉及范围广，而且当时近代地质学在中国已经有了长足的发展，气象学也有专门的课程，唯有地理学涵盖知识面广而又缺乏成熟的理论体系，因此竺可桢首先把重点放在对地理学学科分类的介绍上。他最初的讲义定名为“地学通论”。竺可桢在编撰教科书《地学通论》时，把重点放在阐述近代自然地理学的理论体系上。《地学通论》中强调了近代地理学研究中人文地理研究的倾向，竺可桢在解释各种自然现象的形成及演变的过程中，十分重视分析它们对人类生产和生活的影响。由于《地学通论》侧重于介绍新的理论，所以内容并不系统，书中所举的实例也以西方的自然地理现象为主，但是竺可桢在实际教学中介绍了中国的自然地理状况。

1927 年，应蔡元培等的邀请，竺可桢出任中央研究院观象台筹备处常务筹备员。从那时起至 1946 年，他先后担任中央研究院气象研究所筹备主任、中央研究院气象研究所专任研究员兼所长等，一路披荆斩棘，为现代气象事业奠定了基础。

在中央研究院气象研究所建立以前，我国的现代气象学深深地打上了旧中国和半殖民地的烙印。为了建成中国自己的气象学研究所，竺可桢仅就气象基地的建设规划就奔走了整整一年，凡牵扯到布局要求，他都亲自过问。基地建成后，尽管在当时那个物资匮乏的年代经营惨淡，但竺可桢坚持了下来，他亲自进行野外实地考察，在各地气象台开展物候观测、日射观测、空中电气观测等，还开展了地震的记录工作。当时中国的天气预报和台风警报由外国人越俎代庖，对方还扬言中国人不可能从事这项工作。在竺可桢的带领下，中央研究院观象台打破垄断，将天气播报权夺回自己手中。

面对政治动荡、边境危机、经济萧条、科学落后的局面，他希望通过地理学工作，为内忧外患不断的祖国做些事情。1921 年，他在《科学》和《史地学报》等上发表了《吾国地理家之责任》，其中写道："欧美日本以迄印度，其对于国内耕地、草地、森林多寡之分配，均有详细之调查，而我国各省则独付阙如。间或有之，则得自古籍之载记，略焉不详。"他指出，中国地学家应该"以调查全国之地形、气候、人种及动植物矿产为己任"，并"鼓吹社会，使人人知有测量调查之必要"。文章在列举历史上各国对地理形势、资源情况的调查，以及对这项工作的重视程度及其对国家利益的影响后指出："外国人到中国来办科学事业，从学术上讲我们应当欢迎，但是从国体上着想，从民族光荣上着想，我们是不是能永久容忍这种越俎代庖的办法呢？近年以来，日人深入腹地，随处摄影制图，其用心叵测，言之尤足寒心。"1933 年，他与翁文灏、张其昀三人联名发出"中国地理学会发起旨趣书"，号召地理学界同人参与发起组织中国地理学会。竺可桢成为 9 名理事之一。

■ 抗战时期的好校长

1936 年，气象所的工作稳步开展，竺可桢开始兼任浙江大学校长。接任的第一年，竺可桢对教授阵容、教学管理、学系设置等采取了重要的兴革措施，使浙江大学从动乱不安转向正常健康发展。

1936 年，竺可桢（前排左三）与贵州浙江大学校友的合影

作为校长，竺可桢特别爱惜人才。只要有好教师，他总是毫不犹豫，想方设法地去聘请，所以许多有才干的教授都愿意来浙江大学任教。谈家桢 1937 年从美国归国，竺可桢立刻前去聘请。后来章士钊的儿子章用和曾士炯从德国回来，他知道后也立刻去聘请。抗日战争全面爆发后，对新教员的欢迎会全是在警报声中进行的。竺可桢爱才，所以他很重视这些仪式。罗宗洛、梅光迪、王淦昌、卢嘉锡等教授也都是这样请来的。

后来南京国民政府匆忙迁到重庆，浙江大学成了无人照顾的“孤儿”。浙江大学只好把一年级新生放到天目山暂避。杭州沦陷后，学校只得继续向西搬迁。搬家时，竺可桢是最忙的，因为样样事都要找他，如搬迁、教学、经费等，都要他去烦心考虑。一路颠沛流离，学校“走”了那么多的地方，可是一件仪器都没有损坏。

1938 年，涂长望（右一）等在重庆珊瑚机场迎接竺可桢（左二）

学校西迁到江西吉安，路上不断受到敌机轰炸，只能继续前进，搬到了赣江上游的泰和。到了泰和以后，竺可桢得知江水经常泛滥为患，给江西的老百姓带来无尽的苦楚，就命土木系师生帮助地方除害。最后在赣江岸边建造了一条长堤，终于把千年水患“制服”。泰和的条件非常差，医疗条件也特别差，竺可桢的夫人张侠魂在那种困难的条件下生病去世了。那个时候，竺可桢不得不一边照顾夫人一边上课、招生，完成学校的任务。

在泰和待了没多久，浙江大学又不得不迁往广西宜山，随后继续西进至贵州遵义。虽然抗战年间从沿海迁往内地的学校有许多，但是像浙江大学这样四迁的学校却很少。一路上，竺可桢全心爱护浙江大学、团结师生，让浙江大学的教学、科研在颠沛流离中仍然得到了提高和发展。

即使在抗战的艰苦条件下，竺可桢仍然没有忘记野外考察工作。1941 年 10 月，他在中国地理研究所做了“抗战建国与地理”主题演讲，再次提出应该调查自然资源：“现今战争虽未结束，但科学工作人员不能不预作通盘打算与缜密之观察……重工业的建立，在矿产、农产与其他物产已做详细调查之后，即须慎择设厂位置，研究钢铁厂、机器厂、基本化学工厂、水泥厂等位置之分配。凡此种种，与各地之交通、人口、物质及环境息息相关，而均为地理上之重要问题也。”

在浙江大学的发展历程中，担任校长长达 13 年之久的竺可桢可谓厥功至伟。他被公认为“浙江大学学术事业的奠基人”“浙江大学‘求是’精神的典范”“浙江大学的灵魂”。校训“求是”即由他提出，校歌亦是他请著名国学家马一浮作词、音乐家应尚能谱曲做成。

■ 新中国的地理学建设

1949 年，蒋介石撤离上海，派蒋经国到上海去请当时的浙江大学校长竺可桢同去台湾，竺可桢毫不犹豫地拒绝了对方。

1949 年，新中国成立仅 1 个月后，中国科学院即宣告成立。新的时代为竺可桢实现“科学救国”的理想提供了机遇。中国科学院成立以后，竺可桢被任命为副院长、生物学地学部主任，主要负责地学、生物学领域的学术组织与领导工作。

1950 年，在重组中国科学院院内研究机构时，部分人员对地理科学的重要性表示怀疑，并反对在院内设立专门的研究机构；直到 1953 年，中国科学院在制定发展规划、分析各学科已有的基础时，仍有学者怀疑地理学的学术价值，认为地理方面只能做一般的调查工作。1956 年在制定《1956—1967 年科学技术发展远景规划纲要》时，地理学是否属于基础学科的问题仍然引起了争论。

面对来自学术界内部的各种置疑，地理学家不得不一再申述地理学在科学研究中的重要性。地理学野外考察、绘制地图等观测技能，可以对未知地域的信息进行收集和分类，并为地方经济建设服务。这个特点，正符合中国科学院"力求科学研究与实际密切配合"的方向。它成为地理学家强调在中国科学院建立研究所的重要依据。

竺可桢是支持建立地理学研究机构的。他认为，中国科学院在"地质方面有个地质所[①]，地质所的重点在找矿……是为工业服务的"。他说，"地理所[②]也是地学方面的一个所，这个所不是直接搞农业，但应该为农业做工作。所以一个为工，一个为农，地学部分要有这样两个所"。为了支持地理所的建设，竺可桢亲自担任了地理所筹备处主任，与所里的学者共同讨论制定研究方向。在地理所筹备委员会会议上，他强调："过去中央研究院未设地理研究所，除国民党反动统治障碍外，主要由于地理工作本身的缺憾。只有地理学者努力做出成绩，才能受到社会的重视。地理所现在还处于筹备阶段，将来能否正式建所还要靠工作人员的努力。"他认为过去"地理工作者缺乏实际工作的表现"，今后的地理学"在经建工作中，调查经济，发展经济……有许多工作要做"。[③]经过竺可桢和地理学者的努力，到 1959 年，地理所由建所初期的自然地理、人文地理、海洋和大地测量 4 个组，发展成为自然地理、地貌、水文、气候、地图、经济地理、外国地理和历史地理 8 个组。

"大跃进"期间，地理学机构迅速增多。中国科学院及所属分院在南京、广州、兰州、西安、长春、石家庄、开封、上海等地建立了地理学机构；高等院校的地理系（科）也增加到了 50 多个。经过 20 世纪 60 年代初期的整顿与调整，到"文化大革命"前，中国科学院在全国各地的地理学研究机构共有 9 个——地理所（北京）、南京地理所、广州地理所、东北地理所（长春）、华北地理所（石家庄）、地理所西南地理研究室、冰川冻土沙漠所、广州地理所河南分所（郑州）、新疆地质地理所（乌鲁木齐）。在全国范围内，初步形成了地理学机构的合理布局。

对于这些机构，竺可桢认为其分工的原则应当根据"全国一盘棋"的精神，考虑地区特点和已有的基础，突出重点加以安排。按照他的设想，地理所要全面综合发展，并以区划、图集及一些基础理论研究为主；南京地理所以农业地理和湖泊研究为主要方向；广州地理所以热带和南方山区研究为主；东北地理所以沼泽、半干

①中国科学院地质研究所，简称地质所。

②中国科学院地理研究所，简称地理所。

③韩宁，等. 黄秉维访谈录. 院史资料与研究，1995，6（总第 30 期），中国科学院院史文物资料征集委员会办公室。

旱地区研究为主；华北地理所以华北平原和山地利用与水土保持为主；地理所西南地理研究室以西南山地高原的调查利用及喀斯特地貌为主要研究方向；冰川冻土沙漠所以冰川、冻土、沙漠的改造利用及西北干旱区水文为主要研究方向；广州地理所河南分所以河南的自然改造和农业资源的利用为主要方向；新疆地质地理所以新疆自然改造和水资源利用为主要方向。

■ 环境治理先驱

竺可桢在紧张的科学领导和组织工作之余，仍以极大的热情投入野外考察，几次到内蒙古、山西、陕西、山东、河北等地考察黄河的灾害情况及黄河两岸的水土流失情况。他记录下黄土高原地区人为滥垦滥伐对大自然平衡的破坏，并提出相应的解决方案。

1959 年中国科学院成立治沙队，竺可桢亲自担任国家科学技术委员会（简称国家科委）治沙组组长。虽然不能亲自到野外工作，但他一直关心治沙工作的进展。一方面，他参加治沙队的各种计划、总结、汇报会议；另一方面，他注意收集世界各国治理和改造沙区的情况，向国内学者介绍国外的经验。他还多次撰写科普文章，介绍沙漠的情况和中外治沙的经验教训。

治沙队的任务是协助各地区进行治沙规划，并负责解决治沙工作中的重大科学技术问题和理论问题。由地学、生物学等多个学科的学者共同组成的考察队为学科间的交叉渗透提供了条件，从而为沙漠学研究奠定了学术基础。中国科学院也在考察队的基础上建立了沙漠研究所。尽管沙漠化问题至今没得到根本解决，但正是有关任务带动了沙漠学研究，并使之成为新中国较少的、已达到世界先进水平的学科之一。到了 20 世纪七八十年代，中国的沙漠学研究已经走到了世界前列。

1956 年在讨论《1956—1967 年科学技术发展远景规划纲要》时，苏联专家提出应该注意冰川问题，并强调这是科学研究中的一个空白点。但是由于条件的限制，当时冰川研究并没有被作为重点研究领域纳入《1956—1967 年科学技术发展远景规划纲要》中。20 世纪 50 年代，在科学研究基础十分薄弱的中国，冰川学还是一个空白领域。竺可桢十分重视冰川研究及其社会经济价值。早在 1943 年，他就指出西北地区增加水源的办法是调查山区积雪面积的厚度，并加以人工融化；50 年代末期，他在视察工作时多次强调，一定要使西部地区的冰雪为人民所用。

为了掌握西部冰川的基本情况、积累科学资料、解决西北地区的干旱问题，1958 年，中国科学院计划用 3 年时间进行祁连山冰川考察，了解开发高山冰川水源的可能性。此时，农业生产的“大跃进”使需要灌溉的农田面积大大增加，解决西北地区农业用水的问题迫在眉睫。当地政府提出，希望考察队能用半年的时间查清祁连山冰川资源的分布和数量，为以后大规模开展融化冰雪、增加河西灌溉水源创造条件。为了保证顺利完成任务，在竺可桢的支持下，中国科学院决定成立高山冰雪利用研究队。

考察队的任务是基本摸清祁连山冰川资源的分布、积累科学资料，并试验人工加强冰川融化，以增加农田灌溉水量的可能性。高山冰雪利用研究队虽然从规模上还不能算作中国科学院的大型考察队，但是它为中国当代科学研究开辟了一个新的领域。考察队调查了祁连山各大山脉现代冰川的分布、储水量、形成条件和形态类型，观测了冰川积累与消融现象、冰川与河流的补给关系，探讨了人工促进冰雪消融的可能性。野外工作结束后，考察队完成并出版了 43 万字的《祁连山现代冰川考察报告》。这是中国学者撰写的第一本冰川学专著。

通过这次考察，也建立起一支由地质、地貌、水文、气候和测绘等学科人员组成的冰川研究队伍。1960 年，中国科学院兰州冰川冻土研究所成立，研究人员一度达到 200 人左右，为冰川研究奠定了基础。以此为契机，中国学者在艰苦的条件下，对西部 10 多个山区的现代冰川进行了广泛的考察，收集编印冰川资料，建立起实验室，促进了冰川学的发展。

竺可桢还特别关注西藏地区。早在 20 世纪 20 年代初期，他就提议“组织蒙藏探险团”。他认为，“蒙藏幅员①辽阔，为国藩篱。然其风土真相，非能朗印于国民脑海，遂生三种结果：种族界限隔阂；移民实边不行；边地空虚，启外人窥伺。倘缘是而有失，则国运阻丧，莫此为甚”。并进一步指出，“英俄日窥我蒙藏，探险之士，前后相望。夫以我国之土，彼却不惮险阻，卒能揭其真相以去。而我以主人翁之资格，反茫然无所知，宁非奇耻”。②20 世纪 30 年代初期，他作为中央研究院气象研究所所长，专门派地理学家徐近之（1908—1981）进藏筹建高原气象站。

1959 年，中国科学院组织了由 100 多名成员构成的考察队，再次进藏。考察队计划对青藏地区进行全面、系统的考察。但是，由于“大跃进”造成的全国经济

---

①此为原文，指面积。

②竺可桢．调查蒙藏地理//竺可桢．竺可桢全集：第 1 卷．上海：上海科技教育出版社，2014：417.

困难，中国科学院已无力继续支持青藏考察，这项工作于1962年被迫停止。在制定十年规划时，“西藏高原综合考察研究”再次被列入规划，并且成为综合考察三大中心任务之一。然而在艰苦的条件下，中国科学院一时无力组织进藏考察。竺可桢积极主张开展青藏考察工作，他在1964年的日记中曾经写道：“使西藏一隅长留为空白总非国家之福。”在竺可桢的组织领导下，1964年中国科学院自然资源综合考察委员会与地质所、地理所、地球物理所、冰川冻土所的有关负责人员共同商讨了进藏考察的问题。会后，竺可桢专门向院党组提交报告，建议中国科学院从1965年开始组织小型考察队进藏，并请求国家科委把这项工作列为重点项目，请国务院指示中共西藏工作委员会和军区给予支持。

随后，中国科学院组建了青藏高原综合考察队。考察队分三个阶段（1973～1980年、1981～1983年和1988～1990年）先后对高原主体地区开展了大规模的综合考察。

■ 中国科技史研究

1914年，美国康奈尔大学的9位中国留学生商议筹办《科学》期刊，向大洋彼岸的国人吹响了提倡科学的号角。次年1月，《科学》创刊号在上海发行。期刊文章分为科学通论、各科知识、科学史与科学家、科教事业发展、科学新闻及知识小品6类。当时在哈佛大学攻读博士学位的竺可桢积极响应，并成为《科学》的编辑。在1916～1927年的11年间，《科学》期刊共收入了他的科学论文和译文31篇。

竺可桢的第一篇科学史论文《朝鲜古代之测雨器》刊载于《科学》第2卷第5期。文章考证了“测雨器”的发祥地，纠正了《气候学器械沿革史》中认为测雨器是西方人所为的错误。1916年，他还在《科学》上发表了《中国之雨量及风暴说》《地理与文化之关系》《钱塘江怒潮》。1919年，也就是回国后的第二年，他撰写的中国最早的航空史著作《空中航空之历史》《阴阳历优劣异同论》《气象学发达之历史》，都刊登在《科学》的第4卷上。1926年6月，竺可桢的《北宋沈括对于地学之贡献与纪述》在《科学》上发表，全面论述了宋代伟大科学家沈括在自然科学，特别是地学方面的重要贡献。

20世纪30年代，中国掀起了一场关于“中国古代有无科学”的大讨论。竺可桢认识到，中国人所谓的科学通常指西方近代科学，研究近代科学的起源和西方科学家的科学精神就能解答中国有无科学的疑问。从 20 世纪 30 年代起，他各处演讲，发表论文，阐述观点。在《中国实验科学不发达的原因》一开头，他说："中国古代对于天文学、地理学、数学和生物学都有相当的贡献，但是近代的实验科学，中国是没有的。实验科学在欧美亦不过三百来年的事。意大利的伽利略可称为近代科学的鼻祖，他是和徐光启同时候的人。在徐光启时代，西洋的科学并没有比中国高明多少。"随后，他又分析了近代中国科学不发达的原因："一是不晓得利用科学工具，二是缺乏科学精神。"他指出，实验科学最重要的工具就是人们的双手。伽利略为了追求真理，认识大自然，不怕被指责为"异端妖妄"，大胆挑战亚里士多德学说；他的自由落体实验举世闻名，所用的工具除了一小一大的两个球以外，就是一双手。正是凭着这种科学精神，西方的近代科学才开始发达起来。"中国要讲富强，要发展实业，要追上欧美的物质文明，必须要发展实验科学。"竺可桢批评了当时盛行的"中学为体，西学为用"观点和"摩托救国""飞机救国"的口号，认为"我们固然应当提倡科学的应用方面，但更不能忘却科学研究的精神"。①

浙江大学西迁后，竺可桢撰写了极为出色的科学史论著《二十八宿起源之时代与地点》。中国、印度等国家的古代天文学中，都将黄赤道附近的星空区分为二十八宿，组成一个系统。自 1840 年以来，中外学者对二十八宿究竟起源于中国还是起源于印度或中亚地区，进行了激烈的争论。在竺可桢的论文发表以前，这个重大的科学史问题并没有引起人们足够的重视。因此，竺可桢代表中国人打响了可贵的第一枪，震动世界科学史界。他从二十八宿以角宿为首、二十八宿分为四陆、四陆所占度数又各不相等，以及古书中记载的毕风箕雨等一系列事实，详尽地论证了二十八宿起源于中国。虽然他定的时间过早（后来做了修正），但文章取材丰富，论证精详，至今仍是研究这个问题的首屈一指的作品。此后，竺可桢多次修订论文稿。在最后一次修订时，他将钱宝琮的不同结论收入文中，并将论文更名为"二十八宿的起源"。其英文版（薄树人翻译）被收入《第八届国际科学史大会论文集》，于 1956 年 9 月在意大利佛罗伦萨召开的第八届国际科学史大会上宣读。

1944 年 10 月，李约瑟应竺可桢邀请来华，参加中国科学社成立 30 周年纪念活

①钱永江．竺可桢：中国科学史研究事业的奠基人．http://www.cas.cn/zt/rwzt/jnzkz/jnzkzxsbg/201003/t20100326_2807874.shtml［2010-03-26］.

动，并与浙江大学师生座谈交流。他仔细听取了竺可桢的“二十八宿之起源”和钱宝琮“中国古代数学发展之特点”等科学史专题演讲。他在其巨著《中国科学技术史》（*Science and Civilisation in China*）的序言中特别提到竺可桢、钱宝琮、王琎三位的名字。至 40 多年后，1992 年 8 月，在浙江大学邵逸夫科学馆举行的中国科学技术史的国际学术研究会上，剑桥大学李约瑟研究所所长何丙郁教授宣读李约瑟致辞，特别提到浙江大学三位已故教授（竺可桢、钱宝琮和王琎）对中国科学史研究的重大贡献。何教授还在浙江省领导的招待宴会上说：“李约瑟研究中国科技史，最初是受到浙江大学竺可桢、钱宝琮、王琎等学者的启发而着手进行的。”①

新中国成立后，李约瑟来华访问有八次之多，与竺可桢的交谊越加深厚。竺可桢是他编纂《中国科学技术史》最大的支持者，而李约瑟的编撰计划，实际上也诱发了竺可桢着手建立中国科学史研究专门机构的构想。在李约瑟的有效协助下，1956 年，以竺可桢副院长为首的中国科学家代表团成功地出席了同年 9 月在意大利召开的第八届国际科学史大会，使中国的科学史研究开始走向世界。竺可桢在中国自然科学史第一次科学讨论会上演讲时高度赞扬了李约瑟对中国科学史研究的贡献，说“他放弃了本人已经很有成就的本行科学，单枪匹马地来进行中国科学史的研究，他热心钻研我国科学史的精神是值得我们钦佩的”。

中国科学院自然科学史研究所的创立，更是离不开竺可桢的坚持和奔走。

1961 年，竺可桢率领中国科学院代表团访问英国皇家学会。10 月 19 日，英国皇家学会和英国皇家天文学会在伦敦天文馆联合组织欢迎会。会上，李约瑟讲演“古典中国的天文学”。结束前，他用不太标准的汉语，由衷地表达了他与竺可桢及中国同行的深厚友情：

> 我们很荣幸，能同你们一道纪念你们伟大国家的天文学先辈们。我们对他们无限崇敬，相信随着时间的推移，中国文化对人类宇宙知识的贡献一定会在全世界越来越受到尊重。我们也祝愿中国为了和平和人类利益的国际科学合作万岁！②

1974 年 2 月 7 日，中国气象、地理学界的“一代宗师”竺可桢因肺病在北京逝世，终年 84 岁。

---

①② 钱永江. 竺可桢：中国科学史研究事业的奠基人. http://www.cas.cn/zt/rwzt/jnzkz/jnzkzxsbg/201003/t20100326_2807874.shtml［2010-03-26］.

竺可桢一生“只问是非，不计利害”，坚持求真、求善、求美。无论是在早期求学阶段，还是在留学归国后忙于教书、创办中央研究院气象研究所和主持浙江大学工作，以及新中国成立后担任中国科学院副院长的时期，他崇高的科学理想、求实的科学态度及一心为中国科学事业奋斗的爱国精神，始终令人敬佩。

1963 年摄于广西阳朔

参考文献

陈述彭. 1984. 开拓者的胸怀——纪念竺可桢先生逝世十周年. 地理研究，3(1)：26-29.

樊洪业，李玉海. 2015. 竺可桢的抗战年代：竺藏照片考述. 北京：中国科学技术出版社.

李欣然. 2019. 学术与政治的双重关怀：竺可桢校长的角色解读. 当代教育科学，4：79-84.

杨达寿. 2009. 竺可桢. 杭州：浙江科学技术出版社.

张改珍. 2018. 竺可桢与中国高校气象学专业的创建. 自然辩证法研究，34(7)：66-69.

张九辰. 2003. 竺可桢与东南大学地学系——兼论竺可桢地学思想的形成. 中国科技史史料，24(2)：112-122.

《竺可桢传》编辑组. 1990. 竺可桢传. 北京：科学出版社.

吴有训

——以终生的努力去报效祖国人民

吴有训

“如果自己这辈子还有什么值得自豪的话，那么，就是自己始终没有忘记当年留学的花费，都是故国人民的血汗，没有忘记要以终生的努力去做出报偿。”[①]对这句话，物理学家、教育家吴有训一生中真正做到了身体力行。尽管获得了美国物理学界的认可，他仍然毅然选择回国。作为中国物理学研究的“开山祖师”，他奠定了中国近代物理学研究的基础；作为教育家，他不辞辛劳，诲人不倦，以严谨的作风培养出王淦昌、赵九章、余瑞璜、翁文波等许多优秀学生，“两弹一星”元勋中有一半是他的学生。可以说，仅凭他一人，就撑起了新中国物理学的半壁江山。

■ 初出茅庐的物理学家

清光绪二十三年三月初一（1897 年 4 月 2 日），吴有训生于江西省高安市石溪吴村的一个小康家庭。吴有训的父亲是一名有文化的中小商人，虽然长年在外，但是并未耽误子女的教育。吴有训自幼在私塾读书，后从江西省南昌第二中学毕业，考取了国立南京高等师范学校理化部，师从胡刚复等人。在国立南京高等师范学校，吴有训第一次真正有机会从感性和理性上认识近代科学知识。

---

①聂冷．吴有训传．北京：中国青年出版社，1998：39．

1922年考取官费留美出国时的吴有训

1920 年，吴有训从国立南京高等师范学校毕业后，成为江西省南昌第二中学的数理教员。但此时的吴有训不再只关注于眼前的“饭碗”，胡刚复、竺可桢等中国科学社的年轻教授们已经在他心中点燃了“科学救国”的火焰。吴有训开始自学英文和德文，并在两年后（1922 年）以优异的成绩通过了江西省第一批赴美国官费留学的考试，赴美国芝加哥大学物理系学习，师从阿瑟·康普顿（Arthur Compton）。这是吴有训一生事业的转折点。直到晚年，吴有训还经常谈道：“如果自己这一辈子还有什么值得自豪的话，那么，就是自己始终没有忘记当年留学的花费，都是故国人民的血汗，没有忘记要以终生的努力去做出报偿。”①

1923 年，康普顿在《物理评论》（*Physical Review*）发表论文，通过爱因斯坦 1905 年解释光电效应时预言的光子所具有的动量，解释了 X 射线的移位。在论文中，康普顿基于 X 射线的光子只与一个电子相互作用的假设，推导出 X 射线的波长移位与散射角的数学关系。但康普顿效应在提出之初，并没有立即获得物理学界的广泛承认。一方面是由于这种效应与经典理论有很大的冲突，另一方面是康普顿所获得的实验证据还不充分，使相当多的物理学家不敢贸然相信，大家基本采取了一种感兴趣的观望态度。此时吴有训恰好在康普顿的实验室跟随他进行研究。吴有训对 X 射线很感兴趣，亲身参与了发现和确立康普顿效应的大量实验工作，并采用多种材料来验证。康普顿也很欣赏吴有训刻苦钻研的精神，两人很快达成合作的师生关系。

吴有训没有辜负康普顿的期望。他每天坚持在实验室里工作十三四个小时，连吃饭也是请实验室里的佣工送到工作台上草草了事。有时忘了吃饭，不知不觉中就省去了一顿也是常事。就这样，他在短短一年内就用废了 20 多根 X 射线管，磨炼到一般美国同学需要调试两三个小时才能观测到的结果，他只要一分钟就能做到。有一次，旁边的同学不小心碰到 X 射线机开关，自己却不知道，结果左右也看不到

①聂冷．吴有训传．北京：中国青年出版社，1998：39．

散射现象。吴有训远远就指出了开关问题。同学惊讶地问他是怎么知道的，吴有训说："我能感觉到。"①

正是凭借这份心血与智慧，康普顿、吴有训师生合作无间，先后试验了锂、硼、硅、硫等各种材料的X射线量子散射情况，得到了7条良好的光谱曲线。1924年，吴有训与康普顿一起发表论文《被轻元素散射时钼Ka射线的波长》。经过两个人的共同努力，康普顿效应在大量扎实有力的新证据支持下，获得了国际物理学界的广泛认可。而吴有训也顺利拿到了芝加哥大学的博士学位，留任该校物理系助教。

这个学期里，吴有训发展了康普顿效应，解决了原本遗留的几个重要问题，不仅使得量子散射理论达到了圆满完善的程度，还为其广泛应用开辟了通道。后来，国际物理学界，包括当时苏联的物理学家布洛欣采夫，都称其为"康普顿-吴效应"。在第135届美国物理协会会议上，吴有训的论文被安排在第一个宣读。美国《物理评论》期刊又将这篇论文收入下期期刊作为首篇文章发表。第140届美国物理协会会议上被列入大会宣读的共有15篇论文，其中3篇都出自吴有训。随后，他被美国原子分子学会吸纳为会员。

由此，吴有训受到美国物理学界的广泛认可，并得到康普顿热切的挽留，然而他还是毅然踏上了回国之路。

■ 中国物理好教授

1926年秋，吴有训从美国学成归国，先在上海大同大学短时期任教。第二年夏天，他便到南京第四中山大学物理系任副教授。一年以后（1928年夏），他又应聘赴北平任清华大学物理系教授。吴有训初到清华大学物理系时，物理系还属草创时期，全系共有三名教授，另外两个人是叶企孙和萨本栋。吴有训讲授的科目共有三门，即大学普通物理、近代物理和近代物理实验。限于当时的条件，教科书一律使用外文原版教材。清华大学的大学普通物理分甲、乙两组讲授，主要是根据理科和工科的不同要求而设置的，主讲人基本上是重复地讲两次。另外，大学普通物理中还包括相当分量的实验项目，这也是主讲人的职责。吴有训对待这两组学生很认真。在他的带领下，学生获得了很大的进步。

①聂冷．吴有训传．北京：中国青年出版社，1998：53．

关于吴有训讲课时的情形，曾为清华大学物理系学生的赫崇本曾说："我们当时已经知道吴先生做过一些很重要的工作，称得上是一位有成就的物理学家了。大家猜测着他会不会在第一堂课上讲出一些深奥难懂的道理来，但没料到开课后，吴先生首先提出了一个似乎颇为简单的问题——皮球落地后为什么能反弹起来？大部分同学回答说是因为皮球有'弹性'，但这个'弹性'到底是什么呢，没有人能说出个所以然来。吴先生让大家认真地想一想，并启发性地问，'皮球自己能弹起来吗？'就这样，吴有训耐心地使大家都明白了这是由地面的'反作用'所致。通过这个例子，吴有训告诉年轻的学生们这样的道理：学习精密科学的人，一开始就应养成用科学的语言描述事物的习惯。只有这样，才能保证思维的清晰和条理性，将问题分析透彻。"①这是吴有训教学的一个显著特点，他注重学生对基本概念的理解，并启发学生从简单的事实中悟出较深刻的道理来，因为真理往往是简单的。

"两弹一星"元勋王淦昌回忆："记得在即将毕业的半年内，吴有训老师让我独立完成一项实验工作，以实验报告作为毕业论文。这个实验报告的题目是'测量清华园周围氡气的强度及每天的变化'。为了选择简单、便宜的实验方法，吴老师带领我一起翻阅资料，建立实验装置。其中的难点是要有一台现有的、不必花钱的高压电源。最后，我们采纳了一位实验员的建议，改造了一台闲置不用的静电发生器用作实验装置的高压电源。我们修旧利废，寻找仪器，居然在不到一个月时间内将一切装置安排就绪。四个月后，在吴老师的指导下，我成功地完成了这一实验工作，并写了毕业论文。"②

吴有训培养了大批中国著名的物理学家，赵忠尧、任之恭、钱临照、余瑞璜、张文裕、钱伟长等关于他的回忆还有许多。从中不难看出，吴有训在培养学生方面下了深厚的功夫。在他的精心训练和培育之下，当年清华大学物理系的许多毕业生都可以与世界名牌大学的毕业生一较高下。

吴有训行事果断，高门大嗓，雄辩健谈，乐于表现，喜欢出头。正所谓"不想当元帅的士兵不是好士兵"。吴有训虽然是物理系教师，但却一直以建设清华大学为己任。但是在叶企孙面前，他总是甘心当好配角，虽然自己年长一岁，却非常尊重对方，视其为老大哥，并热情地出谋划策，支持襄助。正是这种互相尊重、彼此坦诚相待的君子之风，让两个性格不同的知识分子配合默契，把清华大学物理系及

①王大明．作为科学教育家的吴有训．自然辩证法研究，1987，1：48-51．

②聂冷．吴有训传．北京：中国青年出版社，1998：92．

理学院建设为当时国内教育与科学研究的一个重要基地，培养了大批优秀科学人才，对新中国的建设事业起了很大作用。

除了教学，吴有训也从未忽视科研工作。1930 年，他在英国《自然》（*Nature*）上发表论文《经单原子气体全散射的 X 射线的强度》。这是中国物理学家在国内的研究成果载于国外科学学报的第一篇文章。1931 年，吴有训、叶企孙等人创立了中国物理学会。其间，他执拗地邀请尼尔斯·亨利克·戴维·玻尔（Niels Henrik David Bohr，1885—1962 年）访华。在吴有训一次又一次的盛情邀请下，波尔不仅来到中国，而且做了六场演讲，使上千名中国学者和学生直接了解到当时世界上最前沿的核物理学理论。王淦昌、束星北、赵忠尧、吴大猷等后劲十足的年轻物理学家，还与他讨论了许多学术方面的问题。

1937 年抗日战争全面爆发后，吴有训一家随清华大学、北京大学、南开大学三校从北京长途迁往昆明，成立国立西南联合大学。昆明被日本飞机频繁轰炸时，吴有训一家与许多教授一起搬到乡下的一个大院，教授的孩子们就在村里读小学。当时吴有训最常说的一句话就是“天下兴亡，匹夫有责”。吴有训穿一件蓝布大褂为学校工作奔忙，出行只能靠步行和马车。为了贴补家用，他还会亲自动手做家用的板凳。

在战争年代，科学家找工作不是一件容易的事。吴有训除了兼顾学校的教学和管理工作外，还四处帮其他人找工作。中国工程院院士韩德馨回忆说：“在抗战时期，吴先生通过他的社会关系与各方面联系，国内各种研究所和高等院校征聘人才的函件，他都亲自写好附言，贴在小黑板上，以便有困难的同学按时来面谈。他关心物理系学生，也同样关心其他系的学生，帮助解决就业问题。”①

就业和留学是关系大学生前途和命运的两件大事。现在散居在世界各地的那些早已成名成家的清华大学和国立西南联合大学物理系毕业生，他们最初的工作和留学，几乎都得益于吴有训的亲自操劳。对于学生，他既是严师，又是慈父。

抗日战争胜利后，吴有训转任国立中央大学（简称中央大学）校长。1950 年，他还在上海交通大学担任了一段时间的校长。1960 年，年过花甲的吴有训已经担任中国科学院副院长，但他仍然坚持在刚成立不久的中国科学技术大学讲授普通的物理课程。洪亮的嗓音、深入浅出的讲解风格，依旧不减当年。学生们都很珍惜这来之不易的机会，把教室挤得满满的，唯恐错过吴先生的授课。

---

①聂冷．吴有训传．北京：中国青年出版社，1998：172．

■ 坚决留在这里

1945年10月，48岁的吴有训离开国立西南联合大学，从昆明来到重庆，出任中央大学校长。尽管抗日战争胜利了，但是战争的阴云仍然笼罩在中央大学的天空上。1946年，国民党、共产党、民主同盟、青年党和社会贤达的代表在重庆举行政治协商会议。为了保证会议顺利召开，促使国民党接受中国共产党和各民主党派的建议，重庆的中央大学、重庆大学和复旦大学的进步师生发动了“一·二五”大游行，这是十四年抗战结束后第一次规模巨大的学生运动。吴有训也身体力行地参与其中。回校后，他立即要机要秘书代他起草辞职呈文，直接递交给蒋介石，无奈未获批准。[①]

1946年全家在南京鸡鸣寺寓所

中央大学迁回南京后，吴有训首先拒绝了高级别墅和服务人员，而让全家住在南京鸡鸣寺中央研究院萨本栋家的楼下。当时国民党政府腐败，学生运动不断，国民党要镇压进步学生，吴有训则想方设法保护。他曾对家人说道：“一定要保护好教师和学生。”他亲自找到当局领导，坚决不让任何人进入校内抓捕学生。[②]

1948年，吴有训远赴墨西哥出席联合国教育、科学及文化组织会议，但“醉翁之意不在酒”，实际上他仍然是为了辞职。得知吴有训即将离校出国的消息后，中央大学的三四千名学生签名写信赠别，信中赞扬他“呕尽心血，擘画经营”，使中央大学“学术地位益形巩固”，希望他“早日返国主持校务，此不独全体同学之切望，抑亦我校需师座之领导”。[③]

吴有训辞职出国是为了抵制反动统治，以明其志。出国后，为了不回中央大学

①聂冷．吴有训传．北京：中国青年出版社，1998：223．

②吴希如．怀念亲爱的爸爸吴有训//蔡恒胜.中关村回忆．上海：上海交通大学出版社，2011：233．

③江西省政协文史资料研究委员会，高安县政协文史资料研究委员会．回忆吴有训．北京：中国文史出版社，2016：151．

任职，他辗转于美国各地，先后到美国的哈佛大学和麻省理工学院等科研机构访问，从事短期科研工作。然而，吴有训身在美国，仍心心念念不忘祖国的同胞。他一边考察科研事业和收集科技资料以备将来之用，一边关心国内的时局变化。蒋介石为吴有训久久不回而大为震怒。因此吴有训一回国，行踪很快就被国民党特务发现。国民党要授予他青天白日大勋章，并请他出任中央研究院院长，一同去台湾。面对此种困境，吴有训只能虚与周旋。在中国共产党地下党员的帮助下，吴有训安全转移，秘密前往上海。

据吴有训的女儿吴希如回忆："新中国成立前不久，为了拒绝去台湾，爸爸带着全家'隐居'在上海开森路北平研究院镭学研究所楼上，和陆学善先生家住在一起。当时妈妈正因胆石症所致的严重黄疸住在医院里，家里十分困难。上海解放的当夜，我们曾听到一阵枪声，次日清晨出门看到许多解放军就睡在大街上的人行道上，爸爸当时真是无比感叹，对我们说'这就是子弟兵啊'！"[①]

由此，吴有训决定"出山"。

■ 新中国核物理学先驱

1949 年新中国成立后，吴有训被新中国政务院任命为中国科学院近代物理研究所[②]首任所长。吴有训出任所长的第一件事就是聚集核物理人才，其中有从原北平研究院原子学研究所合并来的钱三强、何泽慧、杨光中等，从清华大学调来的彭桓武、金建中等，从浙江大学调来的王淦昌、忻贤杰等，从原中央研究院物理所合并来的李寿楠、程兆坚、殷鹏程等，以及刚从国外回来的郭挺章、金星南、肖健、邓稼先、朱洪元、胡宁、杨澄中、杨承宗、戴传曾等 30 多人。这些学术精英就是新中国原子能事业的第一批开拓者，除了赵忠尧、金星南等几位外，绝大部分都是吴有训的学生。中国科学院近代物理研究所成立之初，在科研设备方面，仅有赵忠尧按照吴有训过去的"数理化中山计划"在美国买回的一台质子静电加速器、王淦昌贡献的一台云雾室、杨承宗从国外带回的几克标准放射性物质和若干探测器。

据中国科学院近代物理研究所的早期研究人员金星南回忆："近代物理研究所成立初期，底子是很薄的，实验设备、资料十分缺乏。就书籍数量来说，只有一个

①吴希如．怀念亲爱的爸爸吴有训//蔡恒胜．中关村回忆．上海：上海交通大学出版社，2011：233．

②1953 年 10 月改为中国科学院物理研究所，1958 年改为中国科学院原子能研究所。

书柜的书。所以，做实验的人，到市场（甚至天桥旧货摊）去寻找有用的器材；做理论的人，到市场去找寻有用的书籍。某天中午，我与邓稼先在台基厂、王府井一些书店和旧书摊寻购对我们研究所适用的书籍，买到很少的几本。回所途中，在王府井长安街口见到吴先生。当他知道我们的来意时，对我们大加鼓励，并说：‘新建一个研究所是要遇到许多困难，这就需要大家努力克服，必须要有艰苦奋斗的精神。’”①

1951 年王淦昌（右三）、吴有训（右四）、恽子强（左一）参观波兰华沙大学实验室

1955 年，按照中央指示，中国科学院成立了以吴有训为首的“原子能知识普及讲座委员会”，吴有训组织中国科学院物理研究所 20 多位科技工作者编写出版了《原子能的原理和应用》和《原子能通俗讲话》，在全国范围内普及原子能知识。随后，中国科学院物理研究所在北京西南郊区坨里附近建设新的科研基地。中关村部分为所的一部，坨里部分为所的二部。1958 年 7 月 1 日，中国科学院物理研究所改名为中国科学院原子能研究所。同年 9 月，在苏联的援助下，中国科学院原子能研究所建立了第一座实验重水反应堆和回旋加速器。

中国科学院近代物理研究所成立之初，尽管科研条件近于一穷二白，但在科研人员的不懈努力下，到 1956 年，该所在实验原子核物理、探测器研制、理论物理、宇宙射线、放射化学和反应堆材料等方面均取得了一定的成就。

①聂冷．吴有训传．北京：中国青年出版社，1998：298-299．

1958 年秋，中国科学院原子能研究所的邓稼先博士率先进入第二机械工业部九院（简称九院）开始原子弹理论的探索和研究。两年后，中国科学院原子能研究所王淦昌博士、彭桓武博士加入九院的研究工作。自从中国做出了向原子能进军的决策后，吴有训的学生们在核武器研制的第一线冲锋陷阵。吴有训也亲自出任了中国科学院新成立的原子核委员会同位素应用委员会主任委员，积极推进我国同位素应用方面的研究。他除了经常过问研究的进展状况外，还很关心研究及使用同位素过程中的安全问题，甚至具体了解安全措施等。

1963 年，中国科学院原子能研究所为我国原子弹工程提供了第一批六氟化铀原料。1964 年，中国科学院原子能研究所为我国第一颗原子弹研制了点火中子源。1964 年 10 月 16 日，我国第一颗原子弹爆炸成功。1967 年 6 月 17 日，我国第一颗氢弹爆炸成功。1970 年 12 月 26 日，我国第一艘核潜艇成功下水。

由吴有训缔造的中国科学院近代物理研究所是新中国核事业的发祥地，从中国科学院近代物理研究所、中国科学院原子能研究所发展而来的中国原子能科学研究院，在新中国核事业的每一步发展中立下了不朽功勋，是当之无愧的中国核工业的“摇篮”。

■ 心系中国科学全面建设

作为一名教育工作者、科学统筹规划者，吴有训绝不只关注物理一个方面。

1952 年底，中国科学院部分领导在院部二楼平台上合影
[钱三强（左一）、恽子强（左二）、竺可桢（左四）、吴有训（左五）、丁瓒（左六）]

早在清华大学时，吴有训就大力提倡使用我们自己的文字发展科学技术。在 20 世纪 30 年代以前，我国的大学教材甚至高中的理科教材一般都采用英文课本。吴有训主张把重要的课本翻译成中文，随后又倡导中国科学家自己写中文课本。萨本栋的《普通物理学》就是在吴有训的建议和大力协助下完成的。吴有训曾为校阅罗伯特·安德鲁·密立根（Robert Andrews Millikan，1868—1953 年）的《电子和原子》（*The Electron*）的译稿长期工作到深夜，还指导学生翻译了其他科学名著。

除了重视人才、提携大批优秀科学家外，他还特别重视制造和维修仪器。他亲自带领学生动手操作各项实验。在国立西南联合大学时，他还主编了《科学记录》杂志。这份杂志短小精悍，每篇稿件都由吴有训亲自把关。

在 20 世纪 50 年代初期，一些留美科学家陆续回国参加社会主义建设，吴有训积极向他们介绍国内情况，了解他们的工作安排和进展情况，并为他们解决生活方面的问题，使这批科学家能安心做研究。1971 年，杨振宁、李政道相继回国探亲讲学，吴有训亲自参加接待，介绍中国的建设和科学事业的新成就。1973 年，中美关系出现转机以后，从美国回来访问的华人学者越来越多，有的是吴有训的故旧，有的与他素不相识，他都做好接待，向客人宣传党的政策和我国社会主义建设工作。一时间，接待包括美籍学者在内的外宾，成为这位年逾古稀的老人经常性的工作。他注重区分不同对象，努力贯彻当时提出的外交政策；作为十亿人民大国的科学院副院长，在对外宣传时，坚持社会主义的方向，突出我国的国情，努力做到实事求是。

1955 年 10 月 28 日，钱学森（左）抵京，中国科学院副院长吴有训（右）、物理学家周培源（中）在北京火车站迎接

“文化大革命”后，吴有训已是年近八旬的老人了，可他仍坚持抱病审阅国家自然科学的发展规划，积极参与筹备召开全国科学大会，并提出了许多积极的建议。在晚年，吴有训目睹了“文化大革命”给中国科学事业带来的危害，痛感国家科技人才的匮乏，因而十分注意人才的发现和培养。直到逝世的前一天晚上，他还写信给钱学森，推荐湖南山区的一位农村教师所写的《略论宇宙航行》论文。

吴有训担任中国科学院副院长期间，曾多次代表我国与友好国家签订各项科技协定，时常主持或参加接待外国科技代表团和科学家，并多次率领我国科技代表团出访。他总是不卑不亢，并尽力通过多种渠道宣传新中国的各项成就、新旧社会的巨大差别及共产党的英明伟大，博得了海内外人士的钦佩和赞扬，也为祖国赢得了荣誉。

1977年11月30日，吴有训在北京逝世，享年80岁。党中央在八宝山为吴有训举行了隆重的追悼会，党和国家充分肯定了吴有训一生为发展我国科学事业所做出的杰出贡献。

参考文献

高慧敏，王坚. 2015. 吴有训大学教学思想初探. 中国大学教学，7：77-80.

江西省政协文史资料研究委员会，高安县政协文史资料研究委员会. 2016. 回忆吴有训. 北京：中国文史出版社.

蒋宝麟. 2015. 战后中国的大学校长与大学困境：吴有训在中央大学之进退（1945—1948）. 民国档案，2：127-136.

聂冷. 1998. 吴有训传. 北京：中国青年出版社.

王大明. 1986. 吴有训——中国现代物理学界的先驱者. 中国科技史杂志，5：27.

王大明. 1987. 康普顿效应与吴有训的实验. 自然科学史研究，3：281-292.

魏永康. 2008. 我国核事业之先驱吴有训——纪念物理学家吴有训先生诞辰110周年. 物理，37(10)：740-745.

叶渚沛

——钢花飞溅　丹心为国

叶渚沛

从1950年至1971年,叶绪沛陆续写出的100多篇有关国家经济建设的科学技术建议和科学研究论述，至今仍然闪烁着科学预见的光芒。其中一部分，经过实验已取得重大的成果。例如，现在风行世界先进工业国家的炼铁高炉高压炉顶、高风温新技术，早在20世纪50年代初期叶渚沛就提出过一套完整的建议，并做过成功的实验。我国20世纪70年代从日本进口的宝山钢厂的高炉炉压、风温和利用系数，还没有超过他20年前的试验水平。

■ 海外赤子归去来兮

叶渚沛1902年生于菲律宾马尼拉市，在辛亥革命的浪潮中度过童年。父亲叶镇锥是布店商人,也是孙中山的忠实追随者。他是菲律宾华侨中第一个剪掉辫子的,年轻时参加过同盟会。叶镇锥的家就是辛亥革命志士仁人聚会的场所，他们在这里慷慨激昂地抨击清朝的腐败，陈诉爱国忧民之词，商量为孙中山集资筹款，书写散发给华侨的传单。童年和少年时代的叶渚沛，耳濡目染革命者的言行，革命思想潜移默化地注入了他的心田。他当时还年少，只是隐约知道父亲正在追随孙中山，也看到父亲为此东奔西走，经常拿出资金支持革命活动，顾不上经营布店，家境日渐败落。孙中山对叶镇锥的支持感念尤深，1923年在广州接见他时，亲自挥毫，书赠匾额一块，并将他的名字改为“叶独醒”，寓意“众人皆醉，唯我独醒”，以表彰他的“先知先觉”和早年为革命做出的贡献。

为了使在国外出生的子女不忘自己是炎黄子孙，叶独醒经常在暑期送孩子们回家乡厦门度假。祖国壮丽山川的陶冶，民族悠久历史文化的熏染，加之民主革命思想的教育，在叶渚沛幼小的心灵里深深地埋下了爱国主义的种子。1921年，这个刚刚中学毕业的青年，与父亲做了一次深谈。他告诉父亲，尽管他知道家境困难，但还是请求父亲支持他到美国留学。当父亲问他想报考什么专业时，叶渚沛不假思索地选择了冶金专业。叶渚沛从帝国主义国家侵略瓜分中国的近代史谈起，一直谈到祖国日后的建设都需要钢铁。最后，他说：“一个国家的钢铁产量，标志着这个国家的富强程度。我国的钢铁工业太落后，才造成近百年被列强欺压瓜分的悲剧。中国富强太需要钢铁了。”[①]这一年，叶渚沛怀抱着“科学救国”的大志，辞别父母，去美国寻求科学知识。他先考入柯勒拉矿业学校，不久即转入宾夕法尼亚大学。家庭经济日益拮据，叶渚沛不得不节衣缩食。他在大学实验室里充当助手，以半工半读的方式维持学业。

尽管如此，这位衣着随便、蓬头乱发的中国人，学习成绩始终名列前茅。1925年毕业以后，美国联合碳化物研究所和美国中央合金钢公司先后聘请他担任工程师职务。此后，他又受聘于美国机器铸造公司，担任工程师及冶金组主任。在工业发达的美国的大企业里，叶渚沛在实际工作中锻炼成为优秀的冶金专家，薪金十分优厚，生活也很舒适。但是，他却不时地翘首瞭望太平洋彼岸的祖国。

“九一八”事变后，日本侵略者侵占了我国的东三省。叶渚沛从美国的报纸和家信中得知东北地区人民流离失所、家破人亡的悲惨消息，日夜担心祖国的安危。1933年，31岁的叶渚沛满怀“科学救国”的抱负回到祖国。20世纪30年代初，国民党政府设立国防设计委员会（后改为资源委员会），地质学家翁文灏任主任委员。叶渚沛回国以后，也在这个委员会里担任化学专门委员。可是，当时国民党政府的种种腐败行径不久就打破了叶渚沛“科学救国”的幻梦。

1938年初，叶渚沛跟随国防设计委员会来到武汉。他常有意识地为危难中的祖国做一些力所能及的事情。作为政府官员和著名学者，他有一笔固定的收入。他便用这笔收入资助奔赴延安的革命青年。

---

①中国科学院过程工程研究所．叶渚沛纪念文集．北京：科学出版社，2012：351．

随着国民党政府大撤退，叶渚沛也到达重庆，任资源委员会冶金室主任，兼重庆炼钢厂厂长和电化冶炼厂总经理等职务。他开始与重庆地下党组织接触，理解和支持中国共产党抗日救国的主张，并把抗战胜利、祖国振兴的希望寄托在中国共产党人身上。叶渚沛利用自己的住宅和管辖的工厂，多次掩护过党的地下活动。1941 年皖南事变发生以后，为了通过外交渠道澄清事实真相，章汉夫去找叶渚沛，请他穿针引线，为党的领导人与英国使馆代办安排一次秘密会晤。叶渚沛欣然应允，圆满地完成了任务。此后，他还通过海外关系，从香港替新四军购买一批作战物资，为人民解放事业做出了宝贵贡献。

在重庆，叶渚沛的这些活动被国民党特务们嗅出痕迹。他的处境日益困难。党组织建议他尽快设法离开险境。1944 年，他借一个出国考察工业的机会悄然离去。来去十二载，作为科学家的叶渚沛成就甚微，而作为爱国者的叶渚沛为人民做了许多好事。

出国后，叶渚沛寓居美国。他扎实地对美国的钢铁工业进行了一番考察，从中获取了许多有益的知识和经验。第二次世界大战后，他受聘于联合国教育、科学及文化组织，担任科学组副组长，组长是英国的李约瑟博士。一年任满后，他旅居法国和意大利，在威尼斯与研究欧美文学艺术的美国人玛茜女士相遇，结为夫妇（婚后玛茜起个中文名字叫叶文茜）。1948 年，叶渚沛又接受联合国经济和社会事务部的聘书，担任经济事务官。1949 年，新中国成立的消息使这个海外赤子归心似箭。不顾上司的一再挽留，叶渚沛放弃了优厚的薪金和舒适的生活，毅然辞去联合国的职务，偕同娇妻爱子，绕道巴黎、日内瓦，直飞香港。

1946 年，叶渚沛（左一）在任联合国教育、科学及文化组织科学组副组长时与同事合影

1950年初，离国五年的游子又回来了。来而复去，去而复归——第一次归来，风凶雨恶，一片殷切报国心，化作一场幻梦。而这一次归来，祖国处处撒满阳光。他满怀壮志踏上通往首都北京的列车……

■ 为我们的子孙后代负责

回国后，叶渚沛走马上任，担任中华人民共和国重工业部顾问。

新中国成立初期，我们的工业建设依靠苏联的帮助，很尊重苏联专家的建议。但是，叶渚沛意识到，这并不应该成为排斥本国专家建议的理由，尤其是当苏联专家的建议存在错误的时候。顾问的职责和科学家的良心敦促叶渚沛对苏联专家某些错误的建议不能保持沉默。在有关某些矿山建设方针的重大问题上，他同苏联专家发生严重的分歧。不过，这并没有迫使他后退，他仍然坚持自己的观点，特别是在包头矿的建设方针问题上。

我国包头地区除有大量的铁矿资源外，还有重要的稀有金属资源。其中，稀土元素储量达数亿吨（和铁矿共存的有数千万吨），超过当时世界上已知最大的美国蒙吨巴斯矿；稀有元素的储量也极为可观。对于这样一个复杂矿区的建设，一开始就存在两种学术思想的论争。1952年，在重工业部"包头矿小组"会议上，两种观点进行了公开的交锋。一种是苏联专家的观点，认为包头矿应完全以铁矿进行开采，理由是中国的工业建设急需钢材；另一种是叶渚沛的观点，认为应以稀土为主，实行综合利用的方针。理由包括：①稀土稀有元素是许多尖端工业所需要的重要材料，来源不多，用途特殊，其价值远远超过一般钢铁，包头矿储量又极其丰富；②如果只做单一的铁矿开采，是对资源的巨大浪费，而且有许多问题解决不了（如污染问题等）。

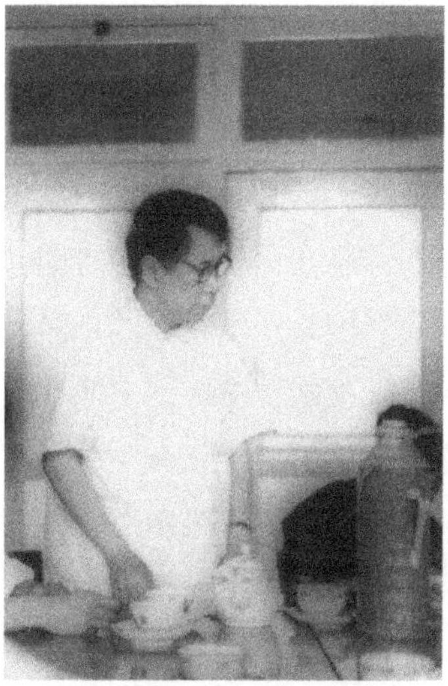
1960年在职工教育座谈会上

苏联专家的观点被全盘接受了。按照苏联专家的意见设计的包头矿在1958年草率上马，投产后的情况很不妙。产量指标一直上不去，不但高炉本身生产不正常，而且打乱了矿山的生产。与此同时，大量资源流失和放射性污染问题也凸显出来。1962年4月，叶渚沛在广州科技会议上得知这些情况。返回北京不久，他亲自带领几个人去包头钢铁公司做了一番实地调查。几天之后，他起草一份《关于合理利用包头稀土稀有资源的建议》，报送有关部门。在建议中，他大声疾呼："从资源的长远利用考虑，并对我们的子孙万代负责，目前必须对这一资源进行很好的保护。"[①]按理说，这本应是接受教训的时候了。但是，在第二年的广州科技会议上，两种思想再一次交锋，叶渚沛的观点还是没有获得多数人认可。某些冶金界人士仍然坚持苏联专家的观点。理由是，已经投资八亿，人员也达到八万；钢铁元帅要升帐，不能后退，包头矿还是要以铁为主。会议期间，叶渚沛的建议仍然没有被采纳并落到实处。

当时间跨入20世纪80年代，中央决定改变包头钢铁公司建设方针的时候，叶渚沛的这些建议才得到充分的考虑。这让人们更加怀念和敬佩他的预见与胆识。在科学海洋里，叶渚沛是个不屈不挠的探索者，任凭风急浪涌，他的目标总是奔向真理的彼岸。在祖国的大地上，叶渚沛是个忍辱负重的忠诚儿子，尽管有时身处逆境，但他的抱负总是献身于祖国的昌盛。

■ 改造我国的冶金技术系统

叶渚沛离开重工业部以后，来到中国科学院担任学术秘书，但他的心却仍然留在钢铁上。1955年，中国科学院党委批准建立化工冶金研究所（简称化冶所），由叶渚沛负责筹建并任所长。化冶所的任务是研究复杂矿石的综合利用、强化高炉现有的冶炼过程；探索新的冶炼方法，发展新型的冶炼设备。这些任务又使他和钢铁密切地联系起来了。他期望在完成这些任务的过程中，实现改造我国冶炼技术系统这个根本的目标。

还在化冶所草创时期，叶渚沛的"触角"就已经伸向20世纪后半叶崭露头角的最新冶炼技术——"三高"（高压炉顶、高风温、高湿度鼓风强化高炉生产）炼铁和氧气顶吹转炉炼钢。他写了许多论文，从流体力学、传热、传质等基本原理的角度，从理论上对"三高"进行了详细论证，从而发展了高炉理论。1955年初，他正式向有关部门提出采用"三高"炼铁的科学建议。他在建议中指出，一座40～60米^{3}的采用"三高"技术的高炉，产量将与1513米^{3}的大高炉相近——即产量增加一倍。而且这种高炉的技术先进、灵活性和原燃料适应性强，有利于强化且设备容易制造，

①中国科学院过程工程研究所．叶渚沛纪念文集．北京：科学出版社，2012：355．

这些优点都是大高炉无可比拟的。巴尔金非常赞赏这些观点，把叶渚沛的文章译成俄文，收录在自己编纂的文集中。中国科学院就这项建议特意向国务院打了书面报告，中央批下300万元作为实验经费，要求冶金部予以合作，在石景山钢铁厂建立一座17.5米^{3}的“三高”实验高炉，同时为实验提供必要的物资条件。

1958年，高炉实验开始了，叶渚沛满面春光，喜气洋洋，白天谈高炉，夜里梦中也讲高炉，妻子说他患了“高炉热”。可是主管冶金的个别领导人对高炉的态度并不“热”。他们认为，这种技术国外都没有研发出来，我们还不会走就想跑，简直是脱离现实。认识上的轻蔑和冷淡，导致了行动上的迟滞。实验原料满足不了需要，炉子的修整一拖两年。

1964年给职工做技术讲座

在这种情况下，叶渚沛和化冶所的同志们没有停步，仍然把实验列为全所工作重点中的重点，继续坚持下去。直到1961年条件稍有好转，他们用了3个月的时间就获得初步成果。1965年，他们进行第二次实验，炉顶压力、风温、鼓风湿度、利用系数等指标首创世界纪录。当时美国和日本也在进行类似的实验，成果均未超出这些记录。

为了改造我国冶金技术系统，叶渚沛的另一项科学建议是，采用氧气顶吹转炉炼钢法。氧气顶吹转炉炼钢法给20世纪后半叶的世界冶金工业带来了一次革命性的变化。1953年，奥地利首先开始试用这项新技术，不出10年，美国、加拿大和德国等也相继采用这项新技术。日本直接从奥地利引进这项新技术，于1957年开始应用。20世纪60年代初期，日本冶金工业尝到“甜头”，纷纷拆掉平炉改为转炉，由此产量大幅度上升，10年左右后即跃居世界第三位。与通用的平炉相比，这种冶炼方法的生产成本低，投资减少 40%～50%，生产效率高出 3～5 倍，而质量相仿。这种冶炼方法优于贝氏转炉和托马斯转炉，并且可以充分利用废钢。对于当时一穷二白的中国而言，无论从哪方面来说，采用这种冶炼方法都是非常适合的。

早在氧气顶吹炼钢法处于襁褓时期时，叶渚沛就看到它的强大生命力，立即在国内积极倡导这一正确的技术方向。1955 年，他在《科学通报》第 9 期上发表了《论在中国采用氧气顶吹转炉方法炼钢问题》一文，从学理上对其进行了缜密的探讨。1956 年，在十二年科学技术发展远景规划会议期间，他又提出了详细的书面建议。建议中明确指出，根据我国的实际情况，采用氧气顶吹炼钢法来迅速地发展冶金工业“看来将是必由之路”。随后的世界冶金发展史证明了这个论断何等正确。可惜的是，当时冶金界的重要人物并未重视这项建议，认为这是“资本主义的洋玩意儿”，与我们从苏联学来的“社会主义大平炉”不能同日而语；在全国炼钢学术会议上，连一次学术性发言机会都没有给叶渚沛。

尽管如此，叶渚沛的科学信念丝毫没有动摇，他用实验成果向“大平炉派”发出有力的挑战。1958～1962 年，他带领化冶所的同志们建了一台 1.5 吨的小转炉，组织了中间试验，成功地冶炼了石景山钢铁厂（简称石钢）生铁、高磷生铁和攀枝花含钒生铁，为发展大型氧气转炉提供了必要的依据，同时为石景山钢铁厂培养了 50 名技术骨干。实验充分显示了氧气顶吹炼钢法的优越性，从而引起国家科委和国家计划委员会的高度重视。1963 年，国家科委拿出宝贵的科研经费，在石景山钢铁厂建立一台 30 吨的氧气顶吹转炉，进行生产性实验。这台炉从投产直至 20 世纪 80 年代，产量一直居于全国之冠。

经过 10 年的奋斗，“三高”炼铁和氧气顶吹转炉炼钢走过了理论研究及中间试验阶段，虽然路途坎坷，但终于获得预期的效果，使我国成为当时世界上屈指可数的几个掌握这种最新冶炼技术的国家之一。如果我们能像日本那样迅速地把这个科研成果转移到生产上去，加以推广，当时我国钢铁工业的面貌一定会大有改观。但是，这项成果并没有大规模地过渡到生产上去。

叶渚沛为了在生产上给这些新技术开辟一块广阔天地，在“征服”攀枝花矿的进军中，他集中地运用了这些科研成果。攀枝花矿储量很大，远景储量有可能超过鞍山。但是它的矿物结构独特，化学组成复杂，其综合利用和冶炼技术是一个很复杂的问题。矿石中的主要金属元素为铁、钒和钛，还含有微量的钴等稀有金属。为了合理利用这个多金属共生矿，叶渚沛在大量理论分析和中间试验的基础上，向有关部门提出了一套切实可行的工艺流程和采用配套新技术的建议。他认为合理地利用攀枝花矿的原则是："以生产钢铁并大量回收钒为主，同时适当照顾氧化钛的富集和回收。"在冶炼技术方面，他主张采用"三高"技术装备的中型矮胖高炉炼铁、氧气顶吹转炉回收钒。①

这套流程的关键在于其成功地解决了高炉冶炼高钛铁矿问题。攀枝花矿含钛较高。钛的主要矿物为钛铁晶石，形成 1 微米以下的细小晶粒，呈网格状嵌布于磁铁矿中，很难分选，从而给高炉冶炼带来巨大的困难。此外，矿石中含硫也较高，又增加一项去硫的任务。高炉使用高钛铁矿虽然在 100 多年前就开始了，但是发展到近代仍没有成功的经验。在这方面，苏联在 1931～1933 年间先后做过多次规模较大的冶炼试验，并且炼出一些合格的生铁，但高炉操作很不稳定，经常发生悬料崩料、钛渣变稠和炉缸堆积等故障，最后仅掌握了渣中二氧化钛含量为 10%～15%的生产冶炼技术。其他国家的成就更少了。因此，国外学者一般认为，用高炉冶炼这种矿石成功的希望甚微。某些苏联学者甚至断言，这类矿石只能在电炉中冶炼。

叶渚沛根据国内外的发展趋势和国内已经达到或即将达到的科学技术水平，慎重地吸取外国的经验，大胆地发挥和创造，提出采用"三高一喷"的新工艺解决攀枝花矿的高炉冶炼问题。他认为，在使用高压力强化高炉、高风温降低焦比的同时，使用高蒸汽鼓风对高钛铁矿石的冶炼具有特殊作用。在风温很高的条件下，可以降低火焰温度、增加炉缸氧化气氛，从而防止钛的过还原，保证高炉顺行和渣铁畅流。再加上碴口压缩空气和喷石灰粉与炉内高蒸汽的共同作用，即可完成脱硫任务。在这个理论的指导下，化冶所先后在三种不同规模的高炉上进行了实验。实验结果表明，可以做到渣铁畅流，没有发生悬料崩料现象，钒回收率达到 70%以上，铁中含硫量 100%合格。叶渚沛的理论和实验为高炉冶炼高钛铁矿闯出了一条新路。

1965 年，国家科委根据叶渚沛的实验成果，决定在昆明钢铁厂建立一座 350 米^{3}的"三高"生产性试验高炉，委派他主持设计工作。这是向生产过渡，成功后将加以推广，意味着我国高炉生产和冶炼技术将跃居世界先进行列。叶渚沛觉得离他梦寐以求的目标越来越近了。他几乎把全部精力都投入了这项工作。在武汉黑色冶金设计院

①张保成. 人民科学家——叶渚沛. 自然辩证法通讯. 1980，8：66-77.

的配合下，他不到一年的时间就拿出一套切实可行的设计方案。

■ 关注温饱问题，支援农业建设

20世纪50年代初，国外普遍采用的生产磷肥的方法，有每产1吨磷需耗电10000千瓦·时的电炉法，有每处理1吨磷矿需相应消耗近1吨硫酸的硫酸法。这两种方法都需要高品位磷矿。我国缺电、缺硫，90%的磷矿是中低品位，所以上述两法均不宜采用。叶渚沛根据我国资源的特点，认为在我国发展竖炉炼磷很有前途。因此，他在1950年归国前夕，自己掏腰包用3000美元从美国TVA公司买来这份“技术专利”，并把原技术资料进行了一番改进，使其更适合我国的具体情况。1955年，叶渚沛将这份资料送交化学工业部，以期采用。不料，几年过去了，这份资料如石沉大海，杳无音讯。叶渚沛不肯就此罢休，多年来逢会必提，遇事便讲。在1963年全国农业会议上，他又进一步提议在竖炉中使用高风温和富氧新技术、用焦炭或煤生产电石，以代替我国当时通用的电炉法。然后在流态化床中将电石氮化，生成氰氨化钙，再用湿法制成尿素。用这种方法生产氮肥，具有设备简单、成本低和肥效高等优点，非常适合我国。同时，他还大力提倡发展以氧气转炉为特点的钢铁化肥联合企业。这样的企业除了氧气转炉炼钢本身所具有的许多优点外，还能吹炼高磷生铁，生产高磷钢渣肥料；同时，可以节省大量焦炉煤气作为氢的来源，它和氧气厂的副产品氮气生成合成氨后，可制成氮肥。这样，每炼1吨钢可同时生产副产品0.5吨磷肥和1吨氮肥。

这一次，与会化工组全体代表一致赞同叶渚沛的建议，以全组专家的名义起草了一份建议书，建议大力发展钢铁化肥联合企业。国家科委派专人与他联系，鼓励他马上开始竖炉炼磷的实验，并答应供给全部经费。遗憾的是，叶渚沛领导的小小化冶所正全力以赴地扑在攀枝花铁矿上，无力分兵他顾，眼巴巴地又拖延了两年。直到1965年，化冶所建立一座0.7米^{3}的炉子，才开始了我国首次竖炉炼磷的实验。

实验进行得很顺利，不到半年就获得可喜的成果。著名的化学家、化学工业部副部长侯德榜闻讯赶来了解情况，后来又在全国化工会议上做了专题介绍。1966年初，中国科学院组织院级成果鉴定，侯德榜又亲自参加鉴定。在为期4天的鉴定会上，侯德榜4次发言，对成果给予很高的评价。参加鉴定的人一致认为这是符合我国国情的、多快好省地生产高浓度磷肥的有效途径，要求扩大实验，取得经验后大力推广。遗憾的是，这项成果刚刚诞生就遇上“文化大革命”，几乎断送了它的弱小生命。1966～1971 年，叶渚沛在极其困难的情况下，几次打报告给有关部门，建议在西南磷矿附近建立 350 米^{3}中型高炉，进行大规模生产。然而，他的建议并未得到重视。他心急如焚，却又无可奈何。1971 年，他在一次上书中写道：“1955 年一份‘技术专利’被送到化学工业部，但只是在 1965 年才在我所试验高炉系统研究成功。可惜 10 年时间过去了。如果在 1980 年能发展推广成为大规模生产，那么前后共用去 25 年。这里我只想指出采用新技术的阻碍是非常大的。”①

冶金学家叶渚沛对肥料的研究并非出于个人的爱好，而是着眼于解决我国几亿人口的吃饭问题。作为一位科学家，他觉得自己有责任对解决人民的温饱问题尽绵薄之力。他找出平素积累的资料，搜集了大量的参考书籍，夜以继日地进行着艰苦的研究。终于，他在 1962 年初写成《关于解决我国农业问题的建议》一文，报送中央领导。这篇 4 万余言的文章凝结了他大量的心血。

在文章里，他从生态学的角度分析了我国人口增长、粮食和肥料的需要，进而找出解决农业问题的一些途径。他把关系农业主要问题的因素概括为水加肥料。文章在提倡大力发展水利灌溉的同时，重点论述了肥料问题。他认为，农村的燃料应以芦苇等植物或煤来代替稻草和麦秸，把稻草、麦秸节省下来和粪肥一起制成堆肥返回土壤，以保持土壤的肥力和有机质。无机肥料（氮、磷、钾）的使用，应按照适当的比例；综合使用要比单一使用的效果好得多。在我国，他首次提出应以“农业生物统计计量学”来定量地指导肥料的科学施用，以最少量的肥料获得最高的粮食产量。他在文章中审慎地运用了密切列许（Mitscherlich）、威尔柯克斯（O. W. Willcox）和鲍尔（B. Baule）的学说，定出我国在水肥土壤良好的条件下，每亩②每季稻米产量可达到 2494 斤③的指标。因而，他估计我国人民在“今后 20 年内，每人每天应获得 250 千卡④的热量”。他在文章末尾写道：“如果我们能将农业置于正确的科学基础之上，就有可能永远根除饥饿的恐惧。”这篇文章运用的某些原理，对于解决我国农业目前存在的一些问题，仍有指导意义。⑤

这篇文章引起了中国科学院副院长竺可桢的高度重视。竺可桢亲自为之作序

①张保成．人民科学家——叶渚沛．自然辩证法通讯．1980，8：66-67.

②1 亩≈666.67 米^2。

③1 斤=500 克。

④1 千卡≈4.2 千焦。

⑤张保成．人民科学家——叶渚沛．自然辩证法通讯．1980，8：66-67.

介绍。他首先肯定了文章的学术价值："是能把'肥'的问题安放在科学基础上的尝试"，并且认为作者对于外国权威的科学著作，能够取其精华，弃其糟粕，加以运用。竺可桢认为作者"从不随声附和，往往提出独有的卓越见解，厥后为实践所肯定"。这几句简短的话，实际上对叶渚沛的治学态度做了中肯的评价。

了解叶渚沛的人都知道，他之所以能够"往往提出独有的卓越见解"，除了坚定地忠于科学信念以外，与他那种刻苦钻研、勤奋学习的精神也是分不开的。

叶渚沛的床头枕下、案头架上，到处是书。每次出差，行囊中大部分装的还是书。有一次去青岛疗养，他满满地带去两皮箱书。海滨秀丽的风光和令人舒爽的海水浴没有消磨他多少时光；大部分时间他都把自己关在屋子里读书、写作。这样的疗养人员很难让医生满意，医生不得不向他提出善意的警告："请不要把书斋搬到疗养院来！"①

或许由于珍惜时间，叶渚沛对科学花园以外的天地从来无暇顾盼。几乎没有什么能吸引他离开自己的生活轨道——早晨 4 点起床，漱洗之后开始读书或工作，7 点吃完早点上班；午饭后小睡片刻，继续工作；晚饭后散步 10 分钟，又是读书或工作，直至 11 点就寝。不管是星期天还是假日，天天如是，年年如此。

博览群书、刻苦学习，使叶渚沛学识渊博、视野辽阔。他的著作涉及冶金、化工、农业、能源、地质及国民经济布局等诸多领域，而篇篇都闪耀着其敢于创新、勇于进取的科学精神。他站得高，望得远，洞悉世界各国科技进展情况，目光总是紧紧地盯着国际科技发展的新动向，而心则踏踏实实地扑在祖国的建设上。他学术上的最大特点就是，善于运用综合性的学科观点，根据我国的资源和国情，结合世界上最先进的科学技术，不断地提出适合我国经济建设的新建议。他是一位具有远见卓识的科学带头人。

参考文献

刘伟，许治宏. 2011. 叶渚沛：中国化工冶金的开拓者. 科学文化评论，2：108-118.

萧忠敏. 2002. 中国炼钢科技专家——叶渚沛. 炼钢，5：61-62.

邢卫平. 1987. 中国科学学的先驱——叶渚沛. 科学、技术与辩证法，4：68-70.

①张保成. 人民科学家——叶渚沛. 自然辩证法通讯. 1980，8：66-67.

许志宏，王大光，张宗诚，等. 1993. 科学家叶渚沛的学术思想永远值得我们学习——纪念叶老九十诞辰. 化工冶金，14：90-92.
严济慈. 1982.《化工冶金》杂志《纪念叶渚沛所长逝世十周年专刊》序言. 中国科技史料，3：1.
查金荣. 1993. 叶渚沛生平简介（1902—1971）. 化工冶金，14：92-94.
张保成. 1980. 人民科学家——叶渚沛. 自然辩证法通讯，8：66-77.
中国科学院过程工程研究所. 2012. 叶渚沛纪念文集. 北京：科学出版社.

王应睐

——在中国大地构建生命化学大厦

王应睐

中国科学院原上海生物化学研究所（简称生化所）实验大楼一层门厅的布告栏前，曾经常可以看到一位耄耋之年的先生专注地阅读研究所新闻和各个学术海报。许久之后，他才缓缓拄起拐杖，悠然地步上楼梯向实验室走去。他就是生化所的首任所长、我国现代生物化学的主要奠基人王应睐。从事生物化学研究的人都知道，王应睐是学界响当当的人物。

在那个烽火连天的岁月里，王应睐作为英国剑桥大学的生物化学博士，谢绝了剑桥大学的再三挽留，毅然决然地回到祖国，开始了他为我国生物化学事业孜孜不倦、无私奉献的一生。

■ 一颗赤子心，时刻准备着

1907 年 11 月 13 日，王应睐出生在福建金门一个华侨家庭。他的祖辈在金门岛打鱼务农，叔祖、叔父是客居日本的爱国华侨，曾资助过孙中山的革命活动。他两岁丧父、六岁丧母，童年是相当辛酸的，但这在一定程度上促使他养成了坚强、发奋的品格。在兄嫂的抚养下，他先在私塾读书，随后进入厦门鼓浪屿著名的英华书院上学。他聪颖、努力，六年半就读完了九年的课程，然后先后进入福建协和大学和南京金陵大学化学专业学习。1929 年，他以优异的成绩毕业并获得学校颁发的

“金钥匙”奖，留南京金陵大学担任化学系助教。

任助教期间，由于劳累过度和营养不良，他得了肺结核病。他在北京西山养病期间，广泛浏览了有关肺结核病的书籍，经常思考如何解决我国肺结核病广泛流行的严重问题。当时生物化学刚从生理学中分出来成为一门独立的学科。对于可怕的肺结核病当时还没有特效药，患者只能靠休息和补充营养来与病魔做斗争，而这些不是人人能做到的。王应睐毅然改变了原来的专业方向，选择以生物化学作为自己的终身事业。

1933 年，他进入燕京大学研究生院。当时，生物化学学科在中国刚开始建立，研究内容主要是有关营养的问题。他研究的课题有酶对蛋白质的作用、三氯甲烷（氯仿）、甲苯等防腐剂对此造成的影响，以及人体对豆浆与牛奶的消化吸收能力比较等。1937 年抗日战争全面爆发后，他回到厦门鼓浪屿。此后，他考取中英庚款留学生，于 1938 年到英国剑桥大学攻读博士学位。在这以后 40 多年的研究中，王应睐以丰富的创造力、敏锐的洞察力、精准的分析与判断力，在维生素、血红蛋白、酶研究等方面取得了一个又一个重要成果。

王应睐在英国剑桥邓恩营养学实验室从事研究

到英国后，王应睐首先在剑桥大学海斯（L. J. Harris）博士的指导下从事维生素研究。在整个研究过程中，王应睐想的是如何简化维生素的测定方法，让这种方法在中国仍旧可以使用。当时的情况是，新的维生素不断被发现或人工合成，维生素的营养作用已经被充分肯定。因此，微量测定各种食物及其组织中的维生素含量就成为一个亟待解决的问题。在两年的时间里，王应睐因陋就简，以简单的化学及物理学方法确定了四种不同的水溶性维生素的微量测定方法。他所建立的维生素的硫色素和荧光测定法，为当时缺少精密仪器的实验室测定食品及尿液等生物样品中维生素 B_1 的含量提供了重要的测定手段。在提出微量测定维生素方法时，他提到："我采取这一系列简易可行的方法，目的也是为回国后开展工作做准备。因当时国内研究条件不可能较英国好。"[①]然而，以牛津大学的彼德斯教授为代表的一些人曾对王应睐提出的方法表示怀疑。彼德斯是专门研究维生素 B_1 的，他不信这个中国研究生能用这么简易的方法进行可靠的测定。然而，他通过不同方法的测定，证明了王应睐的方法不仅简便，而且准确。在研究生阶段，王应睐还提出了其他 B 族维生素的测定法及维生素 C 的电位滴定法。用后一种方法可以准确地测定有颜色的组织抽提液中维生素 C 的含量。

由于成绩卓越，王应睐研究生毕业时获得了免试待遇，并于 1941 年取得生物化学博士学位。王应睐立即准备回国，可是由于第二次世界大战，交通阻断，他不得不接受英国医学研究会的特别资助，留在剑桥大学继续从事研究。为了开拓研究领域和开阔视野，1943 年，王应睐转入剑桥大学另一位生物化学教授凯林（Keilin）的实验室工作。凯林给王应睐出了一个研究课题：在豆科植物根瘤的细胞色素中，曾发现红色的色素，那么这种红色素究竟是什么？对此，日本人久保（Kubo）曾提出可能在根瘤中含有血红蛋白，但美国人巴尼斯（Bunnis）和哈斯（Haas）认为这是一种类细胞色素蛋白。王应睐从黄豆的根瘤中分离、提取出这种红色素蛋白，进行了研究。如果它是血红蛋白，那么它应该能在常温常压下很容易地同氧结合，并再自行释放氧。但实验过程中没有看到这个现象。王应睐不断地改变实验的条件，他发现在真空中稍提高温度，其就能自行释放氧；其再同氧气相遇，又能相结合，呈现血红蛋白的典型吸收光谱。王应睐将研究结果写成了《豆科植物根瘤的血红蛋白》一文，发表在英国的《生物化学》（*The Biochemical Journal*）上，立即引起了

①王恩多．王应睐先生送我一本书——纪念王应睐先生诞辰 110 周年．生命的化学，2017，5：690-692．

国际学术界的注意。在论文中，他用充分的实验事实证明从豆科植物根瘤中提取的红色素同氧的结合是可逆的，并提出了同氧解裂时的解裂常数。在这项研究的基础上，他接着对马蝇寄生虫所含的一种红色素进行了研究，发现也表现出血红蛋白的性质。这两项研究工作在血红蛋白的生物化学研究中具有重要地位。王应睐从比较学角度，研究不同进化水平的生物所含有的血红蛋白有什么不同，从而证明了动植物之间在生物化学物质基础上的共同性。这项研究有利于从生物化学的角度解释生物的进化学说，具有很高的理论价值。王应睐的上述成就得到凯林教授的高度评价，并一直为国外同行所引述。

此时，王应睐仍然心系祖国人民。他曾说："20 世纪 40 年代初期，所有主要维生素已先后被发现，有的已被合成，维生素研究的中心问题已转到其作用原理，特别是它们与酶和代谢的关系。欲深入研究，必须具备更坚实的生物化学基础和广泛的研究经验。同时我也逐渐认识到，营养水平的提高是一个社会问题，不仅是知识问题；而结核病的解决更是一个艰巨、复杂的社会任务，因此我决定利用剑桥的优越条件，充实自己的生物化学知识，以便回国后更好地开展我国的生物化学工作。"①他是这样想的，以后也的确这样做了。

1945 年第二次世界大战结束后，王应睐抱着满腔报国热情，迫不及待地准备回国。虽然战后交通尚未恢复正常，他还是毅然谢绝了凯林教授的再三挽留，匆匆乘船绕道印度回国。开始，他在国立中央大学医学院任生物化学教授，1948 年到上海，在中央研究院医学研究所筹备处担任高级研究员。他活跃在酶和代谢诸领域，在植酸酶、琥珀酸脱氢酶、醛缩酶氨基酸代谢等方面取得了富有创造性的成果。

王应睐

新中国成立初期，部队普遍出现了一种病症：舌头糜烂，下身奇痒、溃烂。当时部队医疗力量缺乏，就求助于上海有关部门。王应睐知道后，便到部队进行调查研究，发现战士们患的是维生素 B_1 缺乏症。他很快摸清了病因，提出了对症治疗的措施，解决了这个问题。1950 年抗美援朝战争爆发，志愿军战士在前线离不开干粮，但当时干粮存放不了一年半载

①王恩多．王应睐先生送我一本书——纪念王应睐先生诞辰 110 周年．生命的化学，2017，5：690-692．

就变质并出现哈喇味儿，战士难以下咽，影响到部队战斗力。情况报告到国内，中央指示要立即解决这一问题。北京电召王应睐前往。王应睐研究后认为，干粮有哈喇味儿的原因是所含脂肪氧化。他试验了多种防氧化剂，包括天然的和合成的，并提出用含有天然防氧化剂的黄豆粗豆油做脂肪来源，在干粮中严格控制易氧化的铜离子、铁离子。同时，干粮包装材料也改用经过防氧化处理的纸。有关部门立即采纳了王应睐的建议，改进了干粮的制作和包装，有效地解决了干粮变质有哈喇味儿的问题，为前线部队做出了贡献。1953 年，《营养学报》发表了他的论文《干粮脂肪防氧化的研究》。

■ 国际舞台，绽放中国色彩

1950 年，王应睐担任了新成立的中国科学院生理生化研究所副所长，分管生物化学方面的研究工作。他在酶学和物质代谢领域研究探索的同时，以强烈的事业心和高度的责任感思考与筹划了我国生物化学科学发展的大计。他打破专业局限，统揽全局，密切注视国际上整个生物化学研究的发展趋向。他敏锐地观察到，生物化学研究已经进入动态和功能生物化学时代，而蛋白质、酶、核酸、代谢等方面的研究成了当时生物化学研究发展的生长点。王应睐紧紧把握住这个新的动向，对研究所的发展方向进行了正确的决策，使琥珀酸脱氢酶和肌肉蛋白等生物化学研究方面的工作都得到了迅速的发展，有些工作很快取得了成果。他审时度势、不失时机地调整研究所的方向和任务，使生理生化的研究工作始终处在学科发展的前沿。

20 世纪 50 年代，王应睐和邹承鲁、汪静英等一起进行了对琥珀酸脱氢酶及线粒体呼吸链酶系的研究。1950 年，王应睐观察到鼠肝组织中琥珀酸脱氢酶活力与核黄素的摄取量密切有关。琥珀酸脱氢酶是三羧酸循环中一种关键的酶，但它与线粒体膜结合得非常紧密。由于它难以溶解，因此也就不易进一步分离提纯进行研究。王应睐与邹承鲁、汪静英一起采用正丁醇抽提方法，成功地把琥珀酸脱氢酶从膜上溶解下来，从而分离提纯得到高纯度、高活力的水溶性琥珀酸脱氢酶，同时发现这种酶含有异咯嗪辅基与非血红素铁，酶以共价键与异咯嗪腺嘌呤二核苷酸相连，并受底物与磷酸盐等激活。

1955 年，李约瑟教授邀请中国科学家参加即将在比利时召开的第三届国际生化会议（IMB）。王应睐与有关科技工作者作为新中国成立后的第一个科学家代表团，飞抵布鲁塞尔，参加了这次国际生化会议。中国科学家第一次在国际性的学术会议上报告自己的研究成果。当王应睐关于琥珀酸脱氢酶的研究论文报告结束时，会场上响起了热烈的掌声，人们祝贺中国科学家在这一领域所取得的出色成果。当时主持会议的斯莱顿（E. C. Slaten）教授紧紧握住王应睐的手，祝贺这项工作解决了 20 多年来未搞清楚的问题。1955～1965 年，王应睐在《中国科学》《生理学报》《生物化学与生物物理学报》及罗马尼亚的《生化学报》上连续发表了关于琥珀酸脱氢酶研究的一系列论文。这些工作为后来国际上开展呼吸链酶重组的研究打下了基础。①

20 世纪 50 年代后期，国际上蛋白质、酶、核酸的研究在分子水平上有了突破性进展，形成了一门富有活力的边缘学科——分子生物学。1958 年，中国科学院决定单独成立生化所，由王应睐出任第一任所长。在他的领导下，该所的研究工作围绕着分子生物学进行了调整，使全所的研究提高到一个新的水平。1959 年，生化所、上海有机化学研究所等单位协作，开始了人工合成牛胰岛素的研究。牛胰岛素是世界上第一种弄清结构顺序的蛋白质，当时国际上也有不少实验室在进行这方面的研究，但认为要做到人工合成还为时过早。生化所等单位的科研人员以赶超世界先进水平的雄心壮志，投入了这项研究中。

生化所将 1/3 的力量投入了人工合成牛胰岛素的工作。各单位参加的人员共计达到 800 人以上。大家把铺盖都搬到了实验室“挑灯夜战”，王应睐也每天到凌晨一两点才睡觉。但是这种“大兵团作战”的做法让王应睐深感怀疑。

这时，中国科学院派王应睐去英国参加英国皇家学会成立三百周年庆祝活动。王应睐借机向中国科学院领导汇报了上述情况和自己的想法。中国科学院领导赞同王应睐的意见，认为这种“大兵团作战”的方式不适合科学研究工作，必须尽快调整，踏踏实实地从事研究。王应睐立即传达了中国科学院领导的意见，停止了“大兵团作战”的做法，进行总结、整顿，组织了一支精干的队伍，使人工合成牛胰岛素的工作走上了正轨。

从 1961 年起，王应睐在生化所组织了近 20 人的骨干队伍，对有关牛胰岛素合成的基础工作进行了系统、深入的研究，为这项研究成果的成功创造了条件。从这以后，实验室工作的进展大大加快了。1963 年，中国科学院在上海召开会议，决定

---

①吴英熙．在中国大地上构建生命化学的大厦——记王应睐教授．中国科学院院刊，1987，1：89-92．

由北京大学、上海有机化学研究所和生化所再次协作，王应睐担任协作组组长。1964年，半合成牛胰岛素获得成功；第二年，牛胰岛素的人工合成宣告完成。王应睐领导科研人员为我国的科学事业夺得了一项“世界冠军”。诺贝尔奖获得者、欧洲分子生物学实验室主任肯德鲁（Kendrew）于1966年访华时说：“从没有蛋白质立体结构信息的氨基酸到具有生物活性的蛋白质分子，真正说明问题的例子还是人工合成牛胰岛素。”[①]1982年，这一重大成果荣获国家自然科学奖一等奖。

王应睐始终认为一个基础理论研究所应该有比较稳定的研究方向，不能大起大落，随意改变。在他的努力下，生化所在20世纪60年代已成为我国生物化学研究的重要基地。但是在“文化大革命”中，他受到了批判。

王应睐工作照

1972年，王应睐重新回到生化所的业务领导岗位后就明确提出，将生物大分子结构功能与合成的研究作为生化所的主要方向。在这个指导思想下，他大刀阔斧地重新对全所的科研体系进行了调整，恢复了酶、蛋白、核酸等研究室，开展了对酶的结构功能、蛋白的一级结构、代谢在核酸水平的调节控制、核酸的结构功能等的一系列基础研究工作，并让核酸研究室原主任王德宝教授负责酵母丙氨酸转移核糖核酸的合成研究。全所科研人员的积极性高涨，科研工作又恢复了生气，人工核酸的合成也有了进展。

1977年，王应睐重新恢复了所的领导工作。尽管年逾古稀，但他精神焕发，决心将生化所办成一个具有国际水平的研究单位。为此，他大力调整所里的科研体系，

①吴英熙．在中国大地上构建生命化学的大厦——记王应睐教授．中国科学院院刊，1987，1：89-92.

整顿科研队伍，根据生物化学科学的发展前沿，成立了蛋白质与多肽激素、核酸、酶与膜、细胞识别与细胞代谢的调节控制、分子遗传与遗传工程等八室一组。人工核酸的研究也出现了新的局面。1977年，在上海召开的京沪两地协作会议上，王应睐被推选为协作组组长。1978年，协作组决定成立RNA连接酶、测活和大片段连接三个会战组，调整部署了研究力量。在这以后，合成的进展加快，1981年11月20日，协作组胜利完成了整分子的人工合成。这项成果标志着我国人工合成生物大分子的研究水平继续居于世界先进水平。王应睐正是这个研究课题的协作组组长，他对整个课题研究的规划、分工，以及学术、管理的决策和指挥，做出了重要贡献。

还有这样一些“小事”：王应睐作为“人工全合成结晶牛胰岛素”项目的主要组织者，为该项成果倾注了大量心血，可是在最后的成果署名上却没有他的名字；同样，在“人工合成酵母丙氨酸转移核糖核酸”这项成果上，他也未曾署名。对于王应睐来说，论文署名也许是他最不在乎的小事，因为他心里装着的是祖国的生物化学事业，是家国天下的情怀，而不是个人的名利或得失。先生的高风亮节和博大胸怀令人钦佩。但是中国人民没有忘记他的贡献，国际科学界也没有忘记。国际科学界为了表彰他作为人工合成牛胰岛素和人工合成核糖核酸的组长领导中国科学家在人工合成生物高分子方面取得的成绩，为其特设“特殊成就奖”的奖励。在授奖仪式上，会议主席、迈阿密大学生化系主任韦任教授向王应睐颁发了一块奖盾，上面镌刻着：“王应睐从1958年至1984年任中国科学院上海生物化学研究所所长，在此期间他作为协作组长完成两项杰出的、具有开创性的成果，一项是1965年人工合成牛胰岛素；另一项是1981年人工合成酵母丙氨酸转移核糖核酸。”①

尽管成就如此卓著，80岁高龄时他仍以“往者不可谏，来者犹可追”自勉，可见其对中国生物化学事业的赤诚之心。

■ 引才育才，引路中国生物化学发展

王应睐在建立生物化学研究队伍、发现和培养各种人才上做了大量工作。这是他为发展我国生物化学事业所做的又一贡献。

王应睐是生化所的首任所长，他在担任所长之初就为研究所规划了完整的科研

①汪前进，黄艳红．中国科学院人物传：第一卷．北京：科学出版社，2010：583-585．

方向，根据生物化学的发展积极引进人才。曹天钦、邹承鲁、钮经义等在新中国科学发展史上举足轻重的“大人物”，都是这一时期由王应睐邀请回国的。王应睐十分重视人才，在新中国百废待兴、科研条件无法与国外相提并论的情况下，他竭尽所能地为这批回国工作的科学家创造条件。在邹承鲁回国之初，他就将自己研究组里优秀的年轻人伍钦荣交给邹承鲁当助手，为初来乍到的邹承鲁分担科研事务，开展酶的作用机制研究。1952年曹天钦回国，开展蛋白质结构与功能的研究，王应睐也为他配备了得力的助手。之后又陆续请到了维生素专家张友端、核苷酸代谢专家王德宝和蛋白质化学专家钮经义。为了弥补所内微生物学专门人才的空白，他又争取到周光宇来所里参加工作，还有中国科学院生理生化研究所成立时归队的代谢专家沈昭文。就这样，一批思想敏锐、年轻有为、朝气蓬勃、崭露头角的科学家组成了门类齐全并互为补充的阵容。王应睐是一位优秀的指挥员，他善于发挥和调动各专家的才干和积极性，并使全所上下都能心情舒畅地工作，形成一个民主、和谐的研究集体，有相对稳定的研究方向，有探讨问题的活跃的学术气氛，有操作严格、秩序井然的实验室环境，从而有力地促进成果和人才的涌现。在此基础上，他培养和造就了一大批新的学科带头人和科研骨干。

为了让引进的人才能够顺利地开展科研工作，王应睐在他们回国后不久，耐心地向中国科学院领导说明科研装备在新中国科学研究中的重要性，积极争取，以十足的诚意打动了中国科学院领导，生化所得以装备一批先进仪器，如贝克曼E型分析超离心机、MSE高速冷冻离心机、贝克曼DK-2记录分光光度计等。生化所的研究工作也在王应睐组建的这支科研“先锋队”的努力下展现出蓬勃发展的局面，走到国际前沿行列。

王应睐（左一）被授予“匈牙利科学院名誉院士”称号

在培养人才上，王应睐的一个成功的做法是举办高级生物化学训练班。新中国成立前，国内的大学里没有设立过生物化学专业，初期来所的青年科研人员大多学化学出身，没有经过生物化学的基本训练。王应睐为培养人才，参照他当年在剑桥大学的经验，举办了高级生物化学训练班。训练班的课程包括生物化学最新知识的系统讲授和一系列经典研究实验，学员们在生物化学大师的教授下学习如何做科研，掌握研究方法的同时增强动手能力。王应睐先后领导上海生物化学会与中国生物化学会，使生化所在相当一段时间里起到了带领全国生物化学事业发展的作用。1961 年，王应睐将以往生化所内的高级生物化学训练班办成面向全国的训练班，为全国各地培养生物化学人才。1979 年，他又在上海、杭州两地同时举办了一次大型训练班，参加者达 500 人。训练班为全国培养了一大批生物化学人才，学员们在此打下了扎实的生物化学基础，当年的许多毕业生现在已经成为中国生物化学界的科研、教学骨干。1984 年王应睐提出了中国生物化学会在国内组办国际生物化学会议的设想，以使更多的国内学者有机会直接与国外学者交流。以王应睐为组委会主席的 1987 年北京国际生物化学会议有上千人出席，其中 300 多人来自国外，包括当时还没有与中国建立外交关系的韩国与以色列。这次会议在国际上引起强烈反响，为中国生物化学界赢得了荣誉。

王应睐对中国生物化学会重返国际生化学会起了关键作用。1979 年，他率团去加拿大参加国际生化大会，在与国际生化学会韦兰（W. J. Whelan）等反复磋商后，决定中国学会作为国家学会、中国台湾学会作为地方学会加入国际生化学会。一时间，中国科学技术协会下属的许多学会都以这样的方式顺利地解决了加入国际学术组织的问题。1983 年，王应睐在联合国教育、科学及文化组织的支持下去泰国参加亚太生物化学会时，也顺利使中国生物化学会成为亚太生物化学会的一员。1988 年，王应睐也为中国台湾“中央研究院”代表台湾地区出席当年在北京召开的国际科学联盟理事会大会做出了努力。在一个中国的原则前提下，台湾地区第一次公派了三名科学家来大陆与会，这也是两岸关系的一次突破。

王应睐关心年轻的生物化学人才的成长。1996 年，王应睐获得“何梁何利基金科学与技术成就奖”。当整个生化所都在庆贺这一喜讯时，王应睐却只是淡淡一笑，便将部分奖金捐出成立了“王应睐基金会”，用于培养和造就更多、更优秀的科技英才，繁荣祖国的生物化学事业。许多德才兼备的优秀研究生获奖并做出了出色的研究工作，其中不少获奖者已成为学术带头人。一批又一批的年轻学子在王应睐先生精神的感召下，更加勤奋学习、努力进取，迅速成长起来。

20 世纪五六十年代，购买进行生物化学研究的试剂和仪器设备十分困难。在人工合成牛胰岛素时，为了解决合成牛胰岛素的原料氨基酸，王应睐组建了东风生物化学试剂厂。在进口试剂短缺的情况下，该厂为牛胰岛素的人工合成和全国的科研提供了必需的生物化学试剂，在当时发挥了积极作用。王应睐还借鉴剑桥大学的经验，成立了320工厂，该工厂设有玻璃工厂、金工厂、仪器组、水电组等。除了为实验室提供正常运转的保障外，更重要的是该厂为生化所全所科研人员生产了层析柱、各种规格的试管、部分收集器、电泳仪、分光光度计等仪器设备。320工厂的工程师和师傅们水平很高，只要画出图纸，他们都能做出来，为科研人员提供了许多方便。随着改革开放后市场经济的到来，生化所购买试剂和仪器变得越来越便捷，东风生物化学试剂厂、320工厂也先后转型，但是王应睐在计划经济时代自力更生的思想和做法，对我国的生物化学事业发挥了重要的积极作用。

人工合成牛胰岛素和人工合成酵母丙氨酸转移核糖核酸两大成果问世，促使生化所站到了国际舞台上；广泛而深入的国际合作与交流，同样打开了生化所的国际知名度。早在20世纪60年代初，王应睐就随中国科学院代表团赴英国参加英国皇家学会成立三百周年庆祝活动，70年代参加分子生物学代表团访美等；在王应睐任期内，生化所还接待了撒切尔夫人等多位国家领导人来访，李约瑟等国际知名科学家也曾到访生化所。生化所成为当时国内生物化学研究的高地。特别值得一提的是，王应睐多次代表我国出席国际会议，报告我国的研究成果，引起了国外同行的极大重视。王应睐创建了《生物化学与生物物理学报》并长期担任期刊主编。退居二线后，他是《生物化学与生物物理学报》的名誉主编，80岁时还经常帮助审阅英文稿件。王应睐创建了中国生物化学会，亲任前三届理事长。1987年，在王应睐的积极倡导下，召开了由中国生物化学会组织的国际生化会议。王应睐作为会议主席，在确定大会报告人、邀请国外学者参加等方面起到了主导作用。国际生化会议的顺利召开归功于王应睐的辛勤努力，这次会议也为中国生物化学界赢得了荣誉。他还曾担任第三、第五、第六届全国人民代表大会代表，为我国生命科学研究的总体规划献计献策。

在美国迈阿密发表演讲

王应睐（左一）接待撒切尔夫人来访

王应睐秉公办事，无门户之见。“文化大革命”结束以后，为了重新组织研究队伍，他深入科研人员之中，反复与科研人员谈话，了解他们的想法，使研究所的需要与个人兴趣密切结合，更有利于发挥科研人员的聪明才智。王应睐胸怀宽广，严于律己，宽以待人。在研究所里，不论年纪长幼，不论地位高低，他都平等相待。正因为这种人格魅力，才能吸引和凝聚一大批优秀的科研人员在生化所进行研究，充分发挥他们的聪明才智并做出杰出贡献。

1991 年，王应睐集自己半个多世纪的治学智慧，为生化所题写了“献身、求实、团结、奋进”八字箴言。这是王应睐的治所和治学风格，也给生化所这支科技国家队注入了灵魂。在王应睐的科学精神与科学思想影响下，一批又一批年轻学子将沿着他的足迹，继续攀登科学新高峰。

参考文献

李伯良. 2001. 献身科学事业，勇攀科学高峰——王应睐及其科学成就. 中国科学院院刊，1：67-69.

李林. 2018. 上善若水，往亦来者——王应睐科学精神长存. 民主与科学，5：73-75.

汪前进，黄艳红. 2010. 中国科学院人物传：第一卷. 北京：科学出版社：583-585.

吴英熙. 1987. 在中国大地上构建生命化学的大厦——记王应睐教授. 中国科学院院刊，1：89-92.

杨小华，熊卫民. 2015. 王应睐与中国现代生物化学人才. 科学文化评论，12：94-110.
姚诗煌. 1982. 王应睐. 中国科技史料，4：39-44.
于晨，王应睐. 2015. 王应睐所长谈牛胰岛素的人工合成. 生命科学，6：761-762.
邹承鲁. 2001. 怀念王应睐先生. 生物化学与生物物理进展，3：277-288.

钱崇澍

——垦荒播种，奠定中国近代植物学的基础

1910年在一艘开往美国的客轮上，一个刚刚剪了长辫子、衣着简朴的中国青年正倚着船舷遥望天涯，遐想着将要为之奋斗终生的事业。他就是钱崇澍，浙江海宁人，生于1883年，中过秀才，却无意追求高官厚禄，立志献身生物科学研究。现在，他有机会和竺可桢、李四光等才华横溢、富有理想的青年一起到美国留学，怎能不心花怒放。

钱崇澍先后在美国伊利诺伊州立大学自然科学院和芝加哥大学、哈佛大学学习。1916年学成回国后，他开启了科学征程。钱崇澍从事科学研究工作50多年。在抗战时期，研究经费紧张。作为生物研究的负责人，不管条件多么艰苦，他都和大家一样坚持野外采集。新中国成立后，他才真正有了实现夙愿的条件。1950年，他被调往中国科学院植物分类研究所任所长。当所里正准备隆重迎接时，这位所长却早已坐在办公室里开始工作了。然而长期的工作负荷，使得他本已严重的胃病转化成胃癌，夺去了他的生命。

钱崇澍

钱崇澍一生都忠于自己出国前的志愿，后来成为我国近代植物学的奠基人和开拓者。他是著名的植物学家，在植物分类学、植物生态学、地被植物学及植物生理学等方面都有很大贡献。

■ 中国近代植物学的奠基人

中国植物种类繁多，资源丰富。很久以来，英国、法国、德国、美国等许多国家的科学家多次来我国调查植物资源和采集植物标本。从 19 世纪 60 年代前后开始，对中国植物的研究主要由外国人把持，大批标本（包括珍稀、模式标本）流落国外，有关中国植物的调查和研究论文也是外国人撰写的。在国内，近代植物学先后两次被介绍进来，也有一些国外植物学著作被翻译出版，但植物学一直没有受到重视。直到 20 世纪初，我国在近代植物学研究上还是一片空白。钱崇澍早就不满于这种状况。他认为，不建立中国近代植物学，怎能开发利用祖国丰富的植物资源，又怎能改造落后的农林业，把我国建设成一个富强的国家呢？

钱崇澍怀着满腔救国激情，决心更快地将自己学到的近代植物学知识播种在祖国大地上，让它生根、开花、结果。他克服了人力、物力和财力上的重重困难，以极大的热情和毅力，致力于在国内建立和发展近代植物学。

他的研究领域十分广泛，在许多方面都是开创性的。1916 年，他在国外发表了《宾夕法尼亚毛茛两个亚洲近缘种》一文，这是中国人用拉丁文为植物命名和分类的第一篇文献。1917 年，他在国外发表了《钡、锶、铈对水绵属的特殊作用》一文，这同样是我国应用近代科学方法研究植物生理学的第一篇文献。他还首次写出了中国植物生态学和地植物学的论文《安徽黄山植被区系的初步观察》。钱崇澍还在国内第一个选择了植物分类难度较大的兰科、荨麻科、豆科、毛茛科等植物进行系统的研究。为了更快地传播新技术和新的科学知识，1917 年，他发表了《介绍新著动植物显微镜法》一文；1929 年，他翻译了《细胞的渗透性质》《自养植物的光合作用》等植物生理学方面的论文。钱崇澍早期的论文和译文大多发表在《科学》《中国科学社生物研究所论文集》《中央研究院植物学文集》等刊物上。除上述文章外，他所发表的《森林之种类与分布》《植物疏密之试验》《植物之天演》《浙江之兰科三新种》《中国植物之新种》等也都是当时的代表作。钱崇澍在植物分类学、植物生理学及植物生态学和地被植物学领域做出的贡献，为我国近代植物学的建立奠定了基础。

钱崇澍非常重视野外考察工作。回国不久，他就不畏千辛万苦，深入浙江省和江苏省南部进行植物区系研究，采集植物标本 1 万多号。并且，他对浙江省植物做过系统的收集和整理。20 世纪 20 年代以后，他又对南京钟山的森林和岩石植物进行过专门的观察与研究。他还制定了江苏、浙江、安徽、四川 4 省的植物调查规划。他所组织的采集队走遍了这些地区的山山水水，积累了丰富的资料，为我国东南、西南植物分类、区系和植被等方面的研究开辟了道路，也为以后编写地区植物志、全国植物志及研究植物地理学等创造了条件。这些考察活动使钱崇澍进一步认识到祖国丰富的绿色宝库，开阔了视野，更坚定了他献身科学的信念。

■ 热爱祖国，献身科学

钱崇澍为人正直，坚持真理，支持进步斗争，从不随波逐流，不在反动势力面前低头。这种高尚的品德与他为科学事业百折不挠、勇于献身的精神相互映照，使他将对国家的热爱转化为对植物学研究队伍的组织、保护和发展。

钱崇澍是一位出色的组织者和领导者。他认为，要使近代植物学在祖国大地上扎根，必须建立研究基地，组织培养研究力量。为此，他放弃了国立大学的教授职位，于 1922 年与植物学家胡先骕合作，依靠中华文化教育基金会的资助，在南京秉志教授创立的中国科学社生物研究所内组建植物部，建立起实验室、标本室、图书馆，并开展调查研究，出版刊物图谱，使该所植物学的研究工作取得了迅速进展。中国科学院植物分类研究所[①]刚成立时，所里存在不同的学派和不同的学术观点，钱崇澍能从大局着眼，统筹兼顾，以科学的态度发挥各家之长，做到人尽其才，为我国培养和造就了不少一流的植物学家。

20 世纪 30 年代，植物学的科学研究和教学队伍逐渐扩大，迫切需要将全国从事植物学研究的工作者组织起来，更好地开展学术交流和科研工作。为此，钱崇澍与胡先骕、陈焕镛、张景钺等共同倡议组织中国植物学会。经过积极筹备，该学会于 1933 年 8 月 20 日在重庆北碚中国西部科学院宣布成立。会上，钱崇澍被选为评议员。翌年，在江西庐山莲花谷召开的学会年会上，他又被选为《植物学杂志》[②]的编辑。从那以后，他一直是中国植物学会的领导人之一。

抗日战争全面爆发后，为了保存中国科学社生物研究所初步形成的科研队伍，在中国西部科学院卢作孚的帮助下，钱崇澍率领中国科学社生物研究所一部分科技人员迁往西南大后方重庆北碚，找到了一个落脚点。中国科学社生物研究所迁到重

①1950 年成立中国科学院植物分类研究所。1953 年，该所扩充为中国科学院植物研究所。

②《植物学报》的前身，我国最早以中文发表的植物学学术刊物。

庆北碚后，经费更加紧张。当时物价飞涨，国民党要员乘机大发国难财。而国民党又以不改为国立就不发给平价米来威胁，企图控制中国科学社生物研究所。许多职工难以维持生活。

1943 年李约瑟访问中央研究院植物研究所时合影，
钱崇澍（一排左二）、李约瑟（二排左二）

为了摆脱困境，钱崇澍带领大家种菜、养猪等，还和一些高级职员到外面兼课，以所得平价米来帮助困难职工，从而维持最低限度的生活，保存了这支队伍。在极端艰苦的环境中，他贫病交加，患上了严重的胃病。有人看到钱崇澍有困难，劝他去做国民党的立法委员，他断然拒绝，并写诗明志。他宁愿到几十里以外的一所中学兼课以维持生活。在这种极端艰难的境遇中，他还坚持研究工作，写出了《四川北碚植物鸟瞰》《四川的四种木本植物新种》《四川北碚之菊科植物》等论文。此外，钱崇澍在四川青城山一带采集的植物标本为科学研究和教育提供了宝贵的资料。

抗日战争胜利后，钱崇澍随复旦大学迁回上海，任复旦大学教授兼农学院院长。当时国民党镇压学生的正义斗争，钱崇澍总是站在革命学生一边，凡学生参加反蒋斗争活动都不算缺课。他自己也参加过进步组织的活动。1947 年，当有人提出由美国出钱与我国合编《中国植物志》时，他慷慨陈词：我国的植物志，必须由中国人自己编写，不能由外国人写。他的意见受到有民族自尊心的爱国科技工作者的拥护。新中国建立前有人劝他去台湾，他也断然拒绝。他目睹国民党的贪污腐化、祸国殃民的恶劣行为，对之深恶痛绝，决不与之同流合污。

1948 年 9 月中央研究院第一次院士会议，钱崇澍（最后一排正中）

新中国成立以后，钱崇澍才真正得到实现夙愿的条件。党对科学事业的重视和关怀，使钱崇澍深受鼓舞，精神振奋，随即以全部精力投入了新中国的建设事业。他更加辛勤地工作，除承担中国科学院植物研究所的领导工作外，还亲自参加了植被与植物区划的研究工作，取得了许多新的成果，如《黄河流域植物的分布概况》（与吴中伦合作）、《中国植物区划草案》（与吴征镒等合作）、《中国植被类型》（与吴征镒、陈昌笃合作）、《中国森林植物志》等重要著作。其中，《黄河流域植物的分布概况》一文为黄河流域的人工造林和做好水土保持工作提供了科学依据，至今仍有一定的参考价值。在古稀之年，他又主持了《中国植物志》的编撰工作，担任主编并承担荨麻科的编写工作。

我国是世界上植物种类最多的国家之一，又十分缺乏研究基础，《中国植物志》

的编写任务非常艰巨。当时，美国的植物分类研究约有 200 年的历史，还没能写出美国的植物志，可见这项工作的不易。但是钱崇澍迎难而进，在 1959～1965 年他任主编期间，《中国植物志》共出版了 3 卷。全书共 80 卷 125 册，约 4000 万字，是进行植物学研究及发展我国农、林、牧、渔、医药、环境保护等事业的基本资料，也是我国植物学发展史上一项划时代的成就。

1949 年召开中华全国第一次自然科学工作者代表大会筹备会议，与会人员合影（局部），竺可桢（前排左四）、钱崇澍（前排左五）、吴有训（二排左三）、赵九章（三排左四）

■ 呕心沥血，培养人才

钱崇澍是教育界的一位老前辈，为培养我国植物学人才倾注了大量的心血。

他曾多年在大学任教，教过许多课程，如生物学、树木学、植物分类学、植物生理学等。为了使学生对每门课都有一个完整的认识，他十分注意认真备课和编写教材。即使是在抗日战争时期的艰苦条件下，他也坚持不懈，常在暗淡的桐油灯下工作到深夜。为了使学生更快学习到新的植物学知识，1923 年，他与邹秉文、胡先骕合作编写了我国第一部生物学教科书《高等植物学》。书中内容新颖，改正了旧教科书中不科学的名称。例如，书中将隐花植物改为孢子植物①，将显花

①孢子植物分孢子体和配子体时期，常以孢子体形式存在，不产生种子。

植物改为种子植物，将藓苔植物改为苔藓植物[①]，将羊齿植物改为蕨类植物[②]。在当时那个还没有教科书的时代，这对青年学习植物学有很大帮助，在教育界产生了很大的影响。

1963年中国植物学会成立30周年年会后，郭沫若院长（左）向钱崇澍夫妇祝贺钱崇澍80寿辰暨从事植物学研究和教学50周年

在教学中，他重视培养学生独立工作的能力和树立专业思想。他讲授植物分类课程，让学生自己采集标本，查阅图鉴、检索表，自己定名，然后根据他们的工作情况评定成绩。讲授时，他不是只教一科、一属或一种，而是将某些地区的植物进行综合讲解，阐述它们之间的亲缘关系及在自然系统中的地位。此外，他还非常重视培养学生的学习习惯，要求学生一边听讲一边做笔记，培养学生课堂上手、耳并用的能力和专心致志听讲的习惯。此外，他十分重视野外实习，每周带领学生到野外实习一次，认识自然界的植物和丰富多彩、千姿百态的植物景观，使学生进一步理解了课堂内容。钱崇澍说："一个标本上了台纸，好像一幅美丽的图画。"[③]钱崇澍生动的语言唤起了同学们采集标本的热情，并使他们逐渐产生了对植物和植物学的兴趣。同样，在北京农业大学讲授生理学课程时，钱崇澍从植物和水、土壤、阳光的关系，谈到植物的生命活动，并通过在室内和田野对植物的观察，增加学生的感性知识。他讲课言辞生动、条理分明，深受学生的欢迎。植物学家仲崇信、汪振儒都是在他的影响下走上植物学研究道路的。植物分类学家秦仁昌的启蒙老师也是

①在演化上苔比藓原始。

②我国很早就叫蕨类植物，羊齿植物可能是从日本名词翻译过来的。

③志边，杜德馨．纪念钱崇澍诞生一百周年．植物杂志，1984，2：41.

钱崇澍。每当秦仁昌谈起这段往事时，都对钱崇澍充满了崇敬和怀念。

对勤奋好学的青年人，不论是学生还是助教，也不论是白天还是晚上，凡向他求教的，他都热情接待，耐心解答，自己不太了解的也指以线索，从不敷衍了事。钱崇澍为了帮助成绩优秀的青年出国深造，到处奔波，争取国内外的奖学金。例如，方文培、裴鉴20世纪30年代出国留学都曾得到他的帮助。他还热情地支持青年发表著作。例如，裴鉴的《中国药用植物》就是在他的建议下写成的，吴中伦翻译的《植物群落学》是由他帮助修改、校对的。他审阅各种文稿都是逐字逐句的，学名的拼法、文字的修辞、标点、符号等都认真审查、修改，并给予批注。直到他晚年养病期间，仍然在为《植物学报》审阅和校对稿件。

钱崇澍研究植物标本

他还非常珍视助手和学生的劳动及彼此间的友情。中国科学社的采集员陈长年在野外工作中不幸逝世。钱崇澍为失去了一位业务助手而痛心。为了纪念他，钱崇澍特以陈长年的名字作为兰科中的一个新属名。这就是长年兰属（*Changnienia*）定名的由来。

钱崇澍呕心沥血，为我国培养了许多植物学人才，真正是“桃李满天下”。他的不少学生，如秦仁昌、李继侗、郑万钧、曲仲湘、方文培、杨衔晋、汪振儒等，都已成为国内外知名的植物学家。汪振儒曾谈及钱崇澍对自己的教诲，感触颇深。在1963年庆祝钱崇澍80寿辰的宴会上，汪振儒曾写下以下题词[1]：

---

①汪振儒．我国植物生理学的启业人——钱崇澍先生．植物生理学通讯，1984，2：62-64．

清华启业，从游厦门，金陵受教

获益尤深，我师德业，圭臬终身

作为植物学家、教育家，同时也是既有远见又有实干精神的科学战线上的组织者，钱崇澍把一生献给了祖国的科学事业。他以高尚的思想品德、渊博的学识及谦虚谨慎、刻苦严谨的治学态度，赢得了我国植物学界的普遍敬重。他在祖国大地上播下的植物学种子，现在已生根发芽，茁壮成长。在科学的春天里，百花盛开，但人们永远不会忘记在艰苦的年代为祖国科学事业做出贡献的开拓者。

参考文献

刘昌芝. 1980. 著名植物学家——钱崇澍先生. 植物杂志，5：18-20.

汪振儒. 1984. 我国植物生理学的启业人——钱崇澍先生. 植物生理学通讯，2：62-64.

俞德浚. 1983. 纪念我国近代植物学的奠基人钱崇澍教授诞辰一百周年. 植物学报，5：495-496.

志边，杜德馨. 1984. 纪念钱崇澍诞生一百周年. 植物杂志，2：41.

邓叔群

——以赤子之心谱写我国真菌学史的新篇章

邓叔群

在中国生物学史上，邓叔群这个名字和真菌学、植物病理学、林学紧密联系在一起。而邓书群的人生，也和真菌这样一种渺小却无处不在的微生物联系在一起。邓叔群倾注毕生精力著述的《中国高等真菌》《中国的真菌》等专著，是当时世界真菌学界的最高成就，至今仍为同行们所称道。

作为一个和自然朝夕相处的生物学家，他怀着一颗赤子之心去孜孜求索自然的奥秘，最终取得辉煌成绩；作为一个对国家满怀忠诚、为集体事业鞠躬尽瘁的知识分子楷模，他甘心为祖国的科技强盛牺牲一切。回顾邓叔群富有传奇色彩而又坎坷悲壮的一生，其披荆斩棘的坎坷征途或许会令我们感叹不已。

■ 艰难困苦，玉汝于成

邓叔群，字子牧，1902 年 12 月出生于福建省闽侯（现福州市）一个清贫多子女的中学教员家庭。刚出世就被其外祖母严氏收养为孙，取名严农荪，意为农家的子孙后代。严氏教他劳动、读书、写字，并以祖传狮座水晶印教导他：要像水晶般坚贞纯洁，要像雄狮般为振奋中华勇猛拼搏。

他的故乡福州在中国近代史上遭受了深重的民族灾难。一方面，西方列强从 1840 年以来就肆无忌惮地横行于福建沿海，腐败的清政府一败于陆上，再败于海上。兴建于福州马尾的清军水师惨败于中法之战，而不久后日本又强占台湾，垂涎福建，一时间人心惶惶。另一方面，内政松弛，国家财政入不敷出，人民生活极度困苦。出路在哪里？少年邓叔群在民族英雄的英勇形象感化下，很早就在心中埋下了“科学救国”的志愿和目标。

为实现这个目标，首先要有知识，要有最前沿的科学知识。由于家庭贫困，为求得知识，他决定报考公费学校清华学堂。当时邓叔群年仅 13 岁。在无人指引和毫无经济支持的情况下，他手提墨水壶进入考场，从此开始了自我奋斗的艰苦历程。

清华学堂是用“庚子赔款”建立的留美预备学校，相当于初中一年级到大学二年级。学习成绩和身体合格的毕业生可获得公费资助留学美国。他报考清华学堂那年（1915 年），入学考试的作文题目是“入清华有感”。他在作文中写道：“清华的建立是我国的国耻。满清政府昏庸腐败，榨取民脂，屈辱卖国，美国用庚子赔款创办了清华，故为国耻。”邓叔群的这篇作文深得清华学堂国语①教师的赞赏。邓叔群踏入清华学堂的第一天，这位国语老师就意味深长地对他说：“未料你小小年纪却有如此深挚的爱国情，好好在清华读书，将来为中华民族做事……”这正是邓叔群的志愿和目标。②

邓叔群在清华学堂求学的 8 年（1915～1923 年），是挣扎于沉重的经济压力下的 8 年。尤其是头 4 年，他时时事事都受到经济困难造成的困扰，事例之多不胜枚举。但是，他不但以惊人的毅力克服了经济上的困难，取得优异的成绩，而且常为低年级同学辅导英文，并曾到香山西柳村小学义务教学。尽管由于成绩出色获得了清华学堂校方的无息贷款，但对于一个尚未成年就要接济家用，同时不辍学业的 10 多岁的少年而言，他肩上的担子太沉重了。正是“科学救国”的初衷，以及对亲人、朋友、社会的强烈责任感，激励着他不辱使命，度过了最艰难的岁月，并在做出确定终生事业的选择时义无反顾。

■ 负笈异国，迎接考验

8 年清华学堂的学习生涯结束，同学们纷纷确定了留美学习的专业。有为个人前途和家庭打算的，有从兴趣着眼的，当然也不乏以“天下兴亡，匹夫有责”为己

①旧时指语文课。

②青宁生．刚正不阿的我国真菌学和森林病理学奠基人——邓叔群．微生物学报，2007，4：569-570.

任者。在邓叔群又一次面对人生重大选择时，慈爱的外祖母严氏的身影又在他眼前浮现。他回想自己幼时名字的含义，似乎其中已经隐含着他为之努力的方向。经过慎重考虑，他决定专修农学，以期将来能为农民排忧解难，减轻他们的疾苦。为此，他选择了在生物科学方面享有盛名的美国康奈尔大学，并决心在仅有的 5 年留学生涯中学到代表最高水平的科学知识。

在康奈尔大学学习的几年中，他用头两年时间学完了康奈尔大学要求的全部必修课程和学时数量，于 1925 年获农学学士学位。紧接着，他又攻读森林学，于 1926 年获森林学硕士学位。邓叔群给自己安排的课程表之紧凑，就连学校教务处都感到惊讶。此后，他又用两年时间全力攻读植物病理学博士学位。凭借始终处于"宝塔"顶尖 A 级的学习成绩和出色的科研能力，他引起真菌学教授费茨·帕里克（H. M. Fitzpatrick）和植物病理学教授惠凑（H. H. Whetzel）的注意与青睐。在他们的推荐下，经委员会选举评定，他成了 Phi Kappa Phi 荣誉学会（The Honor Society of Phi Kappa Phi）和 Sigma Xi 科学研究荣誉学会（Sigma Xi The Scientific Research Honor Society）的会员。这两个荣誉证书的说明上均写着"只颁发给那些在各自的领域内有'卓越的学术业绩'者"。也就是说，获得它们将意味着得到当时世界上的科学研究中心——美国科学界的认同和尊敬。这实际上为邓叔群日后在美国的学术发展提供了有力的保障。

1926 年，邓叔群（右）在康奈尔大学与一起赴美留学的清华学堂同学张任（左）合影

1928 年是邓叔群 5 年公费留学的最后 1 年。此时，邓叔群的博士论文正在写作的关键阶段。由于平日不断的积累打下深厚的根基，他的留学生涯有望画上一个圆满的句号。但就在此时，一件突如其来的事改变了他的生活。国内岭南大学秋季准备开设植物病理学课程，急需教授，然而国内在此领域一片空白，于是便向植物病理学权威惠凑教授求援。惠凑正是指导邓叔群博士论文的教授，惠凑立即推荐了邓叔群。鉴于邓叔群当时的学习安排，惠凑建议岭南大学推迟开课，以留给邓叔群写博士论文的时间。而邓叔群得知此事之后，毅然表示愿意立即回国，当年秋季为岭南大学开课。惠凑很惊讶。邓叔群向他解释，自己已做好打算，写论文只是为了个人学位，所得到的不过是一张文凭，这显然不是他的奋斗目标。获得真才实学，学到先进科学知识，使祖国人民受益，才是他艰苦奋斗 13 年的真正目标。惠凑本有意挽留他，但见他如此坚决果断，感动地说："你真是个优秀的年轻人，相信你会为中国做出一番事业的。你回去后只要随便写一篇论文寄来，校方将立即补发你的博士学位证书。"邓叔群在一周之内便踏上了归途。①

邓叔群回国后，几十年如一日地苦干实干，历尽艰辛，鞠躬尽瘁，将他毕生的精力、知识和智慧献给了我国的科学事业。他致力于发展我国真菌学、植物病理学和林学研究及开发其在国民经济上的利用，建立了新学科，并发表了 70 多篇科学研究论文和 3 本巨著，但是没有一篇是为获取博士学位证书而写的。这就是他不求个人荣誉，一心为国家、为人民无私奉献的有力见证。

1928 年与陆桂玲女士在北京结婚

①邓庄．赤子之心，天地可鉴——缅怀父亲邓叔群教授．中国科技史杂志，2002，2：96-106.

■ 耕耘乱世，谱写我国真菌研究史的新篇章

从踏上祖国国土的第一天开始，他就满怀豪情地投入了“科学救国”的战斗中。1928～1933 年，他先后在岭南大学、金陵大学和中央大学讲授真菌学、植物病理学，并一边讲课，一边编教材、设计实验。与此同时，他选择以水稻、小麦和棉花这几种与人民衣食关系最密切的作物为研究主题，开展病害防治研究。他克服环境和设备条件上的困难，排除受学阀排挤和打击的困扰，争分夺秒地为国家培养人才，同时进行科学研究。在此期间，他先后发表了 13 篇植物病理研究报告，并亲自到南京郊区的农家示范推广研究成果。

在回国后的最初 10 年（1928～1938 年），他以我国的真菌资源为第一手资料，手提竹篮攀山入林，采集标本，一一加以研究鉴定、定名分类，最后总结报道。在这 10 年中，他先后发表了 34 篇报道我国真菌的文章，报道了他首次发现的新属 5 个、新种 121 个。这些报道无一不是依据实际标本，无一不凝聚着他辛勤的劳动和心血。他研究鉴定的真菌种类达 1400 种，隶属于 400 个属，速度之快、涉及范围之广令人折服。这不但体现了他在发展我国真菌科学事业上取得的成效，也充分显示了他的真菌学基础之深厚。正如美国哈佛大学隐花植物标本馆和图书文献馆馆长唐·费斯特（Donald H. Pfister）博士所说的，邓叔群是精通真菌各大类群的教授。

最能代表他在这一阶段工作成果的专著，是 1939 年问世的《中国高等真菌》一书。他的研究成果不但为世界真菌资源的宝库增添了新纪录，并且在世界真菌史册上为我国的真菌科学谱写了重要的第一章，向世界宣告了中国在真菌学研究上实现“零”的突破。毋庸置疑，这也确定了邓叔群作为中国真菌学开创者的地位。这是他回国后“科学救国”的重要成果。

值得一提的是，《中国高等真菌》一书面世时，邓叔群正处在精神极其沉痛和战火不断蔓延的险恶环境里。他夜以继日地将回国后 10 年以来的真菌研究工作进行了总结。1938 年 11 月 30 日，邓叔群写道：“该工作是作者过去 10 年的研究小结……在前 5 年中，工作条件（指图书资料）极其困难，大部分时间用于教学，直到最近才刚刚建立了小小图书室，现又被邻国的不宣而战的侵略将刚建立的工作环境破坏殆尽……迫使作者仓促进行总结，但它代表了作者忠实而慎重的辛勤劳动，

但愿它能为我国在真菌资源开拓的长征中起到第一个里程碑的作用。”就这样，他将代表了自己赤子之心的劳动成果献给了祖国。在书扉页上，他沉重而赫然地写着“为纪念‘九一八’而作”的悲壮之语，向世人庄严地宣布了将永记日寇侵华之仇，也表明了他那颗“科学救国”的赤子之心。[①]

■ 踏遍青山，构建生态林业

“国家兴亡，匹夫有责”是指引他战斗一生的座右铭，也是他毕生为祖国、为人民奋发图强的内在动力。从美国归来后，邓叔群的研究领域发生了一些变化。促成这些变化的主要原因是他目睹当时政治腐败、民生凋敝，思想上受到很大震动。

作为一个中国人，从 1931 年发生“九一八”事变，他就日夜不安，义愤填膺。随后发生“七七”事变，让他深感中华民族蒙受了莫大耻辱。沦陷区日益扩大，他悲愤得水米不进，连连怒吼道：“岂能做亡国奴？颅可掷，血可流，国土不可丢！”在日军兵临南京城下时，他一度打算留下来以血肉之躯和敌人拼到底。在上级的指示下，邓叔群才无奈地登上了离开南京的最后一列火车。

作为一名杰出的自然科学家，在日寇狂轰滥炸、受难者血肉横飞的日子里，他也曾深深叹息自己所学的科学知识无法直接为国家所用。在痛苦和悲愤中，他深切地感到中国落后的面貌亟待改变，而自己所能做得最实际的工作，就是凭借专业知识开发、整治中国的农业资源，为民族抗争图强的大业服务。他把目光投向了中国的西南和西北。

几千年来，黄河泛滥造成的饥荒迫使成千上万的百姓流离失所，家破人亡。河水泛滥的主要起因是黄河上游的“森林植被”受到破坏，导致水土流失，雨季时山洪剧烈冲刷，造成黄河下游泛滥成灾。目睹这种情形，邓叔群立即决定走出实验室，到黄河上游去建设林区，用自己所学的林学知识为减少人民的灾难而贡献力量。1939 年，受中央农业实验所的委托，他带领了 11 名青年林业工作者深入云南、西康、四川地区的原始森林，冒风雨，顶烈日，忍饥寒，连续数月艰苦工作，研究调查了森林资源的组成、分布、蓄积量和病虫害等情况，在研究报告中为原始森林的合理经营、开发和天然林管理提出了建议。这表现了他做人民之所需、急国家之所

①邓庄．赤子之心，天地可鉴——缅怀父亲邓叔群教授．中国科技史杂志，2002，2：96-106．

急的高度民族责任心。

在抗日烽火连天的年代，他虽没在前线浴血奋战，却在另一条战线上拼搏。1941年，他毅然将全家从重庆北碚搬到了甘肃卓尼，去系统地开展整治西北林业资源和生态环境的计划，实现治理黄河泛滥、为百姓减少灾难的理想和决心。

生态林业是20世纪后半叶世界林业发展和环境保护运动兴起的结果，在我国则到20世纪80年代才受到重视。然而，邓叔群早在20世纪40年代就雄心勃勃地提出了包含生态林业核心思想的“森林生态平衡理论”。为了在西北黄土高原地区建立一种有利于农、林、牧生产的生态系统并减轻黄河对其下游地区的危害，在当时甘肃省建设厅厅长张心一博士的支持下，他直奔黄河上游的大支流洮河流域。从那时起，他有计划地对洮河流域上游的白龙江和祁连山地区进行考察。那里的生活条件极其艰苦且危险，唯一的交通工具是骑马。他冒着生命危险，骑着马，带着枪，跋山涉水，搭帐宿营。经过几年的艰苦奋斗，他终于对这一地区生态环境的概貌有了了解。凭着丰富的生态学知识，他感觉如果那种传统的“林尽还山”的营林方式继续下去势必加剧西北地区原已比较严重的生态失衡的局面。

一个逐步建立的适应国情的造林育林模式方案在他的脑海中浮现，然而一切还得从头开始。邓叔群亲自出任甘肃省水利林牧公司森林部主任，在洮河上游设置了“洮河林场”。他还制定了一整套保证森林更新量和营造量大于采伐量的经营管理制度，使原始森林永伐不尽，永远保存。历尽5年艰辛，他终于在黄河上游建立了中国天然林经营管理的科研基地，包括一个总场和大峪沟、卡车沟、绿珠沟3个分场，并建立了一个畜牧场。在此期间，邓叔群还根据实地勘察的森林组成、结构、面积、分布、生态特点等绘制了“地形林型图”，为我国林型的划分及其应用开了先河。

洮河林场建立的更重要意义在于它是“生态林业在中国现代化林业史上的一次早期的科学实践”。在调查中，邓叔群认为甘肃大部分地区，特别是洮河地区，都属于森林草原地带，林区形成了“阴坡森林、阳坡草山”的现象，单一经营森林前景不佳，因此必须因地制宜，与畜牧业结合起来，走“大农业”的道路。针对过去农、林、牧争地，彼此干扰，以及只伐不育、缺乏管理的情况，邓叔群决定建立农、林、牧结合的基地进行试验，以期日后作为样板推广。从1943年开始，他选定了甘肃岷县木寨岭北麓的小沟林区建立木寨岭牧场。他从当地购买一片天然森林和几公顷河滩地，聘请了畜牧专家李仲莲、史建章筹建林场，并从拉卜楞（夏河县）购买了 20 多批种马，打算大张旗鼓地开始试验。除了完成“生态林业”的试验外，远期更提出以此带动防护林建设、进行甘川公路兰州至岷县段两侧的绿化。后来因不良商人大发国难财搅得经济局势不稳而搁置下来，而他本人也不得不由于向中央研究院申请借聘期满而去职。然而，他率先提出的走因地制宜的道路、发展林业必需着眼于它与农业生产其他部门的关系，以及注意维持良好的生态循环等重要思想，却得到了后来者的首肯和拥护。20 世纪 40 年代邓叔群为黄土高原创建的“水平沟造林”结合耐寒抗旱先锋树种的方案和措施，如今已在甘肃干旱地区荒山造林绿化中得到普遍的推广应用，成效显著。

甘肃省林业厅总工程师张汉豪在 1992 年 6 月 15 日追溯邓叔群对甘肃林业的贡献时说：“根据邓叔群教授当时新拟定的办法进行，给甘肃天然森林科学管理和经营拟定了样板和典型……在甘肃省林业发展史上是一座值得纪念的里程碑。”[①] 张心一博士对邓叔群这项工作的评价是：“邓在此期间最大的贡献是在西北真正为祖国建立了一种合理经营林业和管理森林的光辉典范。”[②] 这一典范对减少黄河泛滥起了不可磨灭的作用。

■ 桃李神州，为新中国创办高等教育

1946 年，邓叔群从甘肃省调回位于上海的中央研究院植物研究所。在那里，他立即设立了森林生态研究室，恢复了真菌研究室。此外，他分析、整理和总结了 1940～1945 年所搜集的有关林业和真菌的资料，相继发表了《甘肃林区及其生态》《甘肃的造林与管理》《我国天然林管理法之研究》《西藏东部高原的森林地理》《中国森林地理概要》等研究报告，为我国林业科学留下了珍贵的记录，也为学科的发展奠定了理论基础。

1948 年 4 月，邓叔群被评选为中央研究院第一届院士。这本是值得高兴的事，表明了他在专业上的贡献和卓越成绩，可是他并未以此为幸，心情反而日益沉重。因为他在回国后的 20 多年里，目睹国民党政府日益腐败、横征暴敛，民族灾难深重，民不聊生、怨声载道。

---

①② 邓庄．赤子之心，天地可鉴——缅怀父亲邓叔群教授．中国科技史杂志，2002，2：96-106．

1949 年，邓叔群（左一）参加中央研究院的游行活动

1948 年秋，中国共产党东北解放区党政领导李富春和沈其震委托沈其益教授到上海动员邓叔群去东北解放区筹办农业大学，培养专业人才。邓叔群欣然接受了邀请，并对系统地撰写一套大学林学教材尤其努力。那时正值上海湿冷的冬季，他气管炎发作，在日夜咳嗽、彻夜难眠的情况下，废寝忘食地编写教材。不到半年时间，一整套大学林学教材（共 20 多本）装订成册，等待启程。

上海解放后，沉浸在喜悦中的邓叔群顾不上尚未康复的身体，随人民政府组织的考察团去东北地区考察。经过党的几年治理，当年的日军侵华重灾区各方面都显现欣欣向荣的局面，成为全国经济发展的领头羊。在那里，邓叔群看到了实现夙愿的希望。不久，国家在东北地区筹建沈阳农学院，邓叔群不仅毫不犹豫地接受了聘任，而且举家北迁。

沈阳农学院是在接收的伪满奉天农业大学的基础上办起来的。教师人数少且缺少仪器设备，教学内容和殖民统治时期推行的奴化教育体制完全不能适应为中国农业建设培养高等专业人才的需求。要在短期内将其改造、提高成为高等农业学院显然绝非易事。

邓叔群来到沈阳农学院，担任首任教育长。一家人住在一间教室里，吃饭在食堂，过着集体供给制生活。而他一心想的是快速、高质量地完成办校任务。

首先，他着重整顿教师队伍，提高教学质量。他一边从外省聘请有真才实学的教授，一边夜以继日地精心设计各科系和专业应教授的课程，并系统审查每门课程的教学大纲和内容。他常到班上听课以了解教学质量和学生听课的课堂效果，并时常与教师们讨论，坚持他一贯主张的“办好学校，师资是关键，宁缺毋滥，不

1954 年，邓叔群在沈阳农学院的宿舍外

可误人子弟”。第二，身教重于言传。为适应东北地区发展的需要，在他的倡议之下，东北农学院建立了农业机械化系和森林系。他自己兼任森林系主任，并给学生和青年教师讲课，鼓励他们提高自学能力，培养钻研、创业精神。第三，他主张大量购进教学和科研所需的图书资料与仪器设备，开辟教学、研究和生产相结合的实验基地与试验站，为提高教学质量、建立高等教育体系创造条件。他要求培养出来的农业专业人员既有高水平的理论知识，又能动手实践和胜任工作。

正值沈阳农学院迅速发展之际，1950 年底，朝鲜战争爆发了。东北人民政府下令限期 3 天将沈阳农学院撤迁至哈尔滨，与哈尔滨农学院合并为东北农学院。邓叔群为迁校总指挥，并任东北农学院副院长。紧张的迁校行动之后，他又继续不辞辛劳地为办好东北农学院而努力。在为前线志愿军战士献血召开的全院动员大会上，他身先士卒，带头献血。

1952 年，全国大专院系调整，上级决定将上海复旦大学农学院与东北农学院部分专业（系）合并，再度在沈阳东陵成立新的沈阳农学院。当时邓叔群被任命为主管教育与科学研究的副院长和建校总指挥。1951 年秋，他从哈尔滨回到沈阳，担负起于一年时间里在沈阳东陵平地起步、重建校园的重任，以迎接 1952 年秋季学校正式开课。

这一年中，他竭尽全力，废寝忘食，从选定校址、校园规划、审查基建图纸，到工程备料、监督施工现场直至选购图书仪器，无一不问。他既是总指挥官又是战斗员。1952 年秋，复旦大学农学院的全体师生和东北农学院三个系的师生被迎接到沈阳东陵，实现了 1952 年秋季开课的预定计划。师生宿舍、教室、实验室一一具备、井然有序。正如沈阳农业大学陈瑞清教授所回忆的：“能使基建工程一年完成，保证在 1952 年秋季如期开课，这是了不起的业绩。邓副院长是沈农创业的第一功臣！”①

邓叔群在东北的 6 年通过兴办高等教育来实现为新中国农林建设造就大批专业人才的理想。今天，沈阳农学院已发展成为沈阳农业大学。40 多年来，沈阳农业大学和东北农学院培养出来的专业人才遍及全国，发挥着积极作用，有不少人成为我国农林各战线上的骨干力量。

---

①邓庄．赤子之心，天地可鉴——缅怀父亲邓叔群教授．中国科技史杂志，2002，2：96-106．

■ 为全面发展我国真菌科学事业鞠躬尽瘁

1955 年响应“科学归队”的号召回到中国科学院之后，邓叔群又重新满怀激情地投入真菌学的科学研究中。不久，日本向中国政府提出愿意派日本的真菌专家来华协助编写《中国真菌志》，被中国政府斩钉截铁地拒绝了。听到这个消息，邓叔群的民族自尊心深受触动。肩负重大的历史使命，他立即组织和主持了关于《中国真菌专志》编写工作的讨论会，并亲自拟定了长期和近期的工作规划及安排了具体的分工。他本人更是夜以继日地鉴定着从全国各地采集来的真菌标本。

他担任的社会职务和参加的相关活动也越来越多。例如，他被选为第三、第四届全国政协委员，被聘为中国林业科学研究院顾问、中国植物学会常务理事、中国植物保护学会理事，作为中国科学院代表出席国际林业会议，参加全国科学规划，审稿、定稿及处理人民来信、来访，等等。身为中国科学院微生物研究所副所长兼真菌室主任，他事事尽职，有问必答。事务繁多，可想而知，他可用于科学研究的时间几近于无。但是他始终牢记自己是一名科技工作者，首要职责是在科学研究领域做出贡献。为此，他利用晚上和节假日埋头于实验室。节假日，单位规定封门，但是他要求不要封他的实验室门；不知有多少次，他因为全神贯注地工作至深夜，忘记了办公大楼锁门的时间而在实验室里过夜。为加快鉴定真菌标本的速度，有一次他连续三天三夜鉴定了微生物研究所真菌标本室多年积压的几百号真菌标本。

1955 年 6 月，邓叔群（后排中）代表中国科学院访问匈牙利，与匈牙利科学院领导合影

为了普及和提高广大青年科技工作者对真菌的认识水平，他欣然接受了科学出版社的要求，将他 1939 年出版的英文版《中国高等真菌》（*A Contribution to Our Knowledge of the Higher Fungi of China*）译成中文。为便于读者使用，他特意在中文版《中国高等真菌》中增加了 400 多幅插图，并将内容扩展至包含了他亲自研究过的各大真菌类群，从黏菌、藻状菌、子囊菌、担子菌直至半知菌，共有 600 个属的

约 2400 种。1963 年《中国的真菌》（*Fungi of China*）一书面世，犹如在真菌界中掀起了一股巨大的波澜，对我国真菌事业的发展起到巨大的推动作用，产生了深远的影响。此后，全国各地有关真菌的研究报道犹如雨后春笋般地出现，论文中纷纷引用《中国的真菌》中的内容。正如山西大学刘波教授所述："英文版《中国高等真菌》巨著问世，对我的真菌学的学习起了领路的作用，使我钻进了真菌世界；1963 年又有《中国的真菌》巨著问世，对我的真菌学学习的顺利进行起到决定性的作用。借助这本巨著，我逐渐深入真菌领域的各个角落……确实它是我无言的老师。"①

在《中国的真菌》出版以后的几年中，邓叔群在全力开展《中国真菌专志》的编写工作期间，又发现了 1000 多种在国内未曾报道过的真菌种类。截至 1966 年 6 月，经他亲手采集和鉴定的真菌标本数以万计，达 3400 多种。1979 年版的《中国真菌总汇》所报道的全国已知 7000 种真菌中，45%以上是由邓叔群描述、定名的。

早在 20 世纪 50 年代邓叔群就明确地提出了"全面发展真菌学"的战略思想。他鼓励青年科技工作者不但要打好真菌分类的基础、参加编写《中国真菌专志》的工作，而且要投身于将真菌应用于国民经济建设的研究中，亦即在发掘我国真菌资源的同时充分开发真菌在工业、农业及医药上的应用。为此，1963 年，他在广州创建了中国科学院中南真菌研究室。为了同样的目的，1957～1965 年，他跋山涉水、走访调查，编出近 40 万字、附有 600 多幅彩图的巨著《蘑菇谱——中国的食用菌和毒菌》。与此同时，他系统地搜集了一切他所能搜集的国内外有关药用真菌的资料。在他的指导下，利用虫生真菌防治农林害虫、利用真菌酶解发酵制造纸浆、利用外生菌根真菌荒山造林及食用真菌和药用真菌人工培养的研究工作陆续展开。我国人工栽培的第一株灵芝菌就是他于 1957 年从福州鼓山亲手采来野生灵芝菌并亲自指导纯种分离、人工培养试验成功的。试验成功后，他立即在北京市劳动人民文化宫里举办讲习班，散发菌种，传授人工培养技术。

20 世纪 80 年代以来，灵芝及其各种制剂遍布海内外，其他药用真菌也陆续培养成功，可谓"星星之火形成了燎原之势"。然而，他倾注多年心血完成的《蘑菇谱——中国的食用菌和毒菌》，尚在撰写中的几部学术著作《真菌的系统发育》《真菌的群体生态》《虫生真菌学及其在生物防治上的应用》等，以及《中国的真菌》后续增加的描述 1000 多种真菌的手稿，都毁于"文化大革命"中。他预期在 20 世

①邓庄．赤子之心，天地可鉴——缅怀父亲邓叔群教授．中国科技史杂志，2002，2：96-106．

纪 60 年代里为我国培养一批真菌分类学研究生的宏图，以及实现祖国荒山造林、微生物炼油和探矿的理想，也未能实现。

早在 20 世纪四五十年代，邓叔群在真菌学上的贡献和成就已享有国际盛誉。苏联学者曾将他的英文版《中国高等真菌》译成俄文，世界各国真菌学家向他函索著作。1957 年捷克斯洛伐克与中国交换标本时，外方指名要他鉴定的真菌标本。《美国真菌学报》主编、世界著名真菌分类学家、美国康奈尔大学真菌学名誉教授科夫（R. P. Korf）在总结康奈尔大学 120 年来对真菌学有突出贡献的 41 位真菌学家并刊登照片以示纪念时，其中唯一一位东方人就是邓叔群。

科夫在 1996 年英文版《中国的真菌》的编者序言中写道：“该遗著是中国最重要的真菌分类学家邓叔群总结性的顶峰之著。这是现今第一部以英文出版的有关中国真菌的分类，它提供了新颖而且大体上非常先进的分类系统、深刻而细致的描述，引用中国和世界其他国家发表的文献资料和真菌名称，应用专门描述语，对每种真菌进行了定名，并注明其在中国的采集省份、寄主和生长地……没有任何记录拥有如此丰富的亚洲真菌资源材料”，“邓氏有关中国真菌的文章和专著使他获得了国际上的盛誉，该巨著无疑是中国真菌学中最重要的著作，能将此著作推荐给世界真菌界，是 Mycotaxon 出版社的荣誉和骄傲”。[①]

《中国的真菌》（英文版）

①邓庄．赤子之心，天地可鉴——缅怀父亲邓叔群教授．中国科技史杂志，2002，2：96-106．

科夫明知这是一部被严重破坏了的著作，其 1/3 的内容在“文化大革命”中丢失了。但鉴于其对世界真菌界的作用和宝贵价值，他积极支持出版，并一边叹息，一边逐字逐行阅读，一一加注。

邓叔群用了将近 30 年的时间和精力，呕心沥血，专注于发展我国的真菌科学事业。他以我国真菌资源为第一手材料，开创和奠定了我国真菌分类学，尤其是黏菌和高等真菌研究的基础。他亲自实践了他所提出的全面发展真菌学的战略思想，为真菌在我国工、农、医及国民经济建设中的应用打下了基础。

1970 年初，邓叔群走到了生命的最后。去世前，他仍念念不忘我国的蘑菇人工栽培，他说：“我要把《蘑菇谱——中国的食用菌和毒菌》重写出来，要实现微生物炼油、探矿、荒山造林……”[①]

在真菌学史上，他的贡献和所创造的这些财富犹如一盏永不熄灭的明灯，照亮后人前进的道路。

参考文献

程光胜. 2008. 邓叔群传（1902—1970）. 北京：中国科学院微生物所.

邓庄. 2002. 赤子之心，天地可鉴——缅怀父亲邓叔群教授. 中国科技史杂志，2：96-106.

黄俭. 2001. 开创大西北生态林业的先行者. 炎黄春秋，10：26-29.

青宁生. 2007. 刚正不阿的我国真菌学和森林病理学奠基人——邓叔群. 微生物学报，4：569-570.

沈其益. 2002. 怀念敬爱的导师邓叔群教授. 中国科技史杂志，2：87-91.

沈其益，吴中伦，欧世璜，等. 2002. 中国真菌学先驱邓叔群院士. 北京：中国环境科学出版社.

吴中伦. 2002. 缅怀尊敬的邓叔群先生. 中国科技史杂志，2：92-95.

①青宁生. 刚正不阿的我国真菌学和森林病理学奠基人——邓叔群. 微生物学报，2007，4：569-570.

中　篇

“两弹一星”元勋

王大珩

——膺东报国　光学先锋

王大珩（1915—2011 年），江苏苏州人。他不仅是一位应用光学专家，还怀有高度的社会责任感和使命感，是国家科技发展不可多得的战略科学家。

王大珩

王大珩早年在清华大学学习，接受了高质量、高水平的教育。他的老师有叶企孙、吴有训、周培源、萨本栋、赵忠尧等国内顶级的物理学家。清华大学培养了他对物理学、光学的兴趣，教授了他知识和做学问的方法，令他形成了严谨治学的优良学风。1938 年，王大珩考取中英庚款留学生，在英国伦敦帝国理工学院物理系学习应用光学。在此期间，他体会到做研究的乐趣，完成了自己的专业训练。1942 年，为了学习光学玻璃制造技术，他放弃了即将到手的博士学位，在伯明翰昌司玻璃公司实验部当了一名实验物理师，并连续工作了 5 年多，成为英国最早研究稀土光学玻璃的人之一。1948 年，王大珩回到阔别已久的祖国。他先是参与创办了大连大学应用物理系，后又投身于中国科学院仪器馆（简称仪器馆）的建设。他把在英国所学用在了祖国的建设中。当年从废墟上建立起来的仪器馆，现在是中国科学院长春光学精密机械与物理研究所（简称长春光机所）。作为中国重要的光学基地，其在发展中分建或援建了一批重要的光学科研机构，推动了中国光学事业的扩大和发展。同时，长春光机所参与国防光学研制工作，建立了有特色的学科基础。1983 年，王大珩调到北京，担任中国科学院技术科学部主任。他以国家科技事业大局为重，为国家建言献策。在国家高技术研究发展计划（简称 863 计划）、中国工程院的成立及呼吁发展“大飞机”这三件关乎国计民生的大事上，都有他的身影。他用实际行动诠释了作为一名战略科学家，在为国家科学技术提供咨询中发挥的重大作用。

■ 祖国在心中

1938 年秋登船抵达伦敦后，王大珩首先把全部精力集中到技术光学硕士论文的研究实验中，并于 1940 年夏获得帝国理工学院的硕士学位。他的这篇论文被公认为是具有创造性的。在紧张的科研工作之余，独自一人的时候，王大珩心里总惦念着国内的抗日战争形势。每当从报纸上看到我军失利的消息时，他就有说不出的痛楚，寝食难安。

“日夜思念的祖国”“一切要服从祖国的需要”①，这是王大珩在《王大珩》一书中的“我的自述”部分里表达他在英国 10 年期间对祖国的情怀。从他经历的许多事中可以看到，他把心中的情怀转换到“为祖国需要做好准备”的自我践行上。

第二次世界大战爆发后，由于先进技术被应用于制造武器的警示。在欧洲，一些主要国家很快把光学玻璃研制技术提到“军事要害技术”的高度，并加以强化研究和发展。1942 年春，王大珩正在谢菲尔德大学做玻璃光学性质研究博士论文。一天，他在帝国理工学院时的英国同学汉德（W. C. Hynde）告诉他，伯明翰昌司玻璃公司实验部急需一位实验物理师专职从事新型光学玻璃的开发研究。汉德认为王大珩符合懂得应用光学专业的应聘条件，问王大珩愿不愿意去伯明翰昌司玻璃公司就任。王大珩想的是：“英国伯明翰昌司玻璃公司急需一位懂应用光学专业的科研人员，担任新型光学玻璃开发研究工作。这真是一个难得的机遇，我的祖国是多么需要这种技术啊！”②这个偶然间得到的消息，决定了后来王大珩一生的事业。就这样，1942 年 4 月，王大珩为了国家将来的需要，放弃了在读的博士学位，受聘于伯明翰昌司玻璃公司实验部，做了长达 5 年的实验物理师。

在 20 世纪早期的英国，作为“军事要害技术”，光学玻璃是严格保密的。整个

---

①② 王大珩．我的自述//宣明．王大珩．北京：科学出版社，2005：11-16.

玻璃工业界步步设防，各个研究机构之间基本没有合作，不同玻璃制造业者的配方都是严格保密的。当时对光学玻璃的手工操作的配方没有严格的配比和分析，其成分一般是通过经验获得的。在这种严加保密的制度下，王大珩作为外国人，不允许进入生产车间，但他细心观察，通过检测成品光学玻璃的特征，摸索着进行了一系列的实验工作。他在写给同届中英庚款留学生朱树屏的信中提到了那时的艰苦情境：清晨进厂，晚上 8 时才回。因为不知道光学玻璃的配方，所以每次的实验都要花费许多功夫。例如，因为熔炼玻璃液时没有搅拌装置，为提高成品玻璃的光学均匀性，他只能将玻璃粉碎，用研钵研磨均匀后重熔，得到可测色散的玻璃。在伯明翰昌司玻璃公司工作的 5 年中，王大珩约进行了 300 埚玻璃熔炼实验。他在光学玻璃配方的改进方面获得了宝贵的经验，他总结道：“可以自慰的是，根据自己多年的工作经验，掌握了保密性很强的光学玻璃制造的许多关键技术，为当时的英国光学玻璃前沿技术做出了贡献。此外，我还学会了一套从事应用研究和开发工作的思路和方法，特别是讲求经济实效的意识。这对我回国后从事新技术创业和应用研究的开发工作有深刻的意义。”①

1945 年秋，钱三强从伦敦乘火车去伯明翰。他和王大珩一起到斯特拉福镇参观了莎士比亚的出生地。他们划着船，在阿文河上一边读《论联合政府》，一边畅谈中国的未来。钱三强得知王大珩刚获得英国首届“青年仪器发展奖”，赞羡他三年前放弃博士学位改研究光学玻璃的明智之举，认为光学仪器是将来建设国家广泛用得上的。

1946 年夏，王大珩和钱三强、何泽慧、彭桓武在英国剑桥相聚。他们同时出席牛顿诞辰 300 周年纪念大会（因战争延期）。王大珩把新婚的钱三强、何泽慧夫妇接到自己的寓所小住。两天里，他们的许多话题从新近读的埃德加·斯诺（Edgar Snow）的著作《红星照耀中国》（*Red Star Over China*，中文版译名《西行漫记》）中引出，天南地北，国际国内，政治、科技、人生，无所不谈。在这次分别时，他们做了一个约定：随时做好回国准备，待到形势明朗后就回去，为将来建设一个强盛的中国效力。

1948 年，王大珩回到自己日夜思念的祖国。1949 年，他离开上海前往大连，解放区的新气象令他耳目一新。从创办大连大学应用物理系开始，他把自己的一生

---

①王大珩．漫谈科学精神//宣明．王大珩．北京：科学出版社，2005：23-30.

所学用到了支持国家科学发展的宏图上！

王大珩（右）与钱三强（左）、何泽慧（中）于1946年在英国剑桥的合影

■ 光学在中国落地生根

在新中国成立之前，国内的应用光学研究是一片空白。新中国刚成立时，全国只有很少几位科学家做这方面的研究，光学工厂更是寥寥无几。没有光学玻璃，更谈不上制造光学仪器，这样的现状实在令人痛心。1951年1月24日，仪器馆筹备处正式成立，丁西林任主任，王大珩任副主任主持日常工作。王大珩开始了长达两年的招兵买马、筹备建设仪器馆的工作。王大珩立志要让光学在中国生根发芽，并长成参天大树！从仪器馆到长春光机所，他把全部的精力投入到推动我国光学事业发展中。

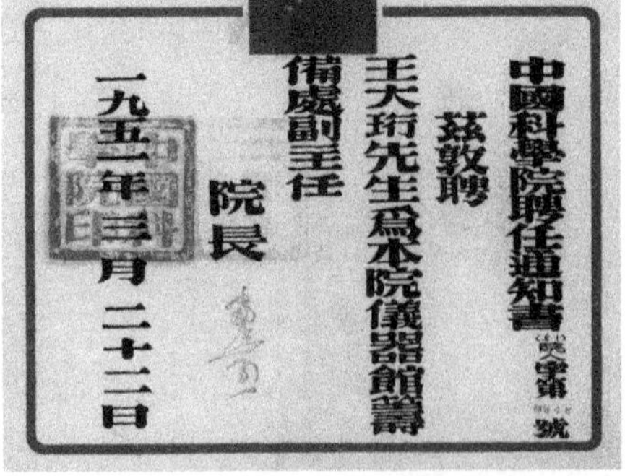
中國科學院聘任通知書
院字第 號
茲敦聘
王大珩先生為本院儀器館籌備處副主任
院長
一九五一年三月二十二日

1951年王大珩被聘为仪器馆筹备处副主任的聘书

仪器馆筹建时的启动经费并不多，仅为1400万斤小米，折合人民币96万元。中国科学院有意将仪器馆建在工业基础相对较好的东北地区。1951年下半年，王大珩多次前往长春考察。他认为长春交通位置和设施条件都不错，又有过去的工业基础，如厂房和研究人员等，适合仪器馆未来的发展。从1952年夏季开始，仪器馆北京筹备处的人员陆续迁到长春，与东北科学研究所物理研究室的光学仪器组和实验工厂，以及并入的东北工学院教具厂和接管的私营钟东仪器厂联合开展仪器馆的筹建工作。1953年1月，仪器馆正式成立，王大珩任副馆长并代理馆长职务。

新生的仪器馆建设十分艰难，条件简陋，选址在断壁残垣的旧院落里。这片废墟里残留的房屋十分破旧，只能通过修旧利废，以最少的基建投资，适应科研、试制的需求。那时候长春的条件艰苦，气候寒冷，冬天见不到一点绿色蔬菜。王大珩完全明白初建之难。他身先士卒，一心一意投入到仪器馆的建设中。他等不及妻子办好调动手续，就一个人先到长春，在单身宿舍生活了一段时间。他那时候住的房子很小、很旧，屋内只有一张铁床、一把小凳子、一张小桌子。他生活非常简朴，白天参加工作，晚上去办公室看书学习，生活却过得很充实。

仪器馆成立后取得的第一个大的科学成就便是熔炼出我国第一炉光学玻璃，由此建立了我国自主制造光学仪器的基础。王大珩一到长春，不仅将自己所学全无保留地献给了祖国，还四处搜罗人才。他首先想到的是自己在清华大学的学长、秦皇岛耀华玻璃厂的龚祖同。王大珩敬佩龚祖同在光学事业上做出的诸多工作，希望借助龚祖同多年从事光学玻璃研究的实际经验来帮助、领导仪器馆开展光学玻璃研究。在龚祖同的指导下，仪器馆以长春铁路北面的大烟囱为基础，修建了烧制玻璃所需的炉窑，建了一个配套的煤气厂，搭建起光学玻璃的熔制车间，还设计出一套光学玻璃的后处理设备。不仅如此，仪器馆倾全馆之力，派出了多达100余人的队伍，组成了化学组、原料和配料组、坩埚组、熔制组、检验组和行政组。仪器馆还从全国各地请来在其他玻璃工厂工作过的老技工，借用他们的宝贵经验，请他们参加到光学玻璃的试制工作中来。

在光学玻璃烧制过程中，需要有人对玻璃熔液进行24小时不间断搅拌，直到玻璃熔液烧制完成后冷却。而玻璃熔液的烧制时间不是一两天，有时候一炉光学玻璃熔制成功需要数月。这段时间里，玻璃熔炼炉旁不能离开人，工作人员需要三班倒才能跟上工作的进度。“日夜生活在炉旁”是那时参加光学玻璃试制工作的人们的真实写照。不仅需要人力，熔制光学玻璃还有两个重要条件，一是光学玻璃的配方，二是退火、测试的关键技术。王大珩在英国伯明翰昌司玻璃公司工作多年掌握的技术和经验派上了用场。他把自己在英国发表的有关光学玻璃退火、测试技术的论文交给技术人员学习，并把自己的所知毫无保留地告诉了他们。在仪器馆人员的齐心努力下，在经历了一系列困难后，1953年，我国第一炉光学玻璃熔炼成功。在1993年王大珩重温往事时，他抚摸着那时试制出来的一方晶莹剔透、光彩照人的光学玻璃样品，对当年经历的困难别有一番感慨："这块玻璃是当时经过破碎选取、精密退火后磨制的样品。就其光学透明度和均匀性来说，现在只是一块优质光学玻璃，但它确实是具有历史意义和代表性的珍品。"①

1955年5月5日，《人民日报》发表了题为"我国已能自制光学玻璃"的文章，介绍了仪器馆已能制成12种光学玻璃，且自豪地提到："制造这些光学玻璃所需的炉窑和各种设备，都是我国自行设计建设的！"②仪器馆成功试制出中国第一炉光学玻璃，结束了中国没有光学玻璃的历史，为建立中国的光学仪器制造工业奠定了基础。此后，仪器馆（长春光机所）又陆续取得了"八大件"这样有代表性的成果，并试制、生产出各类精密仪器，应用于国家建设中的各个部门。长春光机所已经具备了一定的仪器研制能力，并逐渐建立了完整的学科布局，我国的光学基地已经具备了一定的规模。

■ 国防光学显身手

20世纪50年代末起，长春光机所开始由研制光学精密仪器升级到研究光、机、电、控仪器，包括发展夜视器材，远距离侦察技术，光学跟踪、导向技术，轰炸瞄准具，高速摄影技术等，都是与国家需要紧密相连的。关于光学和国防科学，尤其是与"两弹一星"的关系，王大珩在中国科学院技术科学部举办的一次座谈会上这样说，光学是"打边鼓"的。简而言之便是，在试验以前和试验以后，光学科技工作者做记录这方面的工作，使得试验能够被观察到。他的说法显然十分谦虚，他钦佩为"两弹一星"做出贡献的科学家们，不把自己和所从事的学科放在主角的位置上。但是实际上，光学在"两弹一星"任务中看似配角，但它作为探测、测量、观察、记录、通信等手段，发挥的却是不可替代的作用。尤其是在靶场光学系统和卫

①李海．一份珍贵的礼物——关于我国第一块光学玻璃的回忆．金秋科苑，1995，2：13.

②佚名. 我国已能自制光学玻璃．人民日报，1955-05-05：11.

星研制中，光学必不可少。20 世纪 60～70 年代，无论是高速摄影机改造、“150-1”工程和“718”工程中的光测系统，还是有关卫星相机的研制，王大珩带领长春光机所将光学事业和中国的国防科技发展紧紧地连在了一起。

以高速摄影机改造为例，这是基于“两弹”中核爆试验的需要，是一项综合性的任务，涉及的研究和课题是多方面的，其中进行远距离长焦距高速摄影是很重要的一个环节。1962 年底，王大珩在北京参加了原子弹爆炸试验光学测试方案交底会。会上讨论的主要问题是如何用高速摄影机摄取爆炸初期产生火球的画面，取得火球直径随时间变化的规律，从而计算原子弹爆炸威力的数据。中国科学院新技术局向长春光机所下达了核爆光学测量的研制任务，代号“21#”，并要求长春光机所一定要在一年半内完成这项任务。长春光机所把这个任务迅速分解成两个课题，一是“光冲量测量”课题，二是“高速摄影测核爆火球尺寸”课题。前者由光学专家、长春光机所科研骨干陈星旦（现为中国科学院院士）负责，后者则由王大珩带领长春光机所里相关科技人员开展研究。参加任务的人都记得，王大珩多次奔波于长春和北京两地开展工作，为配合核爆试验工作全身心投入。这项任务最基本的设备是高速摄影机，要测试的是核爆火球直径与时间的关系，由此推断出原子弹的威力。王大珩带着助手王传基、薛鸣球和王金堂等在一没经验、二没参照物的情况下艰苦摸索，研究难度很大。长春光机所下了命令：所里的器材仓库全部开放，只要有需要，马上领出去！于是，课题组用一天时间从仓库里拉了三车（手推车）的设备和材料，仅用一周时间便建立起一个简易的实验室来。

为了缩短研制周期，王大珩提出了一个方案，即征调一批国内已经有的进口高速摄影机作为主机，在此基础上进行改装。他认为这样可以节省时间，避开一切从零做起，快速达到预期的效果。在王大珩的运作下，课题组请求国防部国防科学技术委员会调来了 10 台由民主德国进口的 3000 次/秒的 Pentazete-35 型高速摄影机。他指导团队，以原装置为基础，更新了一个中等焦距的镜头，并加了一套光电原点启动系统及 1000 次/秒的时标打点系统。王大珩提出的这种改装方案增大了摄影机 4 倍视场面积，实现了特定要求的高速摄影方案，完成了研制任务。

不仅仅是配合“两弹”中核爆试验需要研制的高速摄影机改装，还有配合导弹任务的“150-1”大型经纬仪，也是由于有王大珩 “一竿子插到底”的策略，最终圆满地完成了国家布置的任务。

王大珩在长春光机所

1999年9月18日，在中华人民共和国成立五十周年前夕，党中央、国务院、中央军事委员会隆重表彰为我国“两弹一星”事业做出突出贡献的23位科技专家，其中就有王大珩。

■ 战略科学家的远大征途

20世纪80年代，国内科学技术界有一个热议的话题——迎接新技术革命和挑战。那段时期，一些国家都把眼光紧紧盯住21世纪，在科学技术发展上制订各自的战略计划，以图抢占高技术桥头堡，掀起新的科学技术竞争浪潮。先是美国于1983年提出了“战略防御倡议”（Strategic Defense Initiative，SDI）。它针对苏联的战略洲际核导弹构成一个战略防御威慑系统。这个系统的核心是利用强激光，通过直接（卫星、天基）或间接（地基）发射台，将其指向来犯的导弹，并摧毁它。因此，美国所谓的“战略防御倡议”被世人称为“星球大战计划”。自此而起，各种各样迎合或针对“星球大战计划”的对策和计划纷纷登场：西欧各国共同签署了“尤里卡计划”，日本出台了“科技振兴基本国策”，苏联和东欧国家制定了“科技进步综合纲领”，韩国推出了“国家长远发展构想”，印度发表了“新技术政策声明”。

时不我待，发展高技术是需要时间的，抓晚了就等于自甘落后，难于再起。王大珩等4人的建议书于1986年3月3日送出。

1986年4～9月，国务院先后组织200多名专家进行调查论证，而后制定出

《高技术研究发展计划纲要》，并经中央政治局批准实施。为了纪念《高技术研究发展计划纲要》缘起的 1986 年 3 月，其后来得名"863 计划"。王大珩被全国科技界誉为 863 计划的功臣，知道事情底细的人更称他是功不可没的元勋。

向中央提出 863 计划的 4 位科学家
左起：陈芳允、王大珩、杨嘉墀、王淦昌

王大珩不仅在 863 计划上点了一根火柴，1992 年春，王大珩等 6 人联合署名的《关于早日建立中国工程与技术科学院的建议》建议书刊登在中央办公厅 5 月 8 日编印的《综合与摘报》（第 54 期）上。这份建议书从世界工程技术和技术科学发展的历史和现状，讲到我国的差距，再讲到为了提高工程科学技术研究、设计、建造能力，提高产品竞争能力，增强综合国力，而后提出建立中国工程院，以提高工程技术和工程师地位的建议；他们还就这个新建最高学术机构的性质、任务及它与中国科学院（主要是技术科学部）的关系等提出了构想。这份建议书，对于中国工程院的建立和中国实行院士制度起了历史性的作用。

1994 年 6 月，中国工程院成立，同时中国实行院士制度，中国科学院学部委员改称为院士。时为两院院士的王大珩，在中国工程院首届院士大会上当选为中国工程院主席团成员，主席团是中国工程院的最高决策机构。《中国工程院年鉴》记录，王大珩任职 4 年中没有缺席过一次主席团会议，在讨论研究问题时都积极发表意见。因为他习惯从全局和长远考量事情，所以他的意见往往对形成决议产生重要影响。时至今日，中国工程院已经有了 20 多年的院龄。在回顾中国工程院建院和发展历史时，王大珩的名字总会被人们说起，大家都记住了他。

除了上述两件大事外，王大珩晚年还有一件引人注目的事，是他有关“大飞机”的提案，这件事对中国影响深远！

王大珩与航空事业的渊源从 1993 年就开始了。他认为，航空是国家的“要隘”技术，它具有综合性、前沿性、发展性、时间性和经济性的几大特点。在审查 863 计划中的高科技项目时，王大珩看到里面只有航天而没有航空，他意识到航空工业发展缓慢对国民经济和国防建设是不利的。1996 年 9 月 22 日，他和师昌绪、马宾、高镇宁、庄逢甘、顾诵芬、张彦仲等联名，给中央写信，向国家提出《关于将航空技术列入重点高科技领域的建议》。出于对国家的航空技术不落后于世界的紧迫感，几位老科学家心怀忧虑。他们提出，正是因为航空技术是战略性高技术、是国民经济发展的先导产业，所以要把航空技术列入重点高科技领域发展。国家采纳了这个建议，并把它列入 863 计划中。此时此刻的王大珩对“大飞机”的想法是要先解决有和无的问题，走军民结合的道路发展我国的航空事业，以军用为主，成熟以后再发展为民机。他的想法是：“航空技术多数具有军民两用性，成熟的军民用航空技术能相互转移和促进，但各有特点。军用航空更强调产品的特殊功能、性能和生存力，民用航空更重视产品的安全性、经济性和舒适性。我国民用航空技术基础十分薄弱，必须加快发展。”①王大珩的考虑十分全面，他认为发展大飞机是国民经济所急需的，要通过民机产业的发展来带动并促进国家的经济、科技水平的全面发展。中国在发展中冀望，进入 21 世纪，我们经济飞速发展、国家实力迅速增长，无论是在经济上还是在技术上，都已经具备了发展“大飞机”的能力。

在重启“大飞机”项目的呼声越来越高的形势下，在王大珩、师昌绪、顾诵芬、刘大响、郑哲敏等人的倡议下，第 159 次香山科学会议于 2001 年 2 月召开，会议的主题是“21 世纪中国航空科学技术发展战略”。尽管争议很大，但这次会议最终取得了积极的成果，并形成了以下共识：将大型军用特种飞机作为振兴中国航空工业的突破口；重点突破航空发动机技术；着力解决制约航空发展的薄弱环节，加强关键技术研究；尽快启动国务院已确定的新型涡扇喷气支线飞机研制项目；成立国家航空领导小组和国家航空咨询专家小组。

①王大珩，师昌绪，马宾，等. 关于把航空技术列为重点高技术领域的建议. 王大珩遗留资料，存于长春光机所档案室.

2000 年 11 月 21 日王大珩考察上海飞机制造厂

会议召开前，与会业界人士对发展“大飞机”意见不一，甚至有人明确反对。但到会议中，与会业界人士达成了一致的共识——要搞“大飞机”。因此，第 159 次香山科学会议被中国航空界认为是研制“大飞机”的一个重要节点。在这次会议后不久，2001 年 4 月 16 日，王大珩与会议执行主席师昌绪、顾诵芬、刘大响、郑哲敏、张维一起，总结了会议中达成的一致观点，向国家呈送了《抓紧时机振兴我国航空工业——第 159 次香山科学会议的几点建议》。2001 年 6 月，王大珩认为时不我待，建议成立“中国民机产业的发展思路”咨询课题组，中国科学院、中国工程院有关学部即刻开展了咨询课题的研究工作。课题组分析了中国发展大型运输机的经验教训和存在的问题，对国内大型飞机设计制造基地的科研生产能力进行了多方调研。在课题组成立后的一年多的时间里，王大珩不顾年事已高，他或是亲自走访考察，或是主持召开讨论会，或是听取专家建议。以他为主要执笔人之一，2002 年 5 月，课题组完成了研究报告《关于把研制大型军用运输机列为国家重大专项的建议》，向国家郑重提出发展大型军用运输机的建议。

在倡议发展“大飞机”的过程中，一件令王大珩振奋的事，就是中央领导对“大飞机”一事非常关心，并多次探望，这令他体会到国家领导人的温暖关怀，更体会到国家对发展民族工业的重视。

2005年1月10日，王大珩在北京医院住院，尽管身体不佳，但他仍然心系“大飞机”。他给中央领导写信，谈到了大飞机的具体事项。他说，尽管大飞机已经列入了国防的重点项目，但是还“应当把航空工业的重要战略技术作为一个突出的问题提一下。因为这是一项关系到国力的技术。”

在王大珩和其他科学家的努力下，“大飞机”研制日益明朗化。2006年1月5日，国防科学技术工业委员会新闻发言人在国防科技工业工作会议新闻发布会上宣布，中国将在“十一五”期间“适时启动大飞机的研制”。一石激起千层浪，业界沸腾了：中国要自主研制“大飞机”项目了！在《国家中长期科学和技术发展规划纲要（2006—2020年）》中，大型飞机的发展被列为国家16个重大科技专项之一，这是国家的意志和人民意愿的体现！就这样，在专家建议、社会舆论、全民动员的形势中，“大飞机”项目启动了！“大飞机”令全国瞩目，令全世界关注！2007年，国务院批准大型飞机研制重大科技专项正式立项。2008年5月，中国商用飞机有限责任公司在上海成立，承担了中国民用大型客机的研制责任。

2017年5月5日是一个被载入史册的日子，我国首款按照最新国际适航标准、具有自主知识产权的干线民用飞机 C919 首飞成功。国产大飞机翱翔于蔚蓝的天空，不仅是中国人实现了 100 年来的飞机梦，而且带动了与之相关的一系列产业的飞速发展！

参考文献

2003年4月13日王大珩写给温家宝总理的信“关于自行发展我国大型飞机问题”. 王大珩遗留资料，存于长春光机所档案室.

李海. 1995. 一份珍贵的礼物——关于我国第一块光学玻璃的回忆. 金秋科苑，2：13.

林祥. 2000. 世纪老人的话：王大珩卷. 沈阳：辽宁教育出版社.

刘亚东，徐玲玲，沈英甲，等. 2004. 春颂：邓小平同志与中国科技事业. 北京：科学技术文献出版社.

宋健. 2003. 中国科学技术回顾与展望. 北京：中国科学技术出版社.

王大珩，师昌绪，马宾，等. 关于把航空技术列为重点高技术领域的建议. 王大珩遗留资料，存于长春光机所档案室.

王大珩在技术科学部纪念“两弹一星”功勋奖章获得者座谈会上的发言. 资料存于长春光机所档案室.

宣明. 2005. 王大珩. 北京：科学出版社.

周继武，杨新之. 1999. 请历史记住他们——中国科学家与两弹一星. 广州：暨南大学出版社.

朱谨. 2007. 朱树屏传记：真实历史的回归. 北京：新华出版社.

钱学森

——一寸赤心唯报国

1958 年 5 月，中国共产党第八次全国代表大会第二次会议上提出：“我们也要搞人造卫星①，要搞就搞得大一点。”从这一年起，我国的航天事业在一穷二白、百废待兴的处境下迈出了艰难而又坚毅的步伐。1970 年 4 月 24 日，我国第一颗人造卫星“东方红一号”发射成功，中国人从此踏上了探索宇宙奥秘、发展航空事业的新征程。

钱学森

从“东方红一号”到“神舟一号”再到“天宫一号”，一颗颗卫星、一枚枚火箭、一艘艘飞船，中国航天事业从无到有、从小到大。如今，“天宫”“慧眼”“墨子”“悟空”等一大批重大科技创新成果相继涌现，代表我国卫星研制与发射能力已步入世界先进行列。我国航天事业在短短的几十年中做出如此辉煌成绩，离不开我国航天人艰苦奋斗、迎难而上、坚持自主创新的精神，更离不开“中国航天之父”钱学森。正是在钱学森的带领和指引下，我国的航天事业才能在创建初期攻克难关，实现一个又一个航天梦。

■ 身在异乡，心系祖国

钱学森一生中做出的许多选择都与祖国的需要和命运息息相关。高中毕业时，

①人造地球卫星，简称人造卫星，本书中统一用简称——出版者注。

他选择了当时国内最好的工科学校——上海交通大学，进入机械工程系，所学的专业是铁道机械工程专业。目的就是将来给祖国造铁路，使落后的中国能够迅速发展。“一·二八”事变发生后，钱学森见证了飞机作为武器的威力后，意识到科技发展对国家安全的重要性，于是毅然决定改学航空工程。大学期间，他利用业余时间阅读了与航空专业相关的所有书籍。大学毕业后，他考取中美庚款留学生，远渡重洋，到美国麻省理工学院航空工程系学习飞机设计与制造。钱学森离开中国之前，见到了在上海交通大学时的好友，曾经郑重地表明：“现在中国政局混乱，豺狼当道，我到美国去学习科学技术是暂时的，学成以后，一定回来为祖国服务。”①

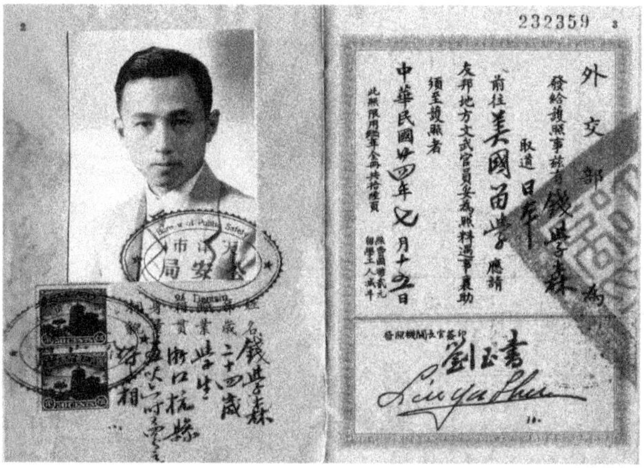

1935 年，民国政府发给钱学森的赴美护照

钱学森在麻省理工学院学习的时候，一些美国人对待中国人的傲慢态度令钱学森非常气愤。钱学森怀着一颗强烈的民族自尊心和自信心，通过勤奋和刻苦的学习取得了优异的成绩。1936 年，钱学森转学到加州理工学院，师从著名航空科学家西奥多·冯·卡门（Theodore von Kármán）。

钱学森在美国加州理工学院留影

钱学森回忆说：“在这里，你必须想到别人没有想到的东西，说别人没有说过的话。拔尖的人才许多，我要和他们竞赛，才能跑到前

①孔祥言．钱学森的科技人生．北京：中国宇航出版社，2011：58．

面。这里的创新还不能是一般的迈小步。那不行，你很快就会被别人超过。你所想的、做的要比别人高出一大截才行。”[①]钱学森通过在加州理工学院的刻苦学习，3年后获得了航空、数学博士学位。他开展了高速飞机的气体力学、固体力学的研究，参加了由马林纳（F. Malina）组织的加州理工学院火箭研究小组，并运用他掌握的知识对发展火箭技术的有关问题进行了详细的研究和分析，为日后发展我国航空工业奠定了坚实的基础。

1947年，钱学森回上海探望年迈的父亲。探望了家人后，钱学森受邀访问了上海交通大学和浙江大学，并且在这两所学校做了报告。在报告中，他根据自己的经验提出：培养一个合格的工程科学家需要一个很长的过程，在接受本科教育后，还要花七八年的时间进行深造，至少在良好的工科院校学习3年，再花3年的时间精通物理化学知识，然后在有经验的专家指导或带领下集中精力做一个专题或一个项目。他介绍，博士生阶段要拓宽自己的知识面，培养自己的创造力。[②]

1948年，他曾在《技术和技术科学》一文的前言中写道：“技术和科学研究是国家富强的关键。”他决心为了民族的尊严和人民的幸福，用自己掌握的技术科学知识，为将来建设繁荣富强的新中国贡献力量。此次回国，钱学森也曾有过留在国内工作的打算，但是看到此时国内政局不稳，国民党政府腐败，蒋介石违背全国人民的意愿发动内战，无视经济和科学的发展，他非常失望。时任国民政府教育部部长朱家烨聘请他出任上海交通大学校长，他断然拒绝了。在结束了北京的行程之后，钱学森便匆匆离开了。回到上海后，钱学森和未婚妻蒋英迅速完婚之后收拾行李飞回美国。

钱学森回到美国之后，先在麻省理工学院工作了两年。1949年，他回到加州理工学院担任喷气推进中心主任和“戈达德教授”。在此期间，钱学森在应用力学和喷气推进方面做出的科研成绩获得了全世界的认可。同时，钱学森开创和发展了工程控制学和物理力学，于1954年出版的《工程控制论》受到了科技界的关注，并且被翻译成俄文和德文出版，后来又在1958年被翻译成中文出版。美国的一位专栏作家在评论《工程控制论》一书时写道：“工程师偏重于实践，解决具体问题，不善于上升到理论角度；数学家擅长理论分析，而不善于从一般到具体去解决实际问题。钱学森集两个优势于一身，高超地将两种轮子装在一辆战车上，轧出了工程控制论研

①《爱国奋斗精神学习读本》编写组．爱国奋斗精神学习读本•榜样篇．北京：中国科学技术出版社，2018：5.
②孔祥言．钱学森的科技人生．北京：中国宇航出版社，2011：119.

究的一条新捷径。”[①]此时的钱学森已经是国际上知名的科学家和火箭专家。正如美国国防部部长在给德怀特 · 戴维 · 艾森豪威尔（Dwight David Eisenhower）总统的备忘录中所说：“他有关于喷气推进的大量背景知识，以及阐明美国技术发展的非凡能力。”[②]

1945 年，钱学森以美军上校身份随冯 · 卡门赴德国考察

钱学森后来回顾在美国的经历时说：“我从 1935 年去美国，1955 年回国，在美国待了 20 年。20 年中，前三四年是学习，后十几年是工作，所有这一切都是在做准备，为的是日后回到祖国为人民做点事。我在美国那么长时间，从来没想过这一辈子要在那里待下去。我这么说是有根据的。因为在美国，一个人参加工作，总要把他的一部分收入存入保险公司，以备晚年退休之后用。在美国期间，有人好几次问我存了保险金没有，我说一块美元也不存，他们感到很奇怪。其实没什么奇怪的，因为我是中国人，根本不打算在美国住一辈子。”[③]

■ 归途坎坷，决心毅然

钱学森从 1948 年就开始做回国的准备，他申请辞去美国军队科研项目咨询团

①孔祥言．钱学森的科技人生．北京：中国宇航出版社，2011：114．
②孔祥言．钱学森的科技人生．北京：中国宇航出版社，2011：148．
③《爱国奋斗精神学习读本》编写组．爱国奋斗精神学习读本 · 榜样篇．北京：中国科学技术出版社，2018：6-7．

和海军机械局的职务，脱离和美国政府的联系。

1949年10月1日，钱学森和罗沛霖得知中华人民共和国成立了。他们决定在10月6日（也是中秋节那天）来庆祝新中国的诞生。那天晚上，钱学森、罗沛霖、庄逢甘、郑哲敏等10多位在加州理工学院的中国留学生一起到学校门口的街心公园举办了庆祝中华人民共和国成立的中秋晚会。钱学森抬头遥望天上的月亮，深情地朗诵了李白的“举头望明月，低头思故乡”，然后兴奋地说道：“故乡解放啦，祖国新生啦！中华人民共和国已经在天安门城楼宣告成立。毛泽东主席在天安门城楼向全世界庄严宣读了《中华人民共和国中央人民政府公告》，真是鼓舞人心啊！我们这些海外游子可以扬眉吐气了！”[①]钱学森回到家后，打开一本中国地图，激动地对妻子蒋英说：“咱们回中国去，那里需要我。”[②]钱学森还试图说服时任美国波音飞机公司主任工程师的钱学榘和他们一起回国。钱学森劝他说，你现在回国对新中国的建设，特别是航空工业的发展，是很有用的。但是钱学榘最终因为各种因素没有选择回国。

1949年12月，钱学森收到父亲从上海寄来的书信。信中写道：“上海已不再有外国人侮辱中国的事，整个中国都变了。”信中还说道：“为父之见，生命仰有根系，犹如树木，离不开养育它的一方水土。唯有扎根于其中，方能盛荣而不衰败。儿生命之根，当是养育汝之祖国。‘落叶归根’是报效养育之恩的典喻，望儿三思。”钱学森密切关注着祖国的消息，准备好随时回国。

1950年的美国，麦卡锡主义开始盛行。在当时“惧红”时代的背景下，钱学森惨遭怀疑。联邦调查局和美国军事部门的人员对钱学森及与他相关的人员展开了一系列的调查。最终，在证据不充分、事实还没有弄清楚的情况下，美国联邦调查局取消了钱学森从事机密研究的许可证，指控他是非法入境，美国移民局要将他驱逐出境。美国政府对待钱学森的态度让他十分气愤，他当即决定以探亲为名回国，开始打包行李并且预定了飞往香港的机票，做好了回国前的一切准备。但是美国海军部副部长金贝尔（D. A. Kimbeel）在得知钱学森准备离开美国返回中国的时候，立刻给美国司法部打电话：“无论如何不能让钱学森回国。他太有价值了，抵得上3～5个师的兵力。”[③]于是，美国司法部下达了命令，禁止钱学森离开美国。由于回国被禁，钱学森最终只好取消预定的航班，同时通过媒体得知他们的行李被扣留的消

①②孔祥言．钱学森的科技人生．北京：中国宇航出版社，2011：151.

③宋健．“两弹一星”元勋传：下册．北京：清华大学出版社，2001：236.

息。钱学森的行李物品被来自美国海关、联邦调查局、海军情报部、空军情报部、陆军军械局及国务院等部门的人员翻查。钱学森本人也被视为“危险人物”并受到监视。这段时间，钱学森只能待在家中，不能与外界接触。

1950 年 9 月 7 日，美国移民局的两名特工以“企图将秘密科学文件偷运回国”为由拘留钱学森。钱学森被带到了圣佩德罗郊区的港湾的一个名为“特米那岛”的监狱。钱学森被单独关押，开始时与外界完全隔绝，不能与任何人联系。冯·卡门曾试图在欧洲与他通话，但是遭到监狱方面的拒绝。拘留中心的看守不让他睡觉，夜间每隔一刻钟就要把他房间里的灯打开一次，看他在干什么。这使他的精神和身体受到了极大的折磨。在短短 15 天内，钱学森的体重就减少了 13 千克。

钱学森被抓以后，蒋英立刻打电话给加州理工学院的领导。钱学森的同事和好友们开始帮助蒋英营救钱学森，终于打听到钱学森被拘留的地方。在拘留中心，蒋英看到被关在昏暗小房间里的丈夫已经被折磨得快认不出了。此时的钱学森面容憔悴，基本丧失语言功能，问话也无法回答，只能挥挥手。9 月 20 日，钱学森在律师库珀（G. B. Cooper）陪同下，与美国军政代表在岛上移民局的办公室举行了一次会议。按照库珀预先理好的几条信息，钱学森在会上逐一说明情况并澄清了事实。最后按照司法部的要求，钱学森在缴纳了 15000 美元的保证金后获释。移民局禁止钱学森离开他居住的洛杉矶市，并且规定他每月到美国移民局报到，对他进行软禁。同时他所居住的房屋和办公室都有特工严密监视，电话和信件受到检查，与他接触的人都要遭到调查。这年 9 月，钱学森辞去了加州理工学院古根海姆喷气推进中心主任的职务。

由于美国政府考虑到驱逐钱学森可能会损害美国的安全和核心利益，到 1953 年初，美国政府也没有真正驱逐钱学森，而是做出了假释的决定，要求钱学森每个月到美国移民局报到。直到回国前，钱学森都要按时去美国移民局登记。同时，美国联邦调查局的人还会半夜到钱学森的家中看他是否在家，有时会突然闯入他的办公室对他的工作进行调查。钱学森的电话受到监听，和他有过接触的朋友和同事也受到美国联邦调查局人员的审问。为了不让朋友和同事受到牵连，钱学森开始很少与人打交道，也不怎么参加社交活动。

钱学森晚年回忆说：“当年我对那些特务毫不客气，总是骂得他们抬不起头。他们知道我的厉害以后，再也不敢接近我，只得站得远远地监视我。”[①]在家庭生

①宋健. “两弹一星”元勋传：下册. 北京：清华大学出版社，2001：239.

活上，蒋英承担起了全部的家庭事务，不敢雇佣保姆。蒋英说："为了不让钱先生和孩子发生意外，也不敢雇佣保姆，一切家庭事务，包括照顾孩子、买菜做饭，都不得不由我自己来动手。那时候，完全没有条件考虑自己在音乐方面的钻研了。"①

就是在这种艰苦的环境下，钱学森的身体和心理都遭受严重的摧残，但这更激发了他的创新精神和做科学的动力。钱学森在此期间发表了许多的论文，《美国科学人》（*Scientific American*）杂志希望对钱学森的科学贡献做专题报道，也希望将钱学森的名字列入美国科学家团体。钱学森得知后明确拒绝，希望将自己的名字从杂志中删除。钱学森在给杂志社编辑卡特尔（Jaques Cattell）的回信中说："（一）虽然我对美国许多的科学家充满崇敬之情，但是如果把美国科学家作为一个整体来看的话，我难有同感。换句话说，如果把我确定为美国科学家团体中的一员，我感到很羞耻。（二）事实上，我并不是美国科学家，我是一名中国科学家。目前只是由于美国政府的命令将我暂时滞留在这个国家而已。我希望你能理解这些理由，将我的名字从即将编辑出版的《美国科学人》中删除。"

钱学森后来说道："从1950年到1955年回国的这段时间里，我除了教书和做一些研究工作以外，学术活动和社会活动参加的很少，同时因为特务四周虎视，给我很大的压力。我有时间也需要对美国的政治及世界形势做些思考和分析。罗斯福时代过去了，美国政府越来越法西斯化，人民不需要战争，人民不需要侵略，但是政府是能背着人民的意愿干事，而且所谓宪法等法规都是一张纸，政府可以运用各种手段违法行事，所以民主、自由都是完全骗人的东西。美国人民是被骗了，他们生活在痛苦绝望的气氛中不能自拔，资产阶级的社会制度已到了人民利益和垄断资本家利益相矛盾的时候，人民一定被压下去。这就彻底消灭了我对美国的幻想。"②

1955年6月的一天，钱学森和蒋英摆脱特务的纠缠，在一封寄给在比利时的妹妹蒋华的书信中，夹带着转给陈叔通先生的信，请求祖国帮助他们早日回国。陈叔通时任全国工商联主席、全国人大常委会副委员长、全国政协副主席。同时也与钱学森的父亲关系密切。陈叔通很快将信辗转送给中央。中美大使级会议就此展开了四次会谈，在第四次会议上，美国政府不得不允许钱学森离开美国。作为交换条件，

---

①张现民．羁绊与归来——钱学森的回国历程（1950—1955）．北京：中共党史出版社，2019：186-187．

②张现民．羁绊与归来——钱学森的回国历程（1950—1955）．北京：中共党史出版社，2019：239-240．转引自：钱学森．自传．1958年9月24日，中国科学院档案处，档案号：1959-11-010-01．

中国政府释放了美国 11 名军事人员。钱学森夫妇收到可以回国的通知后，立刻买了最近的一班邮轮“克利夫兰总统号”的三等船票，准备回国。

钱学森一家在“克利夫兰总统号”邮轮甲板上合影

1955 年 9 月 17 日，钱学森登船返回祖国的日子终于来了，记者围着钱学森提出各种问题，钱学森针对记者的提问做了简短的回答：“我很高兴能回到自己的国家，我不打算再回美国，我已被美国政府刻意延误了我回祖国的时间。其中的原因我建议你们去问问你们的国务院，我对美国人民没有怨愤，我的目的是追求和平和幸福。你们的国务院和我本人两方面相比而言，我受到的困窘是最少的。我打算尽我最大的努力去帮助中国人民建设自己的国家，使我的同胞能过上有尊严和幸福的生活。”[①]就这样，整整花了 5 年的时间，钱学森终于踏上了回国的旅途。

■ 克服困难，迎难而上

这个时候的新中国，一穷二白，百废待兴，创建导弹航天事业更是一项艰巨而复杂的工程。当钱学森真正了解到中国当时在科学、教育和国防方面的落后时，他

①孔祥言．钱学森的科技人生．北京：中国宇航出版社，2011：173-174．

感到有些茫然。他曾经写道："既没有研究工具，也没有研究设备，这时候，我的思想转了180度，从乐观一下变为悲观，真是觉得做科学研究寸步难行，简直急死人……我不知道在艰苦的环境中怎样奋斗、找出路，白手起家。"

回国第一年，钱学森致力于建立一所专门研究应用力学和国防用途的高速空气动力学的研究机构。1956年1月5日，中国科学院力学研究所正式成立，钱学森担任所长。创建初期，研究所的设施相当简陋。整座大楼只有一部电话，铃声不断，都是找钱学森的。他的办公室位于四层，电话装在一层，为了接电话，钱学森不得不跑上跑下。所里几乎没有什么可用的设备，只购买了一些必须依靠手摇操作的台式计算机。钱学森是个生活非常自律的人，也是研究所最勤奋的人之一。每天早上7点30分，他准时到达办公室，通常比别人早到半个小时。他常常奋笔疾书数小时之久，要不就是埋头研读技术专著，只有午饭和晚饭才短暂离开。晚上7～10点，他常常还要回到办公室工作。他的办公室布置得非常简单，只有一张大写字台、几把椅子、一个摆放电话的小圆桌、一个金属文件柜、一台打字机及两个顶着天花板的大大的书架，上面塞满了数学家、物理学家、生物学家和音乐家的著作和传记。

在担任中国科学院力学研究所所长兼任中国科学技术大学近代力学系主任期间指导学生的钱学森（左）

钱学森参加了《1956年至1967年科学技术发展远景规划纲要》的制定，钱学森担任了由12名科学家组成的综合组组长，规划制定了57项重大研究项目，其中特别把发展原子能、导弹、电子计算机、半导体、无线电电子学和自动化技术作为重中之重的急需任务，为新中国的科学技术发展奠定了基础。

1956年1月30日，中国人民政治协商会议第二届全国委员会第二次会议在北京召开。在这次会议上，回国仅3个月的钱学森增补为全国政协委员。钱学森首次在政治讲坛上发表讲话。

■ 投身航天，矢志报国

不久之后，中央筹备组建了火箭导弹研制机构——国防部第五研究院，钱学森担任院长。国防部第五研究院在创立之初，设施非常简陋，只有由一座旧医院和两所疗养院改造成的办公室。人员配置也只有 100 名仅有初中文化的工人、100～200 名因仰慕钱学森名声而投至其门下开始学徒生涯的大专毕业生，钱学森是研究院里唯一一位火箭专家。钱学森迅速意识到培训的重要性，于是在院里开设了一系列非正式的工程学课程，教授“火箭概论”。许多学生由此成为中国太空项目的骨干人才。钱学森发表在《人民日报》上的一篇文章，描述了针对当时全国的大学和研究机构严重缺乏受过教育的人才这种局面开展的教育情形：

> 我们首先意识到，当前最紧迫的问题是教学，而不是马上进行独立研究。因为我们急缺教授，一些大学毕业生也被选中进行教学任务。每所学院招来的教职工被分成小组，每一组专注于一个问题。他们写课堂笔记、讨论教学方案和示范方法。每一组都由一位教授率领。当课题太新而没有这方面的教授时，从事这一领域的苏联专家会被请到中国来领导该小组。
>
> 自然，这些新教员在面对学生时有时会遇到问题。但也有解决办法。当一位老师遇到学生提出的问题时，他通常不会马上回答。在每天晚上的教师分组会上，这些问题会被充分讨论，得出正确答案。这样，我们不仅可以拥有众多的教师，而且还能让他们在学生面前保留师道尊严。

最初几年每个周日下午，钱学森都会邀请国防部第五研究院的项目主管到他家中出谋划策，交流心得体会。几十年后，钱学森回忆道：“说老实话，我当时对能否完成党和国家交给我的任务并无信心。在美国，我曾经做过与定向导弹和人造卫星有关的一些工作，然而，我并未参与过任何导弹发射工作。我别无选择，只好向同事们取经。”[①]

1959 年 1 月，苏联科学家到中国帮助中国科学家生产导弹。钱学森意识到，在导弹制造的每个相关领域，中国的条件都极欠缺。国防部第五研究院甚至难以获得

---

①张纯如．蚕丝：钱学森传．鲁伊，译．北京：中信出版社，2011：241．

最基本的原料——橡胶、不锈钢管和铝板。他们尝试通过进口一些材料并自行制造另一些材料来解决这个问题。此外，他们也尝试用相似的材料取代最稀缺的品种。在中国仿苏联技术制造的火箭中，最终使用替代材料的比例高达40%，因此导弹也存在一些缺陷。

钱学森遇到的另外一个问题是工具短缺。为了制造导弹，科学家们需要大型钻孔压力机、车床、焊接设备和拼装机器。因为没有能够完成这些工作的设备和机器，第一代国产火箭的箭体焊接工作是由工人们手工完成的。后来国防部第五研究院也继续让受过训练的技师和焊接工人来完成火箭拼装焊接工作。为了改善这种情况，苏联启动了一个焊接培训项目，帮助中国人掌握复杂的惰性气体弧焊接法及其他必备的技术。当时的住房条件非常艰苦，一些科学家就住在办公室里或睡在临时的帐篷或军营中。大家在食堂里吃大锅饭。这种情况贯穿了20世纪50年代中国发展第一枚液态推进探空火箭的整个过程。1960年11月5日上午9点，中国自制的使用无线电控制的R-2型火箭在酒泉卫星发射中心发射成功。

20世纪60～70年代，钱学森对中国的导弹项目做出重大贡献。他启发并引导一大批人工作，向他们介绍关键的理论公式并应用到实践中去。钱学森开创的管理系统让官僚主义的影响最小化，并塑造了中国第一代导弹的组织和技术指导模式。

钱学森在国防科学技术委员会某反导弹试验基地查看经纬仪

在领导国防科技工作期间，钱学森经常深入地处沙漠戈壁的实验基地。那里虽然自然条件恶劣，却创造了我国航空史上的一个个奇迹：“东风 1 号”地对地导弹、“东风 2 号”地对地导弹发射成功，“东方红一号”人造卫星发射成功……钱学森出色地完成了国家赋予他的重任。

20 世纪 80 年代初，钱学森在国防科学技术委员会办公室留影

钱学森经常说：“美国人能做到的，我们中国人也能做到！中国人一点儿也不比美国人差！”①

钱学森晚年虽然从行政岗位上退下来，但是他思想活跃，提出了“开放复杂巨系统”概念，为系统学的建立奠定了基础，并且培养了许多创新型人才。钱学森的一生都与国家的命运紧密联系在一起，可谓一寸赤心唯报国。他用毕生的行动最好地诠释了航天人艰苦奋斗、迎难而上的爱国主义精神。

参考文献

孔祥言. 2011. 钱学森的科技人生. 北京：中国宇航出版社.

宋健. 2001. “两弹一星”元勋传：下册. 北京：清华大学出版社.

张纯如. 2011. 蚕丝：钱学森传. 鲁伊，译. 北京：中信出版社.

张现民. 2019. 羁绊与归来——钱学森的回国历程（1950—1955）. 北京：中共党史出版社.

《钱学森》编委会. 2012. 钱学森. 北京：人民出版社.

①张纯如. 蚕丝：钱学森传. 鲁伊，译. 北京：中信出版社，2011：247.

王淦昌

——以身许国　国家楷模

王淦昌

1961 年 4 月 3 日，第二机械工业部（简称二机部）①部长刘杰约见王淦昌，并向他传达了中央的重要决定：希望他放弃自己的研究方向，参加中国的核武器研究。王淦昌听到后毫不犹豫地表态“我愿以身许国”。从此以后，王淦昌改名王京，隐姓埋名 17 年。在这期间，他不能从事自己感兴趣的研究领域，不能参加任何学术交流会议，不能在世界学术领域抛头露面。家人和他通信就用“王京”这个名字，地址是某某信箱。关于王淦昌的工作单位及王淦昌从事什么工作，家人一概不知。当孩子们问起关于爸爸的事情时，他的妻子嗔怪地对孩子们说：“你们的爸爸调到信箱里去了。”有一年除夕夜，王淦昌与邓稼先在帐篷里相互敬酒。邓稼先对他说：“叫了王京同志几十年，叫一次王淦昌同志吧!”说完后，两个人抱头痛哭起来。

为了国家的需要和利益，王淦昌无条件地服务于国家和人民，把毕生的智慧和精力奉献给了祖国的科学事业。2007 年 5 月 27 日，为纪念“以身许国”的“两弹

①1982 年改为核工业部。

一星”元勋、著名科学家王淦昌院士，中国科学院国家天文台将于1997年11月发现的一颗小行星命名为“王淦昌星”。

■ 青年求学　成就卓著

1925年“五卅运动”后，革命高潮接连不断，王淦昌也积极参加了反帝爱国运动。

同年，王淦昌考取清华大学首届本科生，一年后分科进了物理系。清华大学的教授大多是留美学生，因此课程设置、办学方针基本是按照美国各大学的模式，最突出的特点就是重视实验。其中，清华大学物理系规定实验课程不得少于理论课程的二分之一，化学系则更加严格。

1928年王淦昌在清华大学校园留影

初到清华大学，王淦昌对化学课比较着迷。当时化学系的实验条件在清华大学堪称最佳。即使是公共课，化学系也尽可能多地安排实验。王淦昌一走进实验室就变得异常活跃，常常长时间待在里面不愿意出来。由于中学阶段几乎没有接触过化学实验，石蕊试纸的颜色变化都让他大为惊异。他把化学元素周期表背得滚瓜烂熟，关于元素和化合物性质的各种实验，他都会认真去做。这段美好时光对王淦昌后来的科学活动产生了重要影响。20世纪40年代建议用元素^{7}Be作为检测中微子的放射源，进行有机活化磷光体的研究、硫化锌的制备，以及晚年对化学激光器的关注与倡导，都与王淦昌青年时期获取的知识和参与的实验有关。当时他曾说：“化学是很有意思的，我对化学比较熟悉，以后还想和别人合作做些化学方面的研究。”①

由于在大学期间勤奋刻苦，表现突出，大学毕业后，王淦昌被吴有训留下来做助教。同时，吴有训交给他一个研究课题——清华园周围氡气的强度及每天的变化。

① 《自然辩证法通讯》杂志社．科学精英——求解斯芬克斯之谜的人们．北京：世界图书出版公司，2015：606.

这个课题涉及气象知识和实验方法，当时国内还没有人接触过。这个课题的目的是透彻地研究北平附近气象因素对大气放射性的影响。1929 年 11 月～1930 年 4 月，实验进行了 6 个月，主要是在室外进行的。在吴有训的指导下，王淦昌查阅了大量参考文献。根据当时的条件，王淦昌用类似戴奥德哈（D.B.Deodhar）曾经采用过的导线荷电量的测量方法进行实验。那段时间，王淦昌每天上午 9 时前把 6 米长、直径 0.5 毫米的裸铜线水平地架到实验室外 5 米的高空处，用蜡杆使它绝缘，用静电机使导线具有-3000 伏的电势，然而因为静电机一般会给出更高的电势，所以还需再采用变电阻漏电法，使导线保持在所要求的电势。裸铜线在空中架到上午 11 点，然后把它仔细地绕在一个线框上（需用时 1 分 40 秒）。在静电机停止工作 2 分钟后，把线框放入金叶验电器的绝缘箱内，通过显微镜读出金叶的放电率，同时记录下该天上午的大气压、风速与风向、云的性质与分布、温度。这种烦琐又艰苦且需要技巧的“科学劳动”一共持续了 6 个月。这是对青年实验物理学家的一次初步考验。王淦昌经受住了这次考验，得出北平上空大气放射性与大气压、风向风速、云的性质与分布相关的大量数据，以及大气放射性的平均值与最高值每个月的变化，并且得出结论，写出了论文。

王淦昌在清华大学期间还经历了一段令他终生难忘的事件，这就是 1926 年的“三一八”惨案。1926 年 3 月 12 日，日本军舰侵入我国内河，遭到驻守大沽口的国民军还击。英国、美国、日本等八国以所谓的“大沽口事件”为借口，向中国政府无理地发出最后通牒。3 月 18 日，王淦昌和部分清华大学同学在天安门前参加了北京 5000 多位人民群众反对八国最后通牒的集会游行。结果遭到北洋军阀政府的血腥镇压，死伤 200 多人。王淦昌亲眼看到有人在自己身边中弹倒下。血淋淋的场面使王淦昌看清了北洋军阀政府反动卖国的真面目，深切地感到中国青年应该肩负救国的重任。

1930 年，王淦昌考取江苏省官费留学研究生，就读于柏林大学威廉皇帝化学研究所放射物理研究室，成为德国杰出物理学家迈特纳（Lisa Meitner）的唯一一个中国学生。王淦昌所在的研究室地处柏林郊外一个名叫“达列姆”（Dahlem）的小镇。这里远离大城市的喧嚣，现代都市生活的繁华几乎与这个宁静的小镇毫不相干。王淦昌在这里也见不到来自中国的同学或同胞。他潜心于课堂或实验室。在实验室，他常常工作到深夜，而实验室的大门到晚上 10 点就关闭了，所以他常常翻围墙回到宿舍。他经常往返于柏林城内的校部与达列姆的研究室之间，目的是听课或听讲演。例如，他听过薛定谔（Erwin Schrödinger，1887—1961年）的几堂波动力学及其他课程和讲演；同时也为了参加每周一次的研讨会，这是德国物理学界群英荟萃的讨论会。王淦昌从中吸收了许多新思想、新方法，了解到物理学前沿的许多最新发现。这些经历对他日后影响深远。

1933年王淦昌（左二）及中国留学生游览德国莱茵河时在伍珀塔尔车站合影

1932年1月，王淦昌写出了题为“关于RaE的连续β射线谱的上限”的论文，发表在德国《物理学期刊》（*Zeitschrift für Physik*）第74卷。这是王淦昌第一次在国际著名科学期刊上发表自己的研究成果。他在文中报道了自己用盖革-缪勒（Geiger-Müller）计数器研究了RaE放出的射线在铜中的吸收能谱，求得射线能量的上限Hp值为5300，β粒子能量高于Hp值为5000的数目，最多不过总数的百分之一。这个结果与钱皮恩（F.G.Champion）用云室照相得出的上限Hp值为5500极为一致，证明了王淦昌使用的计数器的可靠性。

1933年7月14日，迈特纳和王淦昌联名给德国《科学》（*Die Wissenschaften*）期刊写了一篇通讯《γ射线的内层光电效应》。1933年12月19日，王淦昌完成了他的博士论文《关于Th B+C+C″的β谱》，寄往德国的《物理学期刊》发表。王淦昌在导言中分析了埃利斯（C.D.Ellis）等人所用实验方法的利弊，吸收了他们测量射线强度的基本思想，用盖革-缪勒计数器在磁场中计数。他应用自己的方法测量了Th B+C+C″的β谱，并在结论中表明自己所得出的结果在强度方面比埃利斯等人的要精确得多，虽然分辨率要差一些。

■ 不辞辛苦　乐行师道

1934 年，王淦昌回国担任山东大学物理系主任。1936 年，王淦昌到浙江大学任教。王淦昌学识渊博，性格外向、活泼，因此受到浙江大学学生们的喜爱，还获得了 baby professor 的昵称。

1935 年在山东大学任教时，王淦昌（右）与好友任之恭（左）在青岛合影

“西安事变”发生时，国民党政府封锁消息，导致社会上人心惶惶。王淦昌也很焦虑，密切关注着事态的发展。

1937 年 7 月 7 日，日本发动全面侵华战争。8 月 13 日，战火已经蔓延到上海。王淦昌的心情十分激动，他与浙江大学物理系实验室管理员任仲英先生一起上街挨家挨户地宣传抗日救国，动员捐献废铜铁。他自己则把多年积蓄的白银和珍贵首饰全部捐献给国家。1938 年 3 月，浙江大学迁往江西泰和。在泰和开课 18 周，各院系的实验课也先后开始。6 月 21 日，竺可桢校长约请王淦昌、束星北等共进午餐，商谈“暑期中慰劳前方将士的问题……由校中同人捐款购置药品送往前方”。6 月 30 日，王淦昌和束星北、钱钟韩等教授及学生 20 人，与竺可桢、胡刚复一起由泰和出发，经南昌赴汉口，到前线慰问正在为保卫大武汉而奋战的将士，还参观了坦克部队。

1938 年 8 月，浙江大学开始向广西宜山迁移，11 月 1 日正式在宜山开课。冬天来临，有一部分学生的行李还没有运到。王淦昌就把他的老师叶企孙送给他的一件旧大衣送给了一位同学。当时，浙江大学学生普遍经济困难，缺乏营养，患病的很多，到处流行恶性疟疾、痢疾，还有患肺结核、肋膜炎等重病的。竺可桢、王淦昌等经常主动帮助学生。例如，化学系学生钱人元（1917—2003 年）曾患重病，在此期间，他得到王淦昌的帮助。1939 年 2 月 5 日，18 架日本飞机轰炸宜山，浙江大学的礼堂和部分教室、宿舍被炸毁，百余名学生的衣服、行李被烧毁。当时全国师生同舟共济，慷慨援助。王淦昌将家中的棉被捐给学生御寒。在艰苦的环境中，浙江大学还有一些师生眷属去世。从江西到广西，一共去世了 20 多位。

1940 年初，浙江大学迁到贵州遵义。王淦昌在这个时期最重要的研究成果是“关于探测中微子的建议”。他意识到中微子实验验证的重大意义，在颠沛流离中，他仍然一直关注这个问题。在贵州遵义安居下来后，他阅读了最近几年有关这个问题的论文，经过反复思索，写了一篇论文《关于探测中微子的一个建议》，于 1941 年 10 月 13 日寄到美国《物理评论》。王淦昌在回忆《关于探测中微子的一个建议》发表前后的情形时说：“那个时期觉得自己比较成熟了，敢想问题，也想得多。只是工作起来因为条件不具备，许多事情做不下去，真是可惜。在德国和刚回国的一段时间，我太年轻，还不能很扎实地工作，还只是在学。后来的感觉不同了。不过我始终怀着极大的兴趣寻找新现象。”①

随后，浙江大学物理系从遵义北郊的小龙山搬到湄潭西郊的双修寺。实验室虽然简陋，仪器却安置得井井有条。一台靠汽车发动机带动的小发电机是唯一的电源；没有钱购买新的放射源，只有十几毫克镭；没有探测器，只有一台自制的小云室。

---

①《自然辩证法通讯》杂志社．科学精英——求解斯芬克斯之谜的人们．北京：世界图书出版公司，2015：616.

在湄潭时，王淦昌已经是 5 个孩子的父亲了，一家 7 口住在一间只有十几平方米的草房子里。他白天教书，晚上常常工作到深夜。有时候，睡在阁楼的孩子们一觉醒来，从楼板缝看到父亲还在昏暗的油灯下伏案工作。就是在这样艰苦简陋的条件下，王淦昌坚持从事物理学研究。1942～1947 年，他在国内外学术刊物上发表了 9 篇论文。

1943 年，王淦昌提出了"关于宇宙线粒子的一种新实验方法的建议"。他建议用一种透明的胶质块，通过化学反应记录电粒子的径迹。与照相底片相比，这种方法的好处是这种块是三维的，而不是二维的。与云室相比，它的好处是在所有时刻都是灵敏的。他还指导化学系学生蒋泰龙研究"用化学药剂来显示高能射线的轨迹"，并合作完成了《 γ 射线的若干化学效应》一文。他制成了磷光材料硫化锌，还研究过"一种有机活化 ZnO · $ZnCl_2$ 磷光物质"。王淦昌在做这几项工作时，遇到化学上的问题，经常请教化学系的王葆仁教授。1945～1946 年，王淦昌指导物理系学生忻贤杰进行磷光体机械效应的研究。没有激励光源，他们就用太阳光做激励光源，一起在烈日下捂着棉被进行实验。1947 年他们联名发表了论文《用机械手段产生的磷光》。1945 年，王淦昌在英国科学期刊《自然》上发表了《中子的放射性》一文，提出了一种探测中子衰变的方法。一年以后，他又发表了《中子和反质子》一文，就卡皮查（P. L. Kapitza）关于在分析宇宙线谱过程中发现了反质子的报道，提出了探测反质子存在的意义。

王淦昌曾对学生说："不要认为物理学的研究工作只有钻研纯理论和做实验两个方面，还有第三个方面，那就是归纳、分析和判断杂志上所发表的人家的实验方法、数据和结论。这种工作是给理论工作搭桥的，是推动实验工作前进的。现在是抗战期间，中国还很穷，现状还很糟糕，我们要钻研前沿问题缺乏必要的实验设备条件，只能做这种搭桥工作。这种工作在物理界也很重要。"正如王淦昌的老师吴有训评价的那样："王淦昌是个全才，实验与理论都行。"①

1943 年，正当抗日战争最严酷的岁月，他接替体弱多病的何增禄担任物理系主任。由此，他身上的担子更重了。每年新生入学，他徒步往返数十里去永兴一年级分部见新入学的物理系学生。范岱年记得当年王淦昌从湄潭徒步赶来，与 11 名新生共坐在一间教室的几条破旧的板凳上亲切地聊天。王淦昌满怀感情地说："物理

① 《自然辩证法通讯》杂志社．科学精英——求解斯芬克斯之谜的人们．北京：世界图书出版公司，2015：616.

学是一门很美的科学。大到宇宙，小至基本粒子，都是她的研究对象。她寻求其中的规律，这是十分有趣的。你们选择了一个很好的专业。”大家听到王淦昌的话后非常激动，更加下定决心学好物理，做出成绩。[①]

王淦昌自己体弱多病，营养不良，一只山羊的奶还让给几个孩子分着吃。就是在这样的艰苦岁月下，王淦昌做了大量高水平的研究和教学工作，有时卧病在床还坚持查阅资料。

1946 年，浙江大学迁回浙江杭州原址。11 月，浙江大学恢复了正常的教学生活。1947 年，王淦昌被浙江大学派到美国留学。王淦昌之前发表的《关于探测中微子的一个建议》给美国物理学界留下了深刻的印象，因此他不仅在仪器使用上得到优势，还得到两位教授布罗德（R.B.Brode）和弗莱特（W.Fretter）的帮助，因此王淦昌和他的合作者琼斯（S.B.Jones）还争取到美国海军研究办公室（Office of Naval Research，ONR）和美国原子能委员会（Atomic Energy Commission，AEC）的部分资助。

王淦昌所做的论文题目是“海平面上介子的衰变”。王淦昌和琼斯合作的论文《关于介子的衰变》发表在美国《物理评论》第 74 卷第 1547～1548 页上。文中指出：“显然我们的结果不能支持负介子被加速衰变的假说，而是更有利于某些负介子可能被铝核俘获的假说。因为 20 个介子停在铝片内，我们已观察到 8 个未给出衰变电子。”

王淦昌于 1949 年 1 月回国。他从美国回来，没给自己带什么东西，却用自己的钱购买了许多科研用的电子元器件，并带回来一个直径 30 厘米的大云雾室。

■ 志向千里　壮心不已

1951 年 5 月，王淦昌与胡愈之、严济慈、陆志韦等民主人士和科学家响应中国共产党的号召，前往四川参加土地改革运动，了解到广大贫苦农民的悲惨生活，认识到推翻封建制度的必要性。1952 年，在抗美援朝时期，为了探测美军是否在战场上投掷了放射性物质，王淦昌和中国科学院近代物理研究所内有关人员做了许多准备工作，然后于 5 月与吴桓兴、林传骝一起跨过鸭绿江，在十分危险和艰苦的朝鲜

① 《自然辩证法通讯》杂志社．科学精英——求解斯芬克斯之谜的人们．北京：世界图书出版公司，2015：617.

1951年中年时代的王淦昌

战场上努力工作了4个多月，很好地完成了任务。

1951年，钱三强被任命为中国科学院近代物理研究所所长，王淦昌与彭恒武被任命为副所长。1952年10月，中国科学院开始制定第一个五年计划。王淦昌主持了近代物理研究所的第一个五年计划。

王淦昌一直领导并参与宇宙线的研究。1951年，王淦昌和肖健各带一个组，分别在3～5吉电子伏和平均十几个吉电子伏的能区从事研究。从1952年起，王淦昌、肖健带领人员设计、建造了磁云雾室。1954年，王淦昌、肖健带领人员在云南省雪山海拔3185米高处建造了中国第一个高山宇宙线实验室，先后安装了多板云室和磁云室，并立即开展工作。从1955年开始，王淦昌等有关宇宙线研究的一批成果陆续在美国《物理评论》和中国《科学记录》上发表。

1956年9月，王淦昌代表我国去莫斯科参加联合原子核研究所成立会议。会后，王淦昌在该所工作了一年。在研究过程中，王淦昌等人发现了反西格玛负超子。这一伟大的发现在中国、苏联及欧洲都引起了强烈的反响。1961年，王淦昌在莫斯科将自己平时省吃俭用攒的14万卢布交给中国驻苏联大使刘晓，请他转交饱受灾害的祖国人民，用来分担国家暂时的困难。面对这笔巨款，刘大使迟疑地说："这合适吗？"王淦昌坚持说："游子在外，谁不惦记家中的父老乡亲？给家中父母用钱，这是理所当然的事。现在，眼看着国家遇到了困难，我作为一个中国人，难道不应尽一点儿心意吗？"①

20世纪50年代在苏联杜布纳联合原子核研究所
左起：赵忠尧（1）、胡宁（3）、周光召（4）、王淦昌（5）

①杜祥琬．纪念核物理学家王淦昌文集．北京：中国科学技术出版社，2010：133．

1957 年，王淦昌（左）与苏联杜布纳联合原子核研究所所长布洛欣采夫（右），
罗马尼亚科学院院长（中）在一起

1961 年，中央决定安排王淦昌到研制原子弹的二机部九院任研究员，王淦昌欣然允诺。第二天，他就到二机部九院报到。

1963 年，王淦昌等人来到海拔 3000 多米的青海高原工作，与其他科学家、工程技术人员一起接连突破了一个又一个科学技术难题。1964 年 10 月 16 日，我国的第一颗原子弹爆炸成功，戈壁滩的上空冉冉升起了蘑菇云。王淦昌、彭桓武、郭永怀、朱光亚等科学家们都抑制不住自己内心激动的心情，热泪盈眶。紧接着，1967 年 6 月 17 日，我国的第一颗氢弹爆炸成功。从原子弹爆炸到氢弹爆炸，美国用了 7 年时间，苏联用了 4 年时间，而我国只用了 2 年零 8 个月。

1969 年春，王淦昌担任二机部九院副院长，负责指导我国第一次地下核武器试验。由于高原缺氧，他曾长期背着氧气袋坚持工作。任务紧，工程量大，地下坑道的通风设备效果不佳，地下工事中氡气浓度不断增加，危及工作人员的健康。他立即组织人员检测，分析原因，从洞内搬走一些放射性物质，并采取一些措施（要求工作人员在洞内不喝水、不吃东西、防护口罩改为一次性使用等）。经过几个月的紧张工作，克服重重阻力和困难，终于在 1969 年 9 月 23 日成功地进行了首次地下核试验。

1976 年，王淦昌被任命为二机部副部长兼原子能研究所①所长。1978 年，在王淦昌的建议下，原子能研究所建立了惯性约束聚变研究组（七室七组），并着手

①它的前身是中国科学院近代物理研究所、物理研究所，现改名为中国原子能科学研究院。

建造强流加速器，为尽快用带电粒子来引发核聚变做准备。1984年，王淦昌以国家科委核聚变专业组组长的身份向国家科委主任宋健提出“关于将受控核聚变能源开发列入国家长远规划重大项目的建议”。他指出：“从轻原子核的聚变反应中获取能量，将为人类社会提供几乎是无限的、清洁的、安全而廉价的动力。……在2030年前后，聚变能的应用可能进入商业应用阶段……美国、苏联、西欧和日本都制定了近远期的发展规划，以求有效的组织力量，协调各分支技术的发展……我国的核聚变研究起步并不晚，20多年来……逐步形成了一支科研队伍，为进一步发展奠定了基础。但由于国家对发展核聚变没有明确方针，缺乏统一领导和规划，加上其他方面的原因，进展缓慢，比先进国家落后了15～20年。为此，我国的核聚变科研人员感到一种莫大的压力和不安，如再不抓紧工作，这差距还会越来越大，我们将成为历史的罪人……我们应该接受我国核电站发展的经验教训，由于最初重视不够，没能尽早规划，起步太晚，以致影响了我国核电发展的速度。在聚变研究中，我们不应重蹈覆辙。”①

1987年5月28日祝贺王淦昌八十寿辰学术报告会后的留影
前排左起：周光召、伍绍祖、周培源、严济慈、王淦昌、赵忠尧、钱学森

①杜祥琬. 纪念核物理学家王淦昌文集. 北京：中国科学技术出版社，2010：630. 转引自：王淦昌. 王淦昌全集：卷6. 石家庄：河北教育出版社，2004：26-28.

王淦昌在20世纪60年代为我国原子弹、氢弹的研制做出了重要贡献，但他研制核武器是为了自卫强国，为了打破苏美的核垄断。在晚年，他积极促进我国核能的和平使用。1978年，他和二机部其他4位专家联名上书中央，提出发展我国核电的建议。1979年三四月间，王淦昌率领核能代表团访问美国、加拿大。他在华盛顿各界华人欢迎核能代表团的宴会上致辞时，态度鲜明地指出发展核电事业是解决能源问题的正确方向，不应动摇。1990年2月，王淦昌与钱三强、李觉、姜圣阶联名上书，就我国核电发展问题提出建议。王淦昌还曾多次到秦山核电站和大亚湾核电站视察。

1989年，王淦昌在中国原子能科学研究院氟化氪激光装置前指导工作

科学并不是为了个人荣誉，也不是为了一己私利，而是为了国家的繁荣与发展，为了替全人类谋幸福。王淦昌为了我国的核事业曾经隐姓埋名，不能与外界交流，也不能和家人联系，他用一生来报效祖国，堪称我们学习的楷模。

参考文献

杜祥琬. 2010. 纪念核物理学家王淦昌文集. 北京：中国科学技术出版社.
胡济民，许良英，汪容，等. 1987. 王淦昌和他的科学贡献. 北京：科学出版社.
宋健. 2001. “两弹一星”元勋传：上册. 北京：清华大学出版社.
《王淦昌论文选集》编辑委员会. 1987. 王淦昌论文选集. 北京：科学出版社.
《自然辩证法通讯》杂志社. 2015. 科学精英——求解斯芬克斯之谜的人们. 北京：世界图书出版公司.

赵九章

——我国人造卫星事业的奠基者

1970年4月24日，我国第一颗人造卫星上天。虽然享誉国内外的科学巨星赵九章此时已逝去一年多，但人们不会忘记这位伟大的科学家为我国科学事业的复兴和发展做出的贡献。1997年，在赵九章诞辰90周年之际，王淦昌等44位著名科学家（其中42位是院士）联名倡议为赵九章树立铜像。得到中央同意后，钱伟长任“赵九章铜像筹备委员会”主任，把铜像安放在中国科学院国家空间科学中心科研楼的大厅中央。2008年，赵九章的铜像迁至国家空间科学中心科研楼九章大厦。2016年9月26日，赵九章铜像再次迁移至国家空间科学中心怀柔总部园区。

1999年9月18日，在中华人民共和国成立五十周年的前夕，党中央、国务院、中央军事委员会隆重表彰为研制“两弹一星”做出突出贡献的23位科技专家，并授予他们“两弹一星功勋奖章”。赵九章就是其中一位。2007年10月29日，由中国科学院紫金山天文台于1982年2月23日发现、国际编号为7811号的一颗小行星被命名为“赵九章星”。2010年7月1日，赵九章铜像落成揭幕仪式在中国科学院地质与地球物理研究所举行。赵九章为中国国防科技事业和科学事业贡献了毕生精力，他的光辉犹如天上的那颗行星，照亮人们不畏艰苦、克服困难、继续前进的道路。

1935年赵九章于德国

■ 求学名校，师从名师

1929年，赵九章以优异的成绩考入清华大学，就读于物理系。在这所学校，他有幸遇到人生中的伯乐——萨本栋、吴有训、叶企孙等我国著名的物理学家。赵九章在这些名师的指导下，学习更加刻苦。在清华大学，赵九章丰富了知识，开阔了视野。他曾回忆说：“萨本栋先生特别照顾我们助教，让我们每周只工作12个小时，其余时间就只专心准备留学考试。”①赵九章非常喜欢上吴有训的课，吴有训提出的要求他都一一做到。吴有训还特别重视实验课。实验课是清华大学物理系教学中仅次于理论课的重要内容，学校规定学生选修实验课的学分不得少于理论课的二分之一。赵九章做实验非常认真，他常常会在实验过程中向吴有训提出一系列问题。这些问题如果没有得到圆满的答复，他的实验就暂时停下。吴有训总是耐心地解答赵九章提出的问题，常常举一反三地提出要点，直到他理解为止。吴有训也常常鼓励学生要敢于向难题挑战，敢于向科学的高峰攀登；后生可畏，祖国的科技事业定会前途无量。

1933年，赵九章（中）与同班同学傅承义（右）、王竹溪（左）在清华园的合影

叶企孙学识渊博，教育学生循循善诱。他不仅传授科学知识，更教育学生如何做人，如何做一个爱国、正直、严谨的科技工作者。叶企孙“科学救国”的思想深

① 《赵九章》编写组. 赵九章. 贵阳：贵州人民出版社，2005：16.

深印在赵九章的脑子里。赵九章深深地理解老师们对青年寄托的厚望，认识到爱国与科学紧密联系在一起。从此，爱国和科学成为他生命中最重要的两样东西。他决心毕业后走科学之路。

叶企孙注意到气象学与物理学的紧密关系，让赵九章报考公费留学生，继续学习气象学。1934 年，赵九章考取中美庚款留学生，并遵照叶企孙的建议，于 1935 年来到气象学教学与研究水平较高的德国柏林大学攻读气象学专业，主修动力气象学、高空气象学和海洋动力学等。他的导师是著名的气象学家费克（H.von Ficker）和德芬特（A.Defant）两位教授。赵九章在费克教授的指导下攻读动力气象学和高空气象学，在德芬特教授的指导下攻读海洋动力学。赵九章在这样的环境里勤奋学习，德国人严谨认真、一丝不苟的学风影响了他的一生。

在德国学习期间，赵九章不仅专心地学好专业课，而且还十分关注世界气象研究发展的动向，关注祖国的气象事业。1937 年，他在《理论气象学之研究与天气预报》中写道："理论气象学的最后目的，不外利用物理之定理，以现在观测所得气象要素之分布为出发点，推测气象要素未来的变化，因而能预报短时期或长时期之天气。"他指出要转变现有的以描述性为主的、属于地理学范畴的研究方法，使我国在气象学方面有独立的特质。从这篇早期的论文中，就可以看出他研究气象的目的是预报天气，并且把数学、物理引入气象学的领域。

■ 任重道远，责有攸归

1938 年，赵九章获得博士学位回国，在国立西南联合大学任教。在国立西南联合大学任教时，中国正在抗击日本侵略，生活越来越艰苦，通货膨胀，物价飞涨，教授们的生活极为清苦，多数面临挨饿的困境。赵九章自己没有积蓄，又无力做副业，还有两个女儿，生活比一般人更加艰辛。长女燕曾 8 岁时还穿着 4 岁时的棉袄。1 岁多的理曾突患肺炎，急需住院治疗，而医疗费很高，相当于教授 2 个月的工资。家里没有这么多钱，妻子吴岫霞抱着奄奄一息的女儿直流泪，后来还是时任国立西南联合大学理学院院长的吴有训到处向朋友筹款，才救了这条小生命。赵理曾回忆说："我刚出生的 1941 年，作为清华大学的教授，爸爸的薪水只能勉强够一家人糊口。我们的内衣烂成了一缕一缕的，真是'衣衫褴褛'。我的第一件衣服是用妈妈的几只筒袜拼起来的。后来多亏了施嘉炀和庄前鼎两位教授送来他们孩子穿过的婴儿衣服。我们搬家时，全部家当装了一部小小的马车。爸爸的老师吴有训公公说：‘看见九章搬家时那点东西我都要掉眼泪。’可是爸爸脸上没有戚戚的愁容，有的只是坦荡的微笑。我的名字原先叫莉曾，父母盼望抗战早日胜利，后来改为理曾，爸爸说女孩不要花花草草，要多讲道理。”①

1946 年，赵九章（右一）与夫人吴岫霞（左二）、女儿赵燕曾（左一）和赵理曾（右二）的合影

在国立西南联合大学授课时，赵九章编写了《动力气象学》讲义，他是我国动力气象学的创始人。他在授课时，努力将气象学引上数理的轨道。他以清晰的物理概念、严密的数学推导，改变了以往描述性的讲授方法，使听课的学生耳目一新，进而吸引了许多本来学物理的学生转到他的课堂。当时听他课的学生有叶笃正、顾震潮、谢光道、王宪钊、宋励吾、朱和周等，他们当中很多后来成为著名的气象学家。赵九章还特别重视高空气象观测。当时器材条件困难，他就和同事们一起做风筝，用放风筝的方法来观测高空气象。

1944 年 8 月，赵九章担任中央研究院气象研究所的代理所长。赵九章到中央研究院气象研究所后非常注意团结。他经常找人谈话，了解每个人的想法，强调搞好研究所要靠大家的团结努力。1945 年 3 月，竺可桢在日记中这样评价赵九章：“……九章到所九月，做事极精明，余喜托付得人，故此时必须将气象所所务辞去，不能恋栈如此也。”

赵九章 1937 年在德国发表的那篇论文是我国真正把数学和物理学方法引入气象学中解决气象问题的第一篇论文。此后，他不断地把数学和物理学方法引入我国

①《赵九章》编写组．赵九章．贵阳：贵州人民出版社，2005：26-27．

的气象学研究中。例如，1943 年发表的《讨论摩擦层中风随高度变化的规律》的论文，就是用求解数理方程的方法进行的；1946 年发表的关于大气长波不稳定的理论，更是大量地采用了数学、物理学方法。他在参加 1956 年的我国《1956 年至 1967 年科学技术发展远景规划纲要》的制定工作时这样说过："从现代化的科学发展来看，气象学是一门边缘科学，它一方面联系着当地的具体地理条件，有它的地域特点；另一方面，则遵循着物理变化法则，而与数理科学有共同性。因此进一步揭示现代化气象的本质，必须广泛积累天气和气候的观测事实，利用现代化技术，更深入掌握大气物理现象的变化过程，运用现代科学的成就，进行分析研究，通过各学科之间的相互渗透……促进气象学的发展。"他在主持中央研究院气象研究所和地球物理研究所时，一直坚持气象科研工作沿着数理化和新技术化的方向发展，将我国的经典气象科学拓展为大气科学。

赵九章不仅担任所长职务，还承担研究课题，同时兼任中央大学教授，讲授"动力气象学"课程。他的学生章震越回忆说："抗战胜利后，中大从重庆迁回南京，我们进入大三的时候，得知是赵九章所长担任我们的动力气象学的教学，我们的高兴劲儿真是难以形容。赵教授发给我们每人一本他自编的《动力气象学》讲义，这是我们上大学期间唯一一本气象专业的中文教材。赵教授讲课条理清晰，物理概念清楚，深入浅出，得到同学们的欢迎。说实在的，在上大学期间，各气象学科中，最吸引我的兴趣的、自觉收获最大的，就是赵教授讲的动力气象学。"①为了避开夏季酷暑，赵九章带着学生们上山，在北极阁宽敞的学术报告厅上课。他常说："北极阁是象牙之塔，是做学问的地方。"②当年有位国民党要员要求到北极阁重阳登高，被赵九章婉言谢绝。他对前来交涉的人说："我们这里是搞学术的，不适宜搞非学术活动。"③

1948 年，国民党政权岌岌可危，蒋介石政府下令中央研究院各研究所迁至上海，准备逃亡台湾。赵九章只能按照上级的指示，组织员工将资料、图书、仪器和档案等分装运往上海。赵九章反对迁台，他紧密团结全所员工，并与上海各研究所同仁协商，一致决定不迁台，对上面的命令则采取应付、拖延的对策。1949 年 1 月 29 日，北平和平解放。这期间，赵九章一心想的是如何保护好自己的研究所，他一方面组织员工保护好图书资料和设备，保护好员工家属，另一方面在所内尽可能做

---

①《赵九章》编写组. 赵九章. 贵阳：贵州人民出版社，2005：38-39.

②③《赵九章》编写组. 赵九章. 贵阳：贵州人民出版社，2005：39.

些研究工作，还定期举行学术研讨会。

1950 年 5 月，中国科学院地球物理研究所正式成立，赵九章担任所长。当时，国内准备大规模建立气象台站，需要大批的气象仪器。以前，我国没有气象仪器生产厂，这些仪器设备只能从国外进口。新中国成立后，则只能靠自己研制和生产。赵九章带领研究人员和气象局人员一起组成试制小组，试制水银气压表。他们从洗水银开始，反复试验，做出样机，然后把全套的设备和技术无偿地交给气象局的仪器修造厂试验和生产。试制气温表也是如此，从气温表的用材到气温表的标定，都是在他的指点下一一解决的。当年在气象局负责仪器试制工作的人员回忆说：“当时我们在试制过程中一遇到问题就去找赵所长，赵所长总是耐心地和我们一起商量解决办法，对我们和地球物理所的人一样看待，还手把手地教我们做实验。我们的气象仪器有以后的发展，的确和赵所长的指导分不开。气象仪器在国内生产问题的解决，为我国解放初期大量建气象台提供了保障。”①

1953 年访问苏联
前排左起：钱三强、华罗庚、赵九章

赵九章常说的两句话，一是“做学问是不能垄断的”，二是“搞研究一个人不行，要发挥集体的力量才有可能避免个人认识上的局限性”。因此，他十分重视讨

①《赵九章》编写组．赵九章．贵阳：贵州人民出版社，2005：47.

论班的集体讨论活动。这样不仅发扬了民主精神，还集中了集体的力量。活动在他的办公室或家里不定期举行。三年困难时期，活动有时还在北京友谊宾馆的小学术会议厅举行。赵九章自带茶叶，每人清茶一杯，就某个科学前沿问题各自发表意见。他仔细听完后概括大家的意见，提出可以进一步的工作。

赵九章虽然在学术上很民主，但是治学严谨。他对研究所（特别是青年学者）送出去要公开发表的论文要求很高。在送刊前，他都要亲自审阅。

1957年，苏联的第一颗人造卫星进入太空。赵九章根据自己的经验和知识，意识到卫星上天对宇宙空间研究、气象学、经济和国防建设及人们的生活有重要意义。于是他亲自主持，集体开展空间物理学研究，开辟了认识世界的新领域。在发展空间技术领域他主要完成了几件重要的事情，其中之一就是开创了我国的全新的科学领域——空间物理。1959年底，赵九章在地磁研究室磁暴骚扰预报组的基础上成立了磁暴组。赵九章把数学、物理学方法引入我国的地磁学研究中，利用数理方法解释由观测资料发现的磁暴及其他扰动现象。同时，他还借鉴著名科学家阿尔文（Alfven）教授利用地面实验室开展空间等离子体模拟实验的经验，建立空间等离子体模拟实验室开展研究。为了开辟这个新领域，赵九章举办了一个讨论班。在这个班里，赵九章既是老师又是学生。赵九章布置大家要准备讲述的内容，每个主要成员负责有关内容，他亲自讲授“宇宙电动力学”课程。由于他具有坚实的物理学基础，所以他的讲授取得很好的效果。事后，赵九章对大家说：“宇宙电动力学也是我在准备讲课时才开始念的。”①

赵九章领导的磁暴组是一个研究集体，通过主办学习讨论会，充实了每个成员的基础知识，彼此懂得对方的语言。这个集体学术氛围很浓，大力提倡学术民主。赵九章向大家讲述了著名科学家大普朗克和小普朗克的故事：“小普朗克经常向他父亲大普朗克提问，有时把他父亲问得无法回答。”②赵九章用这些故事鼓励年轻人大胆提问，敢于发表自己的看法。赵九章还把他的研究集体比喻成一个足球队，他说：“在球队里需要冲锋陷阵的中锋，也需要把守关门的把门将军，一个中锋射门十次，只要有一次进球，就可以使全队获胜。刘振兴好比是我们足球队的中锋。”③当年我国乒乓球健儿获得世界冠军，赵九章说：“我们也要培养几个种子

---

①《赵九章》编写组．赵九章．贵阳：贵州人民出版社，2005：78．

②钱伟长，朱光亚，杨福家．赵九章．贵州：贵州人民出版社，2012：79．

③《赵九章》编写组．赵九章．贵阳：贵州人民出版社，2005：80．

选手到国际舞台进行比武，科研工作和打乒乓球一样，要为国争光。”①

1953年，赵九章（中）与贝时璋（右）、陈芳允（左）在苏联的合影

赵九章还提出空间物理研究要有“四条腿”，即理论研究、地面观测和数据分析、空间探测和数据分析、模拟实验。他认为，只有这“四条腿”均衡支撑，空间物理才能持续、快速地发展。

1958年8月，中国科学院为了实施我国空间科技发展规划，成立了“581组”，赵九章任副组长。“581组”专门负责研究我国人造卫星的各项筹备工作，赵九章负责技术组，提出总设计方案。当时的建议是先从探空火箭做起，再做小卫星，第三步才做大卫星。1958年，赵九章率队访问苏联，通过访苏的经验总结出：要发展我国的人造卫星，不能依靠外援，必须立足国内，靠自己国家强大的工业基础和较高的科技水平，走自力更生的道路。我国空间探测事业要由小到大、由低到高、由初级到高级逐步发展。我们发射卫星的条件还不成熟，应该先从火箭探空做起。

赵九章总结了当时国际空间探测历史中的经验和教训，认为：“虽然苏联在60年代初期探测技术领先于美国，但由于苏联没有很好地将其探测结果与科学研究紧

① 《赵九章》编写组．赵九章．贵阳：贵州人民出版社，2005：80．

密联系起来，缺少对科学问题本身的研究，因此形成了苏联首先探测到的现象，由美国做出了科学解释的局面。”因此，赵九章指出：“空间探测必须与科学问题联系起来，必须有一个明确的科学问题。磁暴组不仅要出文章，更重要的是要承担今后为中国科学卫星提出科学问题的重担。”这一见解至今都是我国科学卫星探测关注的重点。

1957年访问日本
左起李衍、涂长望、赵九章

1964年，赵九章感到必须应用新技术发展新的大气探测技术和手段。他提出将各种类型的无线电波、声波和激光技术应用到大气探测方面。他亲自主持气象卫星探测理论与方法的学术谈论班，带领一批年轻人开展了对大气遥感理论的研究工作。他领导建立大气光谱实验室。1966年，赵燕曾等8人在当时的中国科学院地球物理研究所研制出我国第一台脉冲红宝石激光雷达，开展了激光探测云、烟、大气消光、大气能见度等大气要素的实验研究。这项成果当时在国内属于领先水平，接近国际水平。赵九章大力推进我国大气科学的发展，使这一学科出现了崭新的面貌。他把对新生事物的敏锐察觉与对祖国建设的热忱紧密联系在一起，及时抓住国家建设发展对气象学科提出的新问题和科技发展的新动向，开创了新的研究领域，促进了我国气象事业的发展。

赵九章是我国现代气象学奠基人之一，在中国，他首先把数学、物理学引入气象学领域，同时开创了中国地球物理和空间物理研究领域，也是人造卫星事业的倡导者、组织者和奠基人之一。赵九章为我们国家的振兴和发展殚精竭虑、鞠躬尽瘁；他强调、重视教育事业，关注科技前沿发展，培养了大批杰出的科技人才。

赵九章崇高的品德和严谨的学风激励着青年一代科学家在科学的道路上继续前进、勇攀高峰。

参考文献

宋健. 2001. “两弹一星”元勋传：下册. 北京：清华大学出版社.
叶笃正. 1997. 赵九章纪念文集. 北京：科学出版社.
《赵九章》编写组. 2005. 赵九章. 贵阳：贵州人民出版社.

钱　骥

——通向太空的铺路石

1970年4月24日，一声巨响冲破天际，我国第一颗人造卫星“东方红一号”发射成功。这标志着中国正式迈入太空时代。成功的背后，是那些为我国航天事业做出贡献的航天工作者。钱骥是中国第一颗人造地球卫星“东方红一号”方案的总体负责人，功不可没。从“东方红一号”到后来中国航天史上的多个第一，从返回式卫星到通信卫星，中国空间技术沿着钱骥当年的规划稳步前行。

钱骥

钱骥去世后，钱骥的妻子史丽君回忆：钱骥是一个再老实不过的人，几十年来，他既不向这个世界提出任何与自己地位不相称的要求，也从不要这个世界来给自己确定什么地位；他既不愿去过问自己工作之外的任何闲事，也不肯让自己的脑袋去做别人的跑马场。他总是百般忍让，与世无争。家里住房太挤，他不吭气；职称该调了，他不吭气；生病躺倒了，他不吭气；甚至每次在公共汽车上被别人挤扁了身子，他照样不吭一声。自然，他也有话多的时候——一谈起卫星的事儿，他总是眉飞色舞地讲个不休。钱骥就是这样一个低调的人，但是他为我国航天事业做出的伟大贡献是不可埋没的。

钱学森曾这样评价钱骥：“钱骥同志是我十分敬重的科学家、工程师，他为我国的航天事业做出了巨大贡献，他的去世是中国人民的一大损失。”①

①宋健．“两弹一星”元勋传：下册．北京．清华大学出版社，2001：138．

■ 少年求学，志在强国

钱骥出生于江苏省金坛县。1935年夏，钱骥报考了无锡师范学校，这所学校是江苏省的重点中学。五四运动以来，无锡师范学校的学生一直积极参加爱国运动。受“科学救国”思想的影响，钱骥非常珍惜在无锡师范学校学习的机会。他勤奋学习，同时密切关注国事。对于当前日益深重的国难，他感到极度不安。他关心民族的生存与兴亡，同情和拥护中国共产党的抗日主张，对国民党政府的不抵抗行为表示愤慨。钱骥几乎每天都要在报纸的字里行间寻找令人感兴趣的事情。每当看到中国共产党抗日的消息，他回到宿舍总是滔滔不绝地说给同学们听。“一二·九”运动，北平学生两次反日大游行的消息迅速传遍全国，得到了全国各地学生和各阶层广大群众的响应和支持。钱骥在学校宣传中国共产党的抗日主张，他宣传鲁迅先生高度赞扬的青年学生的爱国热忱。钱骥的抗日行动受到了校方的关注和防范，他各门功课的成绩都是优秀，总评是甲等，然而学校给他的“操行”评定却是丙等。

1936年在无锡师范学校学习时的钱骥

1937年“八一三”上海抗战后，无锡也难逃厄运。敌机天天轰炸，无锡师范学校被敌机炸毁，学校被迫停课。钱骥只好和其他同学前往武汉，希望那里可以成为保家卫国、挽救民族的中心。他希望前方将士能抵挡敌人的进攻，自己也可以为抗战做出贡献。日军战机的轰炸把一切都摧毁了，桥梁断了，到处是流离失所的百姓。1951年，钱骥在自传中写道：“由芜湖渡过长江，继续步行了二十多天，到达汉口。一路上，靠着沿途人民像兄弟般地照顾流亡过境的难民，得以免于饥饿，顺利走到汉口。想起当时的情景，单只此一项，就不知道应该怎样去报答他们才对。”

几十天的撤退，钱骥并未真实地接触到战争，但是敌机轰炸和同胞们的惨死使他的内心受到深深的震动。钱骥意识到，落后就要挨打。钱骥在他的自传中写到那段难忘的国仇家恨的历史：“一刹那爆炸声起，百姓们扶老携幼，啼哭奔跑，那悲痛的情景实令人怒火满腔。我们当时年轻气盛，风华正茂，虽都抱有报国雪耻的雄心，但却不知哪年哪月祖国才能富强起来，报仇雪恨，讨回这笔血债。当时，个人的选择没有了，‘工业救国’‘科学救国’成为青年学生的首选目标。”[①]到达武汉，钱骥参加了一些学生的抗日宣传活动，书写标语，印发传单，听社会名流的宣传活动。

1938年12月，钱骥怀着“国家兴亡，匹夫有责”的热忱来到中央大学师范学院求学。在中央大学师范学院读书的日子里，钱骥的生活非常艰苦。在这里，他不仅要交伙食费，还要交书籍费用。他在自传中写道：“在整个大学过程中，几乎没有买过书，所用的教本，都是设法去借，借不到就靠上课做笔记。文具等杂项费则靠勤工俭学，在假期中去补习班教课，给印刷厂搞校对、装订等工作，得到一点点微薄的报酬来维持生计。”[②]他所有的衣服都是破烂之后再缝缝补补。物理学是他的兴趣所在，而选择中央大学师范学院则只是因为可以享受公费待遇。

经过多年的苦读和教学实践，钱骥钻研出一套学习方法。例如，读普通物理时，不死啃书本。他说，所谓不死读书，乃是不死背书本上的原理、原则，而是收集各式各样的物理题目来解决，分析各种类型的题目，用大脑去提炼归纳，抓住要领。多年来，他养成了一种习惯，对老师指定的习题，总是千方百计地提前完成，以至于废寝忘食。他深信，勤勉而顽强地钻研，永远可以使你百尺竿头更进一步。

钱骥除了埋头读书外，也关心国家兴亡大事。钱骥和同学们天天从图书馆的报纸和杂志上获取信息，也常常在课余饭后一起高谈阔论，讨论抗日战争、国家兴旺的问题。钱骥从来不与其他人激昂争论，他总是等争论过后才说出自己的想法，同学们都很钦佩他有个人主见、不肯随意逢迎的品格。

钱骥对“科学和民主”很感兴趣，对国民党反动政府的贪污腐败深恶痛绝。他的目标是“科学救国”。钱骥后来回忆时说道：“我心目中崇拜的人物，只有牛顿、爱因斯坦等大物理学家，认为他们发现科学的奥秘才真正伟大，对人类有益处，不像帝王将相，靠着牺牲了无数生灵以成名成功。自己的努力方向，就是要以这些大物理学家为目标。”[③]“我很爱读爱因斯坦《论教育》中的名言，‘一个人的价值，应当看他贡献了什么，而不应当看他取得了什么。’‘人只有献身于社会，才能找出那短暂而有风险的生命的意义。’这也是我的座右铭。”钱骥常说：“我是中国人，有责任保卫自己的祖国！”[④]

1943年7月，钱骥从中央大学师范学院理化系毕业。由于刻苦钻研，钱骥成绩

①杨照德，熊延岭．钱骥．北京：金城出版社，2011：29.
②杨照德，熊延岭．钱骥．北京：金城出版社，2011：38.
③杨照德，熊延岭．钱骥．北京：金城出版社，2011：41-42.
④杨照德，熊延岭．钱骥．北京：金城出版社，2011：42.

优秀，被留在理化系当助教。助教的主要工作就是指导学生做普通物理实验。助教第一年的工作量不大，钱骥有更多自由的时间读书。他深信，只有科学技术进步，国家才能抵御外来侵略。钱骥在图书馆里读了许多书籍，学到许多知识。他对物理学的兴趣也越来越浓。他读的书以理论物理为主，应用物理方面的书很少。他明白，自己要想成为一个物理学家，还需要学习许多东西。他在卡片上抄录下牛顿的那段名言：“我不知道，在别人看来，我是什么样的人；但在我自己看来，我不过就像是一个在海边玩耍的小孩，为不时发现比寻常更光滑的一块卵石或比寻常更美丽的一片贝壳而沾沾自喜，而对于展现在我们面前的浩瀚的真理之海洋，却全然没有发现。”他以此为座右铭，时刻勉励自己不断上进。

1945 年 8 月日本投降后，钱骥被分配到中央大学柏溪分校，负责筹建普通物理实验室。在那里，他听到了嘉陵江船夫悲痛的吼声，艰难的生活刺痛了他的心。他在自传中写道：“我看到船工们拉着纤绳，在过险滩时爬伏挣扎前进，过着牛马不如的生活，对他们感到同情怜悯。我觉得他们之所以这么苦，是因为中国科学不发达的缘故。一旦科学发达，中国工业化，江上行驶的都是轮船，他们就不必再这样吃苦了。”国民党政府腐败，百姓们的生活颠沛流离，钱骥也意识到，如果政治搞不好，只依靠科学也不能让我们的社会繁荣富兴。

■ 激扬青春，责任为先

1947 年，钱骥被推荐到中央研究院气象研究所任助理研究员。

在科研工作中，钱骥很注重借鉴他人的研究成果。为了随时掌握学术领域的新动态，他广泛收集国内外的学术刊物，及时阅览。他爱好打篮球，同时又能安静下来长久地埋头读书、写作、整理资料，整理好资料后又去图书馆看书。他主要阅读的是外文书刊，偶尔也读中文书刊。认为重要的内容，他就一边抄写、一边翻译。

在协助赵九章所长整理了一段时间资料后，钱骥开始参与筹建电子学实验室，到上海购买仪器。由于当时中国没有能力生产气象仪器，基本都是从国外进口，导致型号多、规格不统一。这对提高气象观测质量、获得比较精确的气象资料十分不利。钱骥向赵九章建议建立自己的规范，定期进行仪器标定。为此，他修理了多台气象探测仪、真空管检验计、电子频率计。他还建议要研究适合中国情况的气象探测仪，这是气象发展的一项基本工作。

1948年，国民党政府命令中央研究院疏散，一同迁往台湾。为了避免中央研究院气象研究所的图书和仪器受到破坏，所长赵九章与陈宗器、章震越、钱骥等商量后，决定先按照中央研究院的要求暂时搬迁到上海。12月，钱骥协助赵九章负责仪器、图书资料的搬迁等事宜。中央研究院在中共地下党的领导下，组织了“安全委员会”，目的是保护国家财产不被国民党搬走或者破坏，迎接解放。钱骥和章震越负责组织中央研究院气象研究所“安全小组”，钱骥在中共地下党的领导下，对中央研究院气象研究所哪些人员、物资、财产要保护都心中有数。他们在夜里站岗巡逻，不让破坏分子毁坏仪器设备。

钱骥对同事们说：“科学是属于全人类的，但科学家有自己的志向，我们的学识首先应该贡献给人民。我们要留在大陆！”他积极配合中共地下党做身边知识分子的工作，劝说中央研究院的学者不要去台湾，要留在大陆，为新中国的科技事业做贡献。①

1949年6月，中央研究院气象研究所由上海市军事管制委员会接管。在中央研究院的接管过程中，钱骥参加了上海市军事管制委员会接管小组。接管小组首先要求学习上海市军事管制委员会公告，通过大家共同的学习和讨论来提高认识，达到思想上的统一。在上海市军事管制委员会接管小组，钱骥负责中央研究院气象研究所方面的工作，他组织几个同事清点图书、仪器，并将它们登记在册。他们废寝忘食，最终提前完成了任务。为了提高政治思想水平，钱骥与章震越一起组织了“大众哲学”学习小组，系统学习马克思主义哲学，还积极参加社会活动，学习和宣传党的方针政策。

1949年11月1日，中国科学院正式成立。中央研究院气象研究所与北平研究院物理研究所地球物理部门合并，成立了中国科学院地球物理研究所，赵九章任所长，钱骥担任业务秘书，主要负责所办公室的工作。1950年4月，钱骥被保送参加华北人民革命大学研究班，系统学习马列主义。经过5个月的学习，钱骥了解到民主集中制的精神，认识了中国共产党代表全国大多数人民的利益，有着广泛的民主基础。1952年8月，钱骥填写了入党申请书。在入党申请书中他写道：“深刻体会到党的伟大正确，依靠党的组织，在组织的指示下，任何艰苦复杂的工作都能克服困难去完成，有了组织就有了一切力量，去从事建设共产主义事业的任何工作。”最终，经过党支部大会讨论，钱骥被批准加入中国共产党。钱骥加入中国共产党后，用他的一生履行了自己入党时的宣言：“当能放弃个人打算，将一切交给组织，服

①杨照德，熊延岭．钱骥．北京：金城出版社，2011：71.

从组织的指示而工作时，思想上就开始开朗愉快，勇气百倍地去执行任务。”

新中国成立后，钱骥负责承担的第一项国防任务是研制一个水银气压表。刚成立不久的新中国，对气象仪器制造还缺乏实际的经验。他决定继承和发扬已经总结出的理论基础，促成气压表研制工作。他总结分析了水银气压表的制造，认为关键点是原材料、工艺、计量、鉴定等。按照之前掌握的资料，所需的原材料只能用国外的。钱骥决定亲自动手，带领几个人先用国内的材料在实验室进行实验，不久就制造出中国的第一个水银气压表，解了燃眉之急，冲破了帝国主义对我国的封锁。

20 世纪 50 年代，钱骥协助李善邦进行地震观测台站网布局规划研究，在我国各地陆续建立了一批地震台，如西安、大同、太原、包头、银川、兰州、西宁等。这一批沿黄河流域布设的地震台组成了我国第一批地震台网，并逐步发展成为全国基准台网。这些都有力地推动了在更大规模和更系统的基础上开展地震观测研究，也为经济建设提供了有关各地区可能的破坏程度的重要资料。

钱骥协助李善邦编制《中国地震目录》，并参与该书的出版工作。他还与李政元一起翻译了《测震学中几个理论问题》。该书系统地介绍了地震仪器设计原理、理论基础、标定等先进技术，有力地推动了我国地震观测仪的现代化进程。钱骥还协助赵九章，与其他科学家一起制定了地球物理学远景规划。钱骥在规划中写道：“在未来，不仅可以预期地球物理事业的兴旺发达，而且可以在世界科技舞台上看到一批年轻的中国地球物理学家崭露头角。”①

■ 确定航天目标，坚毅践行

1957 年 10 月，苏联的第一颗人造卫星使人类向宇宙太空迈出第一步。不久，国内许多著名的科学家建议发展我国的空间科学技术。钱骥协助赵九章论证人造卫星的科学意义，从各个方面收集并整理了许多国外的资料和信息做参考。这个时候钱骥看到了世界未来的空间舞台。当时他在文献卡上摘录了这几段话：“利用人造卫星可以进行的有关地球物理的科学工作是：利用卫星轨道的观测，可以计算高空大气密度，推算出地球的质量分布，从而提供地壳构造的资料，提供地球椭圆度的资料……对卫星内部及表面温度进行测量，可以研究太阳辐射的能量。利用卫星发出的无线电信号，可以研究电离层的结构。”1958 年，党的八大二次会议以后，中国科学院把人造卫星研究列为一项重大任务，任务代号为“581”，同时成立了专门

①杨照德，熊延岭．钱骥．北京：金城出版社，2011：99.

机构“581组”，由副院长、院党组书记直接领导，开展人造卫星研制的各项筹备工作。“581组”有一个9人组成的领导小组，组长是钱学森，副组长是赵九章。下设办公室和技术组，负责具体任务的实施和对外联系。办公室主任是周光耀，副主任是钱骥、韩锡三，钱骥主要负责科技方面的事务。

钱骥被任命为“581组”办公室副主任后，作为技术负责人，他放弃了原来的地震研究任务，全身心投入空间科学技术的开拓性工作中。钱骥在赵九章、卫一清的领导和支持下，对组织机构进行大调整，陆续建立了总体组、电学组、空间光辐射组、遥测组、结构组、雷达定位组、环境模拟组、高空大气组。这些小组由“581组”办公室直接领导，同时下设行政管理机构。这样的专业细化，便于从更宽的范围承担卫星、探空火箭任务。这就形成了我国初期规模较小但又比较完整的卫星、火箭探测和高空物理探测的总体研究机构。1959年，又成立了火箭探空总体组，钱骥为组长，进行卫星、火箭头部总体设计，以及卫星上天线、箭体天线、电源、结构、空间环境模拟设备等的研制。赵九章提出了我国空间物理需要解决的许多科学和应用研究方面的课题，钱骥协助组织探空系统研制和发射实验。他勇于承担重任，力争调动所内精干力量，充实研究力量，开拓这一崭新的空间技术领域。

1958年赵九章（右一）率中国科学院高空大气物理代表团访问苏联
成员有钱骥（右二）、卫一清（右三）、杨嘉墀（左一）

“581 组”人员集中后，钱骥遇到的一个问题是办公室、生活住房问题尚未落实。张劲夫把意见反映上去后，中央特批拨款 2 亿元。不久，“581 组”办公室和其直属的总体组迁入北京西苑操场甲 1 号这个环境简陋的地方。这个地方日后成了中国卫星发射史的诞生地。经过几年的努力，钱骥作为“581 组”技术负责人，使科研机构发展初具规模，科技人员的数量迅速增长，由 1958 年的 164 人、1959 年的 243 人，到 1964 年的达 400 多人。并且先后完成了十几发探空火箭头部探空仪器的研制，开展了中国人造卫星发展规划研究，提出中国第一颗人造卫星方案，为发展中国人造卫星、探空火箭、空间技术与空间物理学锻炼了队伍，积累了经验，为迎接航天任务奠定了坚实的基础。

探空火箭技术对钱骥来说也是一项新工程，没有可以借鉴的经验。为了迅速建立并发展这门技术，钱骥就求助于电磁学、力学，将电磁学和力学作为空间技术工程的理论基础。工作的跨度大，任务艰巨，困难多。作为探空技术总体负责人（总设计师），钱骥感到身上的责任重大。当时的中国还不具备探空方面的专业知识，既没有相关的技术资料可查，又不能得到任何外援。他们所拥有的只是开创祖国的空间事业的豪迈激情、勤于学习和勇于探索的精神。

钱骥按照赵九章提出的任务要求进行细化分解，组织总体组收集、研究和分析当时国外探空火箭技术的发展态势，结合我国实际提出总体设计要求，并为仪器项目研制探索技术途径。第一枚地球物理火箭箭头的设计工作即是在进行中一边学习、一边干活开展的。到 1959 年第二季度，总体组已经设计出箭头结构图纸，头部仪器指标协调基本完成。总体组还要负责提出探空火箭任务的计划，与各部门联系进行技术管理并提供咨询性建议。钱骥不仅担任着总设计师的任务，同时也是整个研制过程的参加者。多年来，钱骥要求总体组和各部门之间认真贯彻“严肃、严格、严密”的作风，同时发扬“谦虚、信赖、讲理、交底、主动、负责”的作风。这些要求与原则有效地促进了各研制单位之间的团队协作，发挥了重要的作用。

1962 年，钱骥（左）与赵九章（右）在意大利米兰参加原子能与国际空间科学会议

■ 克服困难　卫星上天

1966年，中国科学院卫星设计院成立，赵九章任院长，钱骥任副院长。为了督促有关部门尽快进入人造卫星研制的实际工作中，国防部国防科学技术委员会决定组织有关单位对第一颗人造卫星的技术方案加以具体论证，委托中国科学院组织并主持会议。在会上，钱骥做了《关于我国第一颗人造卫星的总体设计方案初步意见》的报告。会场休息片刻后，钱骥又做了《我国第一颗人造卫星设计方案提纲（草案）》的报告。

1970年4月25日，中国成功发射了第一颗人造卫星。卫星上天后，许多国际友人看到中国空间技术研究院当时的环境和条件后都感叹“东方红一号”的诞生就是一个奇迹。

1977年，王照华（后排中）与钱骥（前排右一）与飞行器总体部获奖者代表合影

钱骥开拓的空间科学技术实验卫星得到不断的发展，科学与技术实验卫星对空间科学探测和空间技术实验等领域起到重要的作用；卫星新技术方面的成果为应用卫星发展提供了设计依据，许多技术现在仍在使用。

我国于1984年4月8日首次发射成功的试验通信卫星是一颗静止轨道卫星。这颗卫星开启了我国用自己的通信卫星完成卫星通信实验的新纪元，是我国空间事业走向应用阶段的又一个标志。这颗卫星在空间成功地运行了3年多，为我国卫星通信积累了许多宝贵的经验。这也证明由孙家栋、钱骥选择的试验通信卫星总体方案是非常正确的。他们把握全局，从我国当时的工业基础和技术发展入手，使我国能够尽早发射静止轨道，缩短了我国在研制静止轨道通信卫星的技术水平上与世界先进国家的差距。

钱骥经常说“事业就是生命”，工作就是他生命的全部。“没有目标，生活便失去意义，努力达成目标后，人的精神也随着饱满充沛”，这就是钱骥真实的人生写照。钱骥坚守信念、甘于奉献，把毕生精力贡献给了祖国的空间事业。他为发展我国航空事业所建立的功绩，值得后人永远铭记在心。

参考文献

宋健. 2001. “两弹一星”元勋传：下册. 北京：清华大学出版社.
杨照德，熊延岭. 2011. 钱骥. 北京：金城出版社.

钱三强

——大国重器　原子之星

钱三强

钱三强，原名钱秉穹，核物理学家，中国原子能科学事业的创始人，中国“两弹一星”元勋。原籍浙江湖州，生于浙江绍兴。1937年9月，在严济慈的推荐下，钱三强赴法国留学。走之前，他的父亲对他说：“一个男子汉，近忧是应该的，但必须有远虑，你现在去法国要学的就是最先进的科学技术，你一定要走出去。”[①]在法国的11年中，钱三强与同行一起经过反复实验，终于发现了铀核的三分裂和四分裂。这一发现不仅反映了铀核特点，而且使人类能进一步探讨核裂变的普遍性。1946年，钱三强荣获法国科学院亨利·德巴微物理学奖。1947年，他升任法国国家科学研究中心研究员、研究导师，并获法兰西荣誉军团军官勋章。

1948年，钱三强和夫人何泽慧放弃了在法国的地位和荣誉，毅然回国。

---

①葛能全．魂牵心系原子梦——钱三强传．北京：中国科学技术出版社，2013：68.转引自：秉雄，三强，德允．回忆我们的父亲——钱玄同//钱三强．钱三强文选．杭州：浙江科学技术出版社，1994：289.

■ 确立志向　实业救国

高中时的钱三强勤奋好学，课余时间读了许多书，其中孙中山先生的《三民主义》和《建国方略》对他的影响深远。孙中山在《建国方略》中提到六个实业计划，钱三强印象最深的是要大兴港口建设、铁路建设和工业建设，以此来推动中国发展。

1929年，钱三强考入北京大学理科预科班。在北京大学学习时，为了扩大自己的知识范围，他选择性地听了一些不属于规定范围的课程。他回忆说：“我那时有好奇心，物理系高年级的课程也去旁听，课外讲演也去听，总之凡是能扩大知识范围的，我总是积极地去参加。当时清华大学物理系教授吴有训和萨本栋都在北京大学兼课，他们都是实验物理学家，把近代物理和电磁学都讲得很清楚，并且在课堂上还有实验示范。”①钱三强还阅读了许多课外书籍。他在阅读完英国科学家罗素的《原子新论》后，说道：“课外读物英国罗素的《原子新论》，对于原子构造给出了一个简明扼要的叙述，这些都使我的兴趣逐渐转到物质结构上来了。”②钱三强受清华大学几位教授的影响颇深，最后决定放弃北京大学预科和本科三年的学历，考入清华大学。钱三强的父亲写了“从牛到爱”四个字送给他，解释说：“写这样几个字寓意有二：一是勉励三强发扬属牛的那股子牛劲；二是在科学上不断进取，向牛顿、爱因斯坦学习。”③从此，“从牛到爱”就成了钱三强的座右铭，他毕生都是这么做的。

清华大学物理系的教授许多，且大部分是从国外留学归来的，上课讲解例题、介绍最新发展注重启发思考，培养学生动手和动脑的能力。物理系开放的实验课程很多，钱三强在这里既学到知识，又培养了动手实验的能力。从清华大学毕业后，钱三强准备去北平研究院物理研究所当助理研究员。经过一段时间的工作，所长严济慈看到钱三强的工作能力突出，决定推荐他去法国留学。钱三强回忆这段往事时说：“我参加了中法教育基金会组织的留法学生考试，我考取了留学名额，而且是到世界上原子科学研究最先进的机构之一巴黎大学居里实验室。指导我从事研究工作的导师，正好是发现放射性元素的约里奥-居里（Frédéric Joliot-Curie）夫妇。可以想象，这一切对于一个刚迈出学校大门、充满幻想的科学青年该是何等幸运。”④

①陈丹，葛能全．共和国科学拓荒者系列传记——钱三强传．北京：中国青年出版社，2017：18.

②陈丹，葛能全．共和国科学拓荒者系列传记——钱三强传．北京：中国青年出版社，2017：19.

③陈丹，葛能全．共和国科学拓荒者系列传记——钱三强传．北京：中国青年出版社，2017：19-20.

④葛能全．魂牵心系原子梦——钱三强传．北京：中国科学技术出版社，2013：61.

1948 年钱三强在巴黎

■ 异国留学　成绩斐然

在居里实验室，钱三强做事情刻苦认真，碰到不明白的事情就找人问，同时也乐于助人，因此他刚来实验室不久，就给大家留下了良好的印象。化学师郭黛勒夫人当众赞扬说："你们有什么事做不了，要人帮忙的话，可以找钱来做，他有挺好的基础，又愿意效力。"①

钱三强协助约里奥·居里对威尔逊云雾室进行了两项改进：一项改进是改进充气压力，并使其可以人为调节，能够自由控制测量粒子的能量范围；另一项改进则是设法将膨胀速度放慢，让有效灵敏时间延长一些，使每次实验得到尽可能多的粒子径迹数据。钱三强来居里实验室前没有见过云雾室，更不了解它的构造和应用。因此，钱三强首先要知道云雾室是何物，懂得如何使用，并利用现有的云雾室做实验练习。他就这样一步一步往前走，慢慢积累经验。

几个月后，云雾室的主要构件都有了眉目。有的是钱三强动手制作的，还有一些自己不能制作的，像金属底盘、金属网、金属丝等，是他画好图纸亲自拿到巴黎

①葛能全．魂牵心系原子梦——钱三强传．北京：中国科学技术出版社，2013：77-78.转引自：钱三强．重原子核三分裂和四分裂的发现.北京：科学技术文献出版社，1989：33.

郊外的一家工厂边制作边修改完成的。约里奥·居里很惊讶钱三强能在这么短的时间完成。这种改建后的云雾室，在实验中起到重要的作用，后来被作为重要纪念物珍藏于巴黎居里博物馆。说明文字上写着“法兰西学院内由钱三强改建的可变压力云室（1938年）”。①

1938年秋天，钱三强见证了伟大的历史时刻——原子核裂变的发现。这对钱三强的影响很深，他后来总结到：“科学发现需要胆识，科学发现更需要勤奋。我们所知道的（有些是亲身接触，有些只有间接地了解）几乎所有有所成就的科技工作者，不论中外，都是十分勤奋的。他们全身心投入在科学工作上，在紧要关头，更是达到了废寝忘食的程度。只有胆识而没有勤奋的工作，我想是很难有成绩的；反过来，只有勤奋而缺乏胆识，则可能只有较小的成果而难以有重大的突破，甚至会让重要的发现从自己手中白白溜走。”②

1940年，钱三强准备博士论文的答辩。论文评审委员会的主席由法国科学界著名的放射化学家德比埃纳（André Louis-Debierne）担任。另外两位评审专家，一位是伊莱娜·约里奥-居里（Irène Jolint-Curie），一位是巴黎大学教授奥热（M. P. Auger），都是法国科学界的大人物。可见，钱三强博士论文答辩的评委会阵营的规格和权威性。最后，论文通过答辩。而此时，战火的硝烟已经燃烧到巴黎。

战争的形势一天比一天恶劣，此时的巴黎已是一片慌乱的景象。这段经历对于钱三强来说是永生难忘的，他在1953年的《自传》中写道：“我的论文刚通过不到两个月，德国占领了法国，为了不替德国军队挖战壕，我曾与法国人民一起徒步逃难十余日，最后还是被德军追上，被迫回了巴黎。一路上饱受饥饿与轰炸的滋味，思想上对人生起了一些轻视的看法，觉得死是那么容易……”③

钱三强在逃难的时候听说可以买到去香港或上海的船票，于是决定回国，他回忆道：“我在沦陷后的巴黎度过了1940年和1941年，虽然在科学工作上又有了不少长进，但心中总是不安，一直思念着自己的祖国。这时听到有回国的可能性，我就决定回国。”④谁知，由于战争，一切到东亚和东南亚的海上交通工具都断绝

---

①葛能全．魂牵心系原子梦——钱三强传．北京：中国科学技术出版社，2013：80.

②葛能全．魂牵心系原子梦——钱三强传．北京：中国科学技术出版社，2013：84.转引自：钱三强. 重原子核三分裂和四分裂的发现. 北京：科学技术文献出版社，1989：90-91.

③葛能全．魂牵心系原子梦——钱三强传．北京：中国科学技术出版社，2013：108．转引自：钱三强．自传．1953-2-20，存于《钱三强档案》.

④陈丹，葛能全．共和国科学拓荒者系列传记——钱三强传．北京：中国青年出版社，2017：57-58.

了，钱三强只能暂时留在里昂，住在里昂中法大学宿舍。当时的日子很是艰苦，他连学生食堂的饭都吃不起了。洗衣服的肥皂也要凭证供给，暂住人口又不发证，因此许多日常用品钱三强买不到。1943 年初，钱三强回到巴黎，回到约里奥-居里夫妇分别主持的两个实验室继续研究原子核科学。

1948 年钱三强（右）与约里奥-居里夫妇

从 1943 年开始，钱三强的研究工作开始进入一个新的阶段，从事的研究课题涉及多个方面。1943 年，他发表研究报告和论文 6 篇，1944 年发表 4 篇。其中比较重要的是关于镭的放射线研究。他根据贝特（H.A.Bethe）的高速带电粒子穿过物质而慢化的理论，用云雾室研究电子径迹末端的弯曲，并通过理论计算，首先求出 5 万电子伏以下的中低能电子的“真射程”及其与能量的关系，并由此得出电子射程与能量关系曲线。这一研究成果既验证了贝特关于带电粒子的物质相互作用的理论，同时也是钱三强理论与实验相联系的一次成功尝试。1944 年底，钱三强晋升为法国国家科研中心研究员。

同时，钱三强受约里奥-居里委派到布里斯托尔学习核乳胶技术，成为法国应用核乳胶技术的开创者。从 1945 年至 1946 年上半年，他先后在法国的《法国科学院公报》《物理学与镭学公报》《物理学手册》和美国的《物理评论》等刊物上，发表研究论文和实验报告 8 篇之多。其中具有代表性的是两篇发在《物理评论》

第 69 卷上的文章——《镤 α 射线的精细结构》和《镭的 γ 射线》。前文是以钱三强为主，由他与布依西艾（G.Bouissieres）、巴什莱（M.Bachelet）合作完成的。他们用电离室与线性放大器相连接，首次测出镤的 α 射线的精细结构，由射程为 3.51 厘米的主要部分（占 80%～85%）和射程为 3.23 厘米（占 8%～10%）、3.20 厘米（占 8%～10%）两个次要部分组成，并且与电子内转换得到的 γ 谱线符合得很好。后文由钱三强独自完成，总结了他对镭的放射线系的成果，揭示了镭的 γ 光谱的多种特征。

代表钱三强更高阶段科学成就的是他从 1946 年下半年开始的关于重原子核三分裂和四分裂的发现。1946 年 11 月，由钱三强、沙士戴勒（R. Chastel）、何泽慧、微聂隆（L. Vigneron）联名的初步研究报告《俘获中子引起的铀的三分裂》发表在 12 月 9 日的《法国科学院公报》上。这一发现在国际核物理界引起了轰动。

1946 年 11 月 22 日，何泽慧首先观察到一个四分叉形状的径迹，证明了“四分裂”的存在。由何泽慧、钱三强、微聂隆、沙士戴勒联名的文章《铀四分裂的实验证据》发表在 1946 年 12 月 23 日的《法国科学院公报》第 223 卷上。文章公布了世界首例四分裂径迹照片和各项测量数据，并得出结论：在铀捕获慢中子导致三分裂的后续研究中，何泽慧发现了一个必须用铀核四分裂才能解释的特殊事例。四分裂是一种很稀有的现象，出现的概率明显少于二分裂的千分之一，但细心的何泽慧率先发现了它。

钱三强、何泽慧等完成了研究论文《铀三分裂与四分裂的能量与几率》，发表于 1947 年 1 月 27 日出版的《法国科学院公报》第 224 卷上。这篇文章根据物理学的质量守恒、能量守恒和动量守恒等基本规律，经过精密计算，首次求出第三个碎片的能量为 10 兆～25 兆电子伏，概率最大的为 18 兆电子伏，远比天然放射性 α 粒子大；三个碎片的动能总和比二分裂时高出好几个电子伏；同时，还计算出三个碎片出现的概率（三分裂和二分裂之比）为 1:300，即万次裂变中约有 30 次三分裂事例，四分裂出现的概率小于万分之二。①

2 月 13 日，钱三强和何泽慧等又完成了一篇研究报告《铀核的新的裂变过程》，用英文撰写并投稿到美国的《物理评论》（3 月 15 日第 71 卷刊发）。文章对三分裂和四分裂提出了解释。

---

①葛能全．魂牵心系原子梦——钱三强传．北京：中国科学技术出版社, 2013：162-163. 转引自：钱三强. 重原子核三分裂和四分裂的发现．北京：科学技术文献出版社，1989：74-75.

■ 壮志回国　任重道远

1947 年，钱三强和何泽慧放弃了在法国已经获得的名誉与地位，毅然决定回国。他的想法是："我和泽慧都很清楚，继续留在巴黎，对自己的科学工作当然是十分有利的；回到贫穷落后、战火纷飞的中国，恐怕很难在科学实验上有所作为。不过，我们更加清楚的是：虽然科学没有国界，但科学家是有祖国的。正因为祖国贫穷落后，才更需要科学工作者努力去改变她的面貌。我们当年背井离乡、远渡重洋，到欧洲留学，目的就是为了学到先进的科学技术，好回去报效祖国。我们怎能改变自己的初衷呢？应该回到祖国去，和其他科学家一起，使原子核这门新兴科学在祖国的土地上生根、开花、结果。我们渴望回到离开了十年之久的故土，为祖国的富强、进步、贡献自己的力量。"

1948 年 5 月，钱三强和何泽慧准备离开法国。临行前，钱三强和他的恩师约里奥-居里道别。钱三强激动地说："我同样想到了这些，也是舍不得离开这里。我的科学生涯，是在您和伊莱娜夫人的指导下开始的，我永远不会忘记这一点。但同样，我从来没有忘记我的祖国，现在我的国家很落后，正需要发展科学技术，我想尽早回去为祖国效力。"①

1948 年 8 月，钱三强回到北平，任北平研究院原子学研究所所长，何泽慧为研究员。1949 年 1 月 31 日，北平和平解放。钱三强担任清华大学物理系主任。3 月，北平市文化接管委员会通知钱三强准备参加中国人民和平代表团，出席世界和平拥护者大会。钱三强想借此机会去巴黎购买一些急需的仪器设备和图书资料，于是找有关人员申请外汇。钱三强迟迟没有收到消息，开始不抱希望了，并且为自己的冒失感到内疚。他写道："我心中忐忑不安。我埋怨自己书生气太重，不识国务，不懂国情。战争还没有停息，刚解放的城市百废待举，农村要生产自救，国家经济状况何等困难！怎么可能在这种时候拨出外汇购买科学仪器呢！这不是完全脱离实际的非分之想吗？"②最终这笔钱被中央批准后，钱三强十分激动。1990 年 10 月，他在回顾这段特殊经历的时候说道："当我拿到那笔用于发展原子科学的美元现钞时，喜悦之余，感慨万千。因为这些美元散发出一股霉味，显然是刚从潮湿的库洞中取

①葛能全．魂牵心系原子梦——钱三强传．北京：中国科学技术出版社，2013：172.

②葛能全．魂牵心系原子梦——钱三强传．北京：中国科学技术出版社，2013：202-203.转引自：钱三强. 中国原子核科学发展的片段回忆//钱三强. 钱三强文选.杭州：浙江科学技术出版社，1994：267.

出来的。不晓得乱战之中它曾有过多少血与火的经历！今天却被交到一位普通的科技工作者手中。这一事实使我自己都无法想象……几经碰壁，希望成为泡影。我苦思着，辗转反侧，夜不能寐。一个多世纪以来，中华民族落后挨打，遭蹂躏，受侵略，能简单归咎于中国人智力低下吗？自然不是。造成这种历史屈辱的根蒂，在于当政者愚昧、腐败、无能！而眼下这些新的当政者，完全是另一种情况了。尽管5万美元对于发展原子核科学所需，不是过大的要求，然而他们的远见卓识和治国安邦之道，一举之中昭然天下，让人信服，给人希望。”①

1950年初，中国科学院近代物理研究所成立，钱三强担任所长。建所初期，人才和资金都非常短缺。钱三强在回顾建所经历时说，他很珍视的一点就是人，人有一种精神，这样工作才有成功的把握。他说，这种精神从某种意义上来说是逼出来的。那时，国家经济困难加上外部封锁，双重压力下，钱三强悟出一条生存和发展的道理：“吃面包从种麦子开始。”②“建所初期，工作和生活条件都很艰苦，西方国家对我们实行禁运，有钱买不到仪器设备。于是我和王淦昌、彭恒武几位负责人领导全所人员学习延安‘自己动手，丰衣足食’的革命精神，自己动手制造各种设备。虽然困难不少，所花的时间多一些，但是锻炼了年轻的科技工作者，使他们在制造设备的过程中掌握了不少必要的技术知识，对以后独立开展研究工作有很大的好处。”③

这个集体艰苦创业的过程中，发生过许多感人的故事。周光召讲过一件事：中国科学院近代物理研究所建所伊始，不能从国家得到多少经费，加上外国封锁，钱三强所长甚至发动大家到北京的旧货市场去找零件自己制造仪器。一次，理论物理学家彭恒武到天桥的垃圾箱里翻找零件，竟然被警察误以为是小偷。又如，王淦昌奉命赴朝鲜前线探测放射性物质，

钱三强视察工作

①葛能全．魂牵心系原子梦——钱三强传．北京：中国科学技术出版社，2013：202-203.转引自：钱三强.中国原子核科学发展的片段回忆//钱三强.钱三强文选.杭州：浙江科学技术出版社，1994：267.

②③陈丹，葛能全．共和国科学拓荒者系列传记——钱三强传．北京：中国青年出版社，2017：131.

赶制一台便携式 γ 探测仪，需要一个 10 兆欧姆的淬灭电阻，他跑遍了北京旧货市场也找不到，只好自己动手绕制；杨承宗带领朱润生、朱培基，冒着危险到北京协和医院旧镭氡装置上提取氡气，再由戴传曾等制成氡铍中子原；李德平为了制作一套计数管的真空系统，没有真空封蜡和测量仪器，就从北京灯泡厂弄来装了钨丝没有抽气的灯泡，接到真空系统上代用；为了制造剂量笔，赵忠尧想办法弄来材料自己动手拉石英丝；邓稼先用一把糖果从路边小孩手上换得一截铜丝……就这样，短短几年的时间，近代物理研究所许多领域的研究从无到有、从少到多、从低到高，一点一点发展起来。

在钱三强的带领下，我国的第一座实验性原子反应堆和第一台回旋加速器于 1958 年正式建成。1964 年 10 月 16 日，中国的第一颗原子弹在罗布泊爆炸成功，1967 年 6 月 17 日，中国的第一颗氢弹在西部上空爆炸成功。从第一颗原子弹的爆炸到第一颗氢弹的爆炸，中国只用了 2 年零 8 个月——美国用了 7 年，苏联用了 4 年，英国是 5 年——每一次实验都引起国际上很大的反响。

1982 年钱三强在中国科学院办公室

中国可以在这么短的时间造出原子弹和氢弹，和钱三强的“预为谋”思想有密切的关系。他在 1980 年《温故而知新》一文中总结过自己的体会：“早做科学准备，总比临渴挖井好。多做点科学准备，一旦有了任务，就可以多一点选择余地。那时谁掌握多一点规律，谁就领先，也就是科学储备越来越显得重要。”还说：“毛主席在论述如何取得战争的时候，曾经引用过一句古人的话：‘凡事预则立，不预则废。’无论做什么事情，有事先计划和准备，就能成功；如果没有事先的计划和准备，就要失败。科学研究对工业生产来说就有个‘预’的关系。”①

可以说，钱三强从 1937 年出国留学开始，就一直心怀报效祖国的愿望。就是这种使命感，使钱三强能够放弃在国外的名誉和地位，回到祖国，为建设新中国做出不可磨灭的贡献。

参考文献

陈丹，葛能全. 2017. 共和国科学拓荒者系列传记——钱三强传. 北京：中国青年出版社.

葛能全. 2005. 钱三强. 贵阳：贵州人民出版社.

葛能全. 2013. 魂牵心系原子梦——钱三强传. 北京：中国科学技术出版社.

宋健. 2001. “两弹一星”元勋传：下册. 北京：清华大学出版社.

王春江. 1990. 裂变之光——记钱三强. 北京：中国青年出版社.

① 葛能全. 魂牵心系原子梦——钱三强传. 北京：中国科学技术出版社，2013：324-325. 转引自：钱三强. 钱三强文选. 杭州：浙江科学技术出版社，1994：182.

郭永怀

——献身航天　精忠报国

郭永怀

郭永怀是我国著名的力学家、应用数学家、空气动力学家，中国近代力学的奠基人之一，是唯一一位在中国原子弹、导弹和人造卫星领域均做出巨大贡献的科学家。

郭永怀曾经说过："我作为一个中国人，特别是作为革命队伍中的一员，衷心希望像我们这样一个大国早日实现四个现代化，早日建成繁荣富强的社会主义国家，来鼓舞全世界革命人民。"他用毕生的行动实现了他的希望。

■ 早年留学　成就辉煌

1929年，郭永怀考取南开大学预科理工班。经过两年的学习，在申又枨教授的指导下，郭永怀对数学产生了浓厚的兴趣，并于1931年7月预科班毕业后直接转入本科学习，选择就读物理学专业。郭永怀勤奋好学，数学基础扎实，得到知名教授顾静薇的赏识。当时南开大学经费紧张，鼓励学生转学。因此，1933年9月，郭永怀考入北京大学物理系，插班在三年级学习。郭永怀刻苦勤奋，成绩突出，因此在毕业后师从饶毓泰先生攻读研究生，并兼任助教。

1937年7月7日，"七七"事变爆发，北京大学等学校纷纷停课。郭永怀回到他的家乡，在威海中学任教。1938年3月7日，日军侵占了威海，郭永怀只得离开威海，前往昆明的国立西南联合大学。

亲身经历的民族危亡更增强了他的民族责任感。同时，他坚信只有科学才能救国。他认为，要想使国家强盛起来，就要发展军事科学技术，发展航空事业。因此，他毅然放弃光学，立志改学航空工程。当时与航空工程密切相关的力学科学正在蓬勃发展，郭永怀听了周培源教授的流体力学课程。这是他进入空气动力学研究的开端。

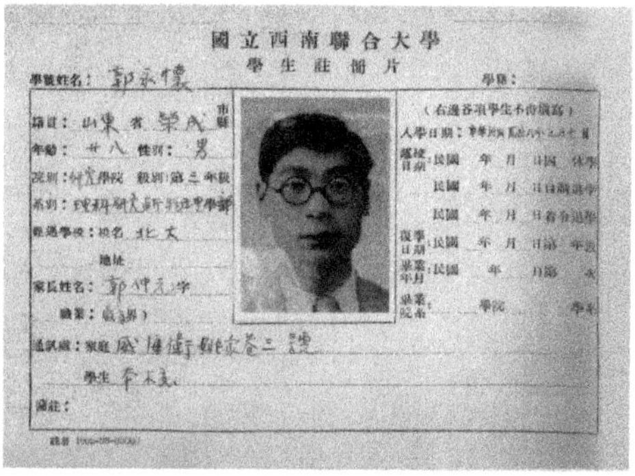
國立西南聯合大學
學生註冊片
學號姓名：郭永懷
籍貫：山東省榮成縣
年齡：廿八 性別：男
家長姓名：郭
通訊處：

郭永怀在国立西南联合大学的学生注册片

1939 年夏天，郭永怀考取中英庚款留学生。虽然招收人数只有 22 人，但是报考的人数却超过 3000 人。郭永怀报考的力学专业仅招收 2 名学生，只有他和钱伟长被录取。

1940 年 8 月，郭永怀在前往加拿大的“俄国皇后号”邮轮上留影

1940 年 9 月，郭永怀来到加拿大东部的多伦多大学，进入应用数学系学习。郭永怀在国内曾做过拉曼效应和湍流理论的研究，同时有扎实的基础和丰富的研究经验，因此郭永怀在多伦多大学修课和做硕士论文研究相对比较轻松。郭永怀与钱伟长、林家翘的硕士论文都只用了半年多的时间就完成了。他们的优异成绩与取得的出色成果使导师辛格（J.L. Synge）大为赞叹："想不到中国有这样出色的人才，他们是我一生中遇到的少有的优秀青年学者！"①

1941 年 5 月，郭永怀来到美国加州理工学院，师从世界著名的航天工程学家冯·卡门。当时美国加州理工学院的古根汉姆航空实验室（GALCIT），在冯·卡门的带领下，已经成为名副其实的国际空气动力学研究中心。这里的研究环境为郭永怀从事研究工作带来了优势。

跨声速空气动力学已成为这一时期的前沿课题。在跨声速研究中，如何选择飞行器的几何形状以减少功能损失及如何解决跨声速流动的不连续，成了问题的关键。当郭永怀向冯·卡门提出进行跨声速流动的不连续性问题的研究时，冯·卡门非常高兴，他很钦佩这个年轻的中国学者的胆略和勇气，并尽力为他提供良好的研究条件。从此，郭永怀把全部精力投入研究中。他广泛查阅各种文献资料，密切关注国际最新研究动态和研究进展，并同好友钱学森一起讨论。1945 年，郭永怀以顽强的毅力和信心，凭借他在数学、物理学及空气动力学上的扎实基础，完成了有关跨声速流体不连续解的出色论文，获得博士学位。对此，钱学森评价："郭做博士论文找了一个谁也不想沾边的题目，但他孜孜不倦地干，得到的结果出人意料。"②

郭永怀博士后出站后留在古根汉姆航空实验室做研究员，继续从事跨声速空气动力学的研究。1946 年，他和钱学森合作完成并发表了重要论文《可压缩流体二维无旋亚声速和超声速混合型流动和上临界马赫数》。这篇论文求解得出了同时具有亚声速和超声速流的混合型流动，并且改善了解式的收敛速度，发展了速度图法（Hodograph Method）。此外，他们首次提出了"上临界马赫数"（Upper Critical Mach Number）概念。在此之前，人们只注意下临界马赫数。他们指出，对应的来流马赫

① 《自然辩证法通讯》杂志社．科学精英——求解斯芬克斯之谜的人们．北京：世界图书出版公司，2015：640. 转引自：李家春，戴世强．郭永怀传略．中国科技史料，1985，1：44.

② 《自然辩证法通讯》杂志社．科学精英——求解斯芬克斯之谜的人们．北京：世界图书出版公司，2015：641. 转引自：李家春，戴世强.郭永怀传略.中国科技史料，1985，1：45.

数再增加，数学解会突然不可能，即没有连续解，这就是上临界马赫数。钱学森指出：“真正有实际意义的是上临界马赫数而并不是以前大家注意的下临界马赫数。这是一个重大发现。”①冯·卡门对此也给予了高度评价。这篇论文还得出一个有实际意义的结论：在二维可压缩流体绕某一物体做无旋等熵流动的流场中，存在亚声速和超声速的混合型流动。关于是否存在无激波超声速区的问题，当时一直是有争议的，郭永怀和钱学森的结果从正面予以肯定，后来也得到了实验证实。此后，郭永怀在古根汉姆航空实验室又把他们的工作推广到具有环量的情况及绕翼型流动的情况。这两项工作更复杂，但更具有实际意义。

20 世纪 40 年代，郭永怀和钱学森、H.W.利普曼（H. W. Liepmann）等人成功地解决了跨声速飞行中的空气力学理论问题。此后，英国的 M.J.莱特希尔（M. J. Lightill）对跨声速理论进行了系统的总结。力学上有关理论的建立和工程上后掠机翼的采用，使跨声速飞行成为现实，力学对突破声障起了关键作用。1947 年 10 月 14 日，人类首次突破声障，实现超声速飞行。这都是郭永怀等先驱努力的结果。

创立美国康奈尔大学航空系的五位科学家

左起：Dacid（W.R.Sears 的儿子）、郭永怀、J.Wild、W.R.Sears、A. Kantrowitz、Reparbili

1946 年 10 月，郭永怀来到康奈尔大学航天研究院担任副教授，研究院的研究课题大多来自军方和美国国家航空咨询委员会（NACA）。1955 年 7 月，郭永怀晋

---

①《自然辩证法通讯》杂志社．科学精英——求解斯芬克斯之谜的人们．北京：世界图书出版公司，2015：641.转引自：郭永怀.郭永怀文集.北京：科学出版社，1982：331.

升为康奈尔大学终身教授。受聘时，他明确表示“我来贵校是暂时的，将来在适当的时候就要离开”，并在校方提供的表格“如果发生战争，是否愿意为美国服兵役”一栏中，填了个大大的“不”字。他说：“中国是我的祖国，我想走的时候就要走。”他对各种让他加入美国籍的来信一概置之不理。对此，具有强烈民族自尊心的郭永怀从未有过丝毫后悔之意。他说：“我自认为，作为一个中国人，有责任回到自己的祖国，建设美好的山河。”①

在康奈尔大学，郭永怀除了继续从事跨声速理论研究并在跨声速流的稳定方面取得重要成就外，还把主要精力放在黏性流体力学和高超声速空气力学研究上。他在黏性流体力学方面做了大量的工作，主要成就是 PLK 方法和激波与边界层相互作用的研究。在天文学、力学等学科中，常常遇到解含有小参数的非线性微分方程问题。这类问题通常非常困难。19 世纪末，天文学家林德斯泰特（Lindstedt）在研究行星轨道的摄动问题时，利用小参数的幂级数展开表示原问题的解。1892 年，法国数学家、物理学家庞加莱（J. H. Poincaré）对这种展开法给予了严格的数学论证。由于这种方法应用起来常发生奇异性问题，所得到的解有时在某些区域失效，因而他尝试对自变量也做级数展开，从而解决了部分困难。1949 年，英国的莱特希尔（Lighthill）发展了庞加莱的思想，把自变量坐标也进行展开，这就是坐标变形法（Method of Strained Coordinates），它又可解决一大类奇异性问题。20 世纪 50 年代前后，郭永怀研究了平板的黏性绕流问题。他在考虑这一问题时，敏锐地抓住了坐标变形法的思想并同普兰德尔（Prandtl）的边界层理论结合起来，解决了长期存在的平板前缘的奇异性问题。1956 年，钱学森系统地总结了这一方法。他指出，郭永怀把庞加莱和莱特希尔的方法进行了有效的推广，并把这一方法命名为 PLK 方法，即庞加莱-莱特希尔-郭永怀方法。值得指出的是，郭永怀的论文《关于中等雷诺数下不可压缩黏性流体绕平板的流动》

郭永怀在美国

①宋健．“两弹一星”元勋传：下册．北京：清华大学出版社，2001：311.

得出了几个有重要意义的结果。

PLK 方法是奇异摄动理论（Theory of Singular Perturbation）的一个重要方法，在许多学科中得到越来越广泛的应用。

激波与边界层相互作用也是一个极困难的问题，由于问题不允许像边界层理论那样把边界层分开处理，所以没有现成的方法。郭永怀对这一问题进行了探索性研究。1953 年，他先后发表了两篇论文［第一篇与里特尔（Alfred Ritter）合作］，得出了若干作用规律，其中有的与实验结果是一致的。

发射地球卫星，运载工具是关键。要克服地球引力，运载火箭必须达到第一宇宙速度。因此对于作为理论基础的空气动力学来说，高超声速（$M>5$）问题成了重要的突破口。郭永怀很早就对这个问题展开了研究。1953 年，郭永怀研究了沿高超声速运动平板的黏性绕流，随后又研究了普兰德尔数对绕平板的高速黏性流的影响。他还和中国学者潘良儒合作研究了高超声可压缩黏性流体绕平板的流动，有关论文于 1956 年发表。这篇文章重点探讨了在高超声速马赫数下，由于气动加热产生的熵增问题。郭永怀曾对高超声速黏性流的离解效应进行成功的研究。这是尝试性的，也是开拓性的研究。这个课题当时介入的人很少，郭永怀是最早的研究者之一。

20 世纪 50 年代是高超声速空气动力学研究的活跃时期，郭永怀在这个重要的、新的研究领域做了大量工作。这期间他发表的有关论文，许多都具有开拓性和倡导性。他在国外的这些创造性工作在国际上受到普遍的重视与认可。

■ 投身航天　精忠报国

拔地巨槐冲碧汉，
相承一脉密分枝；
树身即使高千丈，
落叶归根也有期。

郭永怀说过：“作为新中国的一个普通科技工作者，特别是一名共产党员，我只是希望自己的祖国早一天强大起来，永远不再受人欺侮。中国强大了，在世界事务中就会发挥更大的作用。”①

①李家春．高山仰止 大爱无疆——我们心目中的郭永怀和李佩先生．北京：科学出版社，2013：31.

郭永怀一家三口在别墅前的合影

1956 年，郭永怀毅然放弃他在美国已经获得的名誉和地位，返回祖国。郭永怀同志归国后担任了中国科学院力学研究所副所长。正如钱学森在怀念郭永怀的短文中所说："郭永怀同志归国后，奋力工作，是中国科学院力学研究所的主要学术领导人。他做的要比我多得多。"①

郭永怀回国后积极倡导开展有重大意义的新兴力学科学研究。他开拓并领导的学科包括高超声速空气动力学、电磁流体力学和爆炸力学。

20 世纪 60 年代初，郭永怀在现场查看爆炸形成试件

1956 年我国开始制定十二年科学技术发展远景规划，郭永怀即投身到这一规

①李家春．高山仰止　大爱无疆——我们心目中的郭永怀和李佩先生．北京：科学出版社，2013：240.

划的制定中。他担任科技规划力学专业组副组长职务，和著名科学家周培源、钱学森、钱伟长等一起，规划了我国高等院校力学专业的设置；他和力学专家运筹帷幄，认真研究了近代力学的发展方向，开拓了一些有重要意义的新领域，制定了学科的近期发展规划和远期奋斗目标，使我国力学学科的面貌大大改观。特别是近代力学科学一起步就有很高的基准，短短几年，某些方面已接近世界先进水平。

20 世纪 50 年代，大力发展航天事业促进了高超声速空气动力学的发展。为了在国内尽快展开这一重要领域的研究工作，1961 年，郭永怀把在京的许多老、中、青空气动力学工作者组织起来，成立了高超声速讨论班。讨论班每周一次的例会，郭永怀总是风雨无阻，亲临指导。这个讨论班开展了许多前沿领域重大课题的研究。郭永怀本人也提出了许多精湛见解。

郭永怀极为重视理论研究与实验研究的结合。为了在力所能及的情况下开展高超声速实验研究，郭永怀指出：“就像高能物理研究那样，我们不能搞昂贵的大型高能加速器，但可以用小型设备来观测宇宙线。我们搞气动研究的，不能一上来就搞大型风洞，而搞激波管和激波风洞却是力所能及的捷径。”[①]在他的提倡和直接领导下，力学研究所很早就筹建了这两项实验设备并投入使用，从而为基础研究和国防任务提供了大量可靠的数据，也为建设我国空气动力研究院的同类设备提供了经验。更为重要的是，通过建设这些设备和开展实验研究，也培养了一批既懂实验技术又会理论分析的人才。

1961 年，郭永怀亲自筹划建立了电磁流体力学研究室。大家对这门新兴的学科不是很熟悉。郭永怀便组织每周一次的讨论会。他以敏锐的眼光为这个室选定了三大重要课题——磁流体和等离子体稳定性、磁流体直接发电、同位素的电磁分离。郭永怀认识到，将来人类势必要从受控热核反应中获得大量能源，而其中出现的高温电离气体在受磁场约束时的稳定性乃是关键问题。事实也正是如此。在郭永怀的倡导下，研究室进行了磁流体稳定性的研究，他们的工作和取得的成绩受到国内外的关注。

---

① 《自然辩证法通讯》杂志社．科学精英——求解斯芬克斯之谜的人们．北京：世界图书出版公司，2015：644．转引自：李家春，戴世强.郭永怀传略．中国科技史料，1985，1：49．

1963 年，郭永怀在解答研究生提出的问题

20 世纪 50 年代末，在郭永怀的倡导下，爆炸力学的研究在国内发展起来。他着眼于培养爆炸力学专业人员，并对“爆炸成型”“爆炸筑坝”“铁路达设”等课题给予了关心与指导。此外，他还提出了爆炸力学的军事应用课题等。

郭永怀在力学研究所还领导了“6405 项目”的研究工作。“6405”是“反导导弹系统 640”的一部分，主要研究再入核弹头的识别问题。郭永怀从组织研究队伍开展研究、筹建实验设备等方面入手，迅速开展工作。这个项目进行的时间不长，却取得了不少成绩，如解决了一些再入物理现象的理论问题。这些成果后来转交第七机械工业部，为同类工作奠定了基础。

为了进行“6405 项目”的实验研究，郭永怀身体力行，亲自筹建解决再入物理现象所需的实验设备，如电弧风洞、弹道靶装置和高温激波管。为此，他花费了巨大心血。有的设备在他生前建成并投入使用，有的则在他牺牲后才建成。在他的领导下建设的这些设备，为力学研究所及其他部门提供了大量的实验数据。

20 世纪 60 年代，力学研究所还承担了小型地对空导弹和氢氧火箭发动机的研制任务。郭永怀在这两个项目中都做出了重要贡献。

郭永怀极重视培养科技人才。回国后，他积极筹划力学研究所的研究生培养工作，并且严格要求学生，悉心指导，培养了许多知名的专家学者。

郭永怀始终把自己比作一颗石子。他经常说，我们回国就是为了给国家培养人才，为国内的科技事业打基础，做铺路人。[①]尽管教育不是郭永怀的主要工作，但他在力所能及的情况下，以各种方式培养了大批骨干人才，而且一直高度重视这项工作。正如 1961 年他所写的那样：“当前的打算是早日培养一批骨干力量，慢慢形成一支专业队伍。”随后，他欣慰地说：“由于几年的工作，已经见到效果。”[②]

郭永怀为我国的航天事业也做出了许多贡献。

1957 年 10 月 4 日，苏联发射成功第一颗人造卫星，震动了全世界，在我国科技界也引起强烈反响。10 月 13 日，中国科学院等单位组织召开了“关于苏联发射成功第一颗人造卫星的座谈会”。到会的有许多是在京的各个专业领域的著名科学家，郭永怀也参加了这次大会并发了言。他说：“我觉得这件事是在进入原子能（时代）以后的第二件大事情，对整个人类都有影响。人类一向是在二度空间活动的动物，现在有了人造卫星的成就，就如爬高有了梯子一样，以后去宇宙活动，已经不是梦想，可以实现了。”[③]随后，郭永怀就发射人造卫星的运载工具及其推力、火箭发动机的推进剂、卫星入轨时的姿态控制、苏联同西方国家火箭技术的比较等具体的技术问题做了简要的分析介绍，并发表了自己的见解。

1958 年，郭永怀参与制定的力学研究所大政方针就提出了研制人造卫星的倡议。在 20 世纪 60 年代初举办的星际航行座谈会上，郭永怀也大力倡导发展我国的航天事业。郭永怀在我国发展航天事业初期的贡献主要有四个方面：①积极倡导我国发展航天事业；②参与发展航天事业的预测和规划；③亲自参加重大技术课题的研究与探讨工作；④参与组织中国科学院人造卫星（包括回地式卫星）的研制工作。

郭永怀为我国航空航天事业所做的贡献还表现在创建为航空航天服务的全国性空气动力学研究基地。中国空气动力研究与发展中心就是按照郭永怀和钱学森早在 20 世纪 60 年代构想的蓝图调整组建的全国性空气动力学研究和实验机构。

■ 英勇担当 临难不顾

郭永怀为我国的核武器事业也做出了许多贡献。在原子弹研制过程中，郭永怀对一些关键问题（如原子弹的引爆方式问题）的解决起到关键作用。原子弹的引爆

---

①②《自然辩证法通讯》杂志社. 科学精英——求解斯芬克斯之谜的人们. 北京：世界图书出版公司，2015：646.

③《自然辩证法通讯》杂志社. 科学精英——求解斯芬克斯之谜的人们. 北京：世界图书出版公司，2015：647. 转引自：郭永怀. 郭永怀在关于苏联发射成功第一颗人造卫星座谈会上的发言. 中国科学院，1957：15.

方式主要有两种——“枪法”和“内爆法”。郭永怀通过比较两者的优劣，提出了“争取高的，准备低的”的方针，即以较高级的“内爆法”作为主攻方向。炸药爆轰波的理论计算是一个重要的突破口，也是一个难点。当时的困难之一是不知道采用什么计算方法。郭永怀提出可以尝试特征线法，这一方法当时很快在爆轰波的理论计算方面得到应用。从后来的可见资料上看，苏联当时也采用了这个方法。

郭永怀在北京有许多重要工作，但他还是经常到西北核基地开展工作。为了节省旅途花费的时间，郭永怀出差时总是乘坐飞机。当时国内航线使用的大多是中、小型客机，飞机远不如火车软席舒适。许多人都劝他别坐飞机，既不安全，也不舒适。但他却说：“我是学航空的，学航空的人都不敢坐飞机，那让谁来坐？”[①]郭永怀当时已年过半百，在西北高原奔波常有不适感，但他从不介意。也许是出于一种理想，或者出于一种时代的责任感，当然还包括科学家对事业的执着追求，郭永怀为我国的核武器事业投入了全部精力。

在 1963 年核武器研制的关键时期，为了加快研制步伐，党中央决定将集中在北京的专业科研队伍整体迁移到新建设的青海基地，郭永怀欣然前往。如果说京郊的环境已经很荒凉，那么，青海基地简直可以称为“死亡之地”。高原缺氧，气候变化异常，冬季严寒，夏季炎热，但最考验人的是物资缺乏。由于营养不良，刚过 50 岁的郭永怀已是脸颊干瘪、满头白发。

1967 年 6 月 17 日，我国第一颗氢弹爆炸试验成功。当蘑菇云腾空的那一刻，在场的每个人都激动得热泪盈眶。而就在大家热情欢腾的时刻，郭永怀却因为长期的劳累而晕倒在核试验现场。

郭永怀对我国核武器事业的贡献是多方面的，他对核武器系列化发展提出许多建议和设想，并做了许多有益工作。例如，他对反潜核武器的水中爆炸力学、水洞试验及调研工作提出了设想和建议，对研究发展潜-地导弹做出了贡献。此外，郭永怀应两弹结合时期的需要，对二机部九院的科研体制提出了重要设想。他把这个设想形象地比喻为“茶壶和茶壶盖”。1968 年初，在国防部国防科学技术委员会的一次会议上，郭永怀的设想得到进一步论证。

郭永怀为我国的核武器事业呕心沥血。1968 年 10 月，郭永怀赴西北核基地进行我国第一颗导弹热核武器发射试验的准备工作。12 月 5 日，郭永怀从兰州乘民航

① 《自然辩证法通讯》杂志社．科学精英——求解斯芬克斯之谜的人们．北京：世界图书出版公司，2015：649.

飞机回京。飞机在北京着陆时发生了一等事故。郭永怀不幸以身殉职，终年 59 岁。人们从机身残骸中找到郭永怀时发现，他同警卫员紧紧地抱在一起，烧焦的两具遗体被吃力地分开后，中间掉出一个装有绝密文件的公文包。在飞机遇险、生命将尽的最后瞬间，他想到的却是用身体保护国家机密。

郭永怀曾经在写给留在美国的同学和朋友们的一封信中写道：“自从 1949 年中华人民共和国政府成立以来，买办阶级和帝国主义的工具被驱逐出中国大陆，广大人民就真正抬起了头，有了办法，有了保障，这个保障便是中国共产党。这几年来，我国在共产党的领导下所获的辉煌成绩，连我们的敌人也不能不承认。在这样一个千载难逢的时代，我自认为，我作为一个中国人，有责任回到祖国，和人民一起共同建设我们美丽的山河。”[①]郭永怀一生都在这样践行这样的思想，他不仅是一位卓越的科学家，为祖国的发展和繁荣奉献自己的一生，而且是一位优秀的教育家，他治学严谨，言传身教，培养了大批科技工作者。

郭永怀牺牲 20 天后，被国家授予“烈士”称号。1999 年，国家授予他“两弹一星功勋奖章”。2018 年 7 月，国际小行星中心（Minor Planet Center, MPC）正式向国际社会发布公告，编号为 212796 号的小行星被永久命名为“郭永怀星”。郭永怀为我国航天事业和核武器事业所做出的贡献就像这颗明亮的行星，让人们永远记住他的光辉。

为让后人记住郭永怀，2016 年，郭永怀的家乡山东省荣成市为他建造了郭永怀事迹陈列馆。在郭永怀事迹陈列馆序厅入口两侧柱子上刻有对联“永萦江山堪称民族脊梁，怀忘九霄不愧中华英魂”。这正是对郭永怀一生精忠报国的真实写照。正是这些国家的脊梁，为我国科学的富兴与发展撑起了一片天空。我们永远不会忘记郭永怀为国家做出的贡献，以及他无私奉献、英勇献身的大无畏精神。郭永怀的这种家国情怀、大师风范，将影响一代一代人继续走下去。

参考文献

江山. 2016. 家国情怀 大师风范——“两弹一星”元勋郭永怀. 合肥：中国科学技术大学出版社.

①李家春．高山仰止 大爱无疆——我们心目中的郭永怀和李佩先生．北京：科学出版社，2013：224-225.

李家春. 2013. 高山仰止 大爱无疆——我们心目中的郭永怀和李佩先生. 北京：科学出版社.

宋健. 2001. "两弹一星"元勋传：下册. 北京：清华大学出版社.

《自然辩证法通讯》杂志社. 2015. 科学精英——求解斯芬克斯之谜的人们. 北京：世界图书出版公司.

下　篇

国家最高科学技术奖获得者

吴文俊

——古为今用，开辟新的道路

吴文俊活到耄耋之年，被问到有什么养生秘诀时，他笑着说："我也不知道！我好像从来不运动！"令吴文俊颇感自豪的是，神州大地上除了西藏、宁夏外，其余省（自治区、直辖市）他都跑到了。"这次去香港领邵逸夫奖，我就是坐火车过去的。换换口味！"①

吴文俊

这位可爱的老先生一直活得纯粹，即使他曾带来"拓扑地震"，并让全世界重新发现了中国数学。

■ 纯粹的爱国少年

1919年5月12日，吴文俊出生于上海的一个知识分子家庭。他的童年都是"泡"在父亲的书里度过的。沉默寡言却爱读书、爱下棋的父亲，潜移默化地影响了吴文俊。高中毕业时，吴文俊成为班里少有的高才生。学校为了鼓励他和另外两名学生，特别设立了资助上大学的3个奖学金名额，但要求他们必须报考指定的学校和专业。吴文俊按要求考进了上海交通大学数学系。

1937年，抗日战争全面爆发，战争很快打到了上海。上海大部分的大学都开始向内地转移，上海交通大学的主体部分搬到重庆，只有一部分搬到法租界。日本占领时期，人们把上海称为"孤岛"。

---

①吴文俊．三十年开拓数学"中国路"．http://www.amss.ac.cn/wwj/xslz/201705/u020170506493022807072.pdf［2017-5-5］．

吴文俊所在中学的奖学金停发后，家里经济陡然拮据起来。中学校长陈群做了汉奸，成了汪精卫“维新政府”的要员。陈群曾想以新政府名义给他发放奖学金。但年少的吴文俊以“知道怎样做中国人”为由拒绝了他。在艰难的日子里，他照常在上海交通大学上课、考试。虽然艰苦，但他收获良多。

大三时，通过学习武崇林的实变函数课，吴文俊爱上了现代数学。那时，波兰人创办了一本名叫“数学基础”（Fundamenta Mathematicae）的杂志，是点集拓扑研究的主要期刊，上面能够看到许多代表点集拓扑研究领域最新进展和最高水平的工作。吴文俊认真阅读了上面的许多文章后，开始自学组合拓扑学（代数拓扑）。他没有钱买书，就去上海交通大学附近的旧书店“淘”。这些书基本都是德文的，但因为他通过阅读德文原著打下了良好的语言基础，因此也都可以读懂。

1940 年，吴文俊大学毕业。吴文俊因为痛恨侵华的日本人而拒绝学习日文，连日文书也拒绝阅读。刚毕业时，他一直没有找到工作，曾有人愿意给他提供奖学金到日本深造，吴文俊直接拒绝了。于是他只能在一所中学里教初一的学生代数课。

少年时期的吴文俊，就这样有些执拗地热爱着自己的祖国。晚年时他回忆道：“许多年以后我才想明白，认识到这是一个很大的错误。学了日文还可以对付日本人呢，不是学日文就是汉奸。那个时候我要是学了，日文我就可以懂了，后来再想学，就学不起来了。那时年轻气盛，想法太简单。这是两回事，就好像你反对美国，你就不学英文了？”①

■ 现代数学的女王

抗日战争胜利后，吴文俊被陈省身招募到中央研究院。进入中央研究院数学研究所后，他的第一篇论文是《关于球的对称积在欧氏空间中的镶入问题》，这篇论文被陈省身送到《法国科学院周报》（*Comptes Rendus*）上发表了。这让吴文俊受到极大鼓舞。

从此，吴文俊开始研究美国普林斯顿大学著名数学家、沃尔夫数学奖获得者惠特尼（H.Whitney）关于拓扑学的乘积公式。法国数学家狄多奈（Jean Dieudonné）曾形容拓扑学是“现代数学的女王”。从定义上说，拓扑学是数学的一个分支，研究几何图形在连续改变形状时还能保持不变的一些特性。它只考虑物体间的位置关

①吴文俊．走自己的路——吴文俊口述自传．长沙：湖南教育出版社，2015：39.

系而不考虑它们的距离和大小。"示性类"是数学科学里的一个常用词，也是拓扑学专业的一个术语。惠特尼的乘积公式是"示性类"最基本的理论"对偶定理"。这是一个十分基本的公式，可是证明长得异乎寻常，吴文俊形容它"总有十几页、几十页长，没法在杂志上发表"，认为出一本书倒合适。经过精心推导，吴文俊给出了一个只有几页纸的证明。吴文俊在年轻时代完成的这项工作，意义非同一般。当时最具权威的美国《数学年刊》刊载这个公式后，惠特尼称他的证明可以扔掉了。吴文俊独创新意给出的这个简单证明成为拓扑学中"示性类"的一个重要成果。仅仅一年多的时间吴文俊就在以难懂著称的拓扑学的前沿领域取得如此巨大成就，这在国际数学界并不多见，足见吴文俊的研究功力。在拓扑学研究中，吴文俊起了承前启后的作用，极大地推进了拓扑学的发展。许多著名数学家从他的工作中受到启示或直接以他的成果为起点，获得了一系列重大成果。

1947 年夏天，在完成惠特尼乘积公式证明的这一年，吴文俊考上了中法交换生，离开中央研究院到法国与德国交界处的边境城市斯特拉斯堡城，潜心跟随导师艾利斯曼（Ehresmann）开展研究。斯特拉斯堡的官方语言是法语和德语，但是当地人说一种"只有他们自己懂的语言"。[①]语言上的困难并没有影响到吴文俊的研究。在法国学习期间，为了参考更多的外国文献，他自学了英语、法语、德语和俄语。只用了两年时间，吴文俊就完成博士论文《论球丛空间结构的示性类》，并于1949 年 7 月通过答辩，获得法国国家博士学位。

留学期间，他再次向拓扑学最困惑的问题发起了进攻，然而他自己当时并不知道这是最棘手的数学难题。吴文俊解决的问题是当时数学家们研究的热点——证明4k 维球无近复结构。这个问题的解决，使欧洲的拓扑学大师们大为吃惊。他们不敢相信一个中国学生能解决这样的难题。拓扑学界权威霍普夫（H. Hopf）得知后，亲自到斯特拉斯堡见吴文俊。吴文俊仔细为他讲解之后，霍普夫终于信服。他十分高兴地邀请吴文俊到他所在的苏黎世理工联邦大学访问。

1949 年夏，吴文俊跟随另一位导师 H.嘉当（Henry Lartan）离开斯特拉斯堡，到巴黎工作、学习。H.嘉当是布尔巴基学派的核心人物之一。为此，吴文俊成为最早接触布尔巴基学派的中国数学家。当时公费留学生的奖学金在小城尚可勉强度日，到了巴黎，生活陡然变得困难。他居住的旅馆坐落在两条马路的交叉点，房间里没有光线。吴文俊在巴黎生活的艰苦程度完全出乎导师和同学的意料。导师 H.嘉

①吴文俊．走自己的路——吴文俊口述自传．长沙：湖南教育出版社，2015：81.

当与同学塞尔突然找到吴文俊昏暗的房间，才知道他的生活条件如此恶劣。①

对吴文俊来说，生活条件的艰苦算不了什么。在此期间，吴文俊与另一位数学家托姆（R.Thom）合作，在拓扑学研究上取得了突破性进展，在拓扑学领域研究中引起轰动，数学家们称之为“拓扑地震”。吴文俊的工作将“示性类”概念从繁化简、从难变易，使“示性类”不单是描述性的抽象概念，而且是可具体计算的。1989年，法国数学家狄多奈出版了著作《代数拓扑学家和微分拓扑学史（1900—1960）》，其中引用吴文俊的研究成果17次。他写道，“吴文俊把‘示性类’由极为繁复的形式转化为现代的漂亮形式”。数学大师陈省身称赞吴文俊“对纤维丛示性类的研究做出了划时代的贡献”。如今吴文俊的示性类和示嵌类研究被国际数学界称为“吴公式”“吴示性类”“吴示嵌类”，并作为经典进入拓扑学教材，人们用它时早已不再需要标注引用了。

1951年，离家已4年之久的吴文俊登上了回家的轮船。

■ 联系实际的应用典范

回国后，吴文俊先后在北京大学和中国科学院数学研究所工作。1953～1957年，他获得了拓扑学研究的大丰收，先后发表了20多篇论文，撰写了一部专著。这些工作使吴文俊与钱学森、华罗庚站在了同一高度，获得国家自然科学奖一等奖，并当选为中国科学院学部委员。

1955年，吴文俊在中国科学院数学研究所做拓扑学的学术报告

①吴文俊．走自己的路——吴文俊口述自传．长沙：湖南教育出版社，2015：110.

但没多久，“大跃进”开始了。中国科学院各研究所重新定位学科发展方向，要求理论联系实际，吴文俊进入了运筹学研究组。当时运筹学研究组还只开展了线性规划的研究，其他分支领域尚是空白。吴文俊先是学习了一段时间的排队论，后改学对策论，最终选择这个分支作为研究方向。

对策论又称博弈论。“博弈”一词源自《论语·阳货篇》中的“不有博弈者乎？”对策论由数学家冯·诺伊曼（J.von Neumann）奠定基础，因其1944年出版的《对策论与经济行为》而成为一门独立的学科。从书名中就可以看出，这一理论与数理经济学密切相关。当时经济学被算作资本主义经济学，在当时的中国讳莫如深。然而，如果把对策论从其应用对象中抽离出来，则是一门由数学家建立的数学分支，在国防、经济领域有广泛的应用。

对策论有一个基本定理，叫作“二人对策的极大极小定理”。冯·诺伊曼在1928年首先给出了一个完整的证明，随后又给出另外三个证明，其中第二个证明用的是拓扑学领域所熟知的布劳威尔不动点定理。拓扑学是吴文俊的强项，这成了吴文俊走入该研究的突破口。冯·诺伊曼开创的对策论原来主要研究的是合作对策，之后对策论的一大突破是纳什（J.Nash）的非合作对策。吴文俊对纳什提出的非合作对策有自己的理解，并看到这一理论的重要性，很快做出了结果。

此外，吴文俊作为中国引入对策论研究的第一人，还在《数学通报》上撰写了科普文章，通过我们熟知的战国时期“田忌赛马”的例子，深入浅出地向公众普及了对策论的相关知识。

1974年，吴文俊给他的学生虞言林、江嘉禾、李培信、王启明讲课

■ 中国数学史再发现

在相当长的时间里，不少西方数学家认为中国古代数学不是世界数学的主流，甚至不打算承认中国古代数学对世界数学的杰出贡献。20 世纪 70 年代，吴文俊潜心进行了中国数学史的研究，他的结论起到振聋发聩的作用。

吴文俊以敏锐的目光和深邃的思想，把中国传统数学的特点概括为构造性与机械化，不仅将其成功地应用于数学机械化新领域，成为古为今用、自主创新的典范，而且开创和引领了继李俨、钱宝琮之后中国数学史研究的新局面。自 1975 年以“顾今用”为笔名发表了第一篇数学史论文《中国古代数学对世界文化的伟大贡献》后，吴文俊在报刊上陆续发表了多篇重要的数学史论文，并且在多部数学史著作的序言中阐明自己对中国传统数学及其研究方法的认识，逐渐形成了独到的具有鲜明时代特色、影响深远的数学史认识论和方法论，即“吴文俊数学史观”，为弘扬中国古代数学文化做出了巨大贡献。

在研究中，吴文俊发现中国古代数学独立于古希腊数学及以其为源流的西方数学，自身的发展有清晰的主线，思考方法和表达风格亦与西方数学迥然不同。他曾提到，人们通常认为中国古代没有几何学，但事实上并非如此，中国古代在几何学上取得了极其辉煌的成就。人们的误解可能是因为中国古代几何学在内容和形式上都与欧几里得几何迥然不同：中国古代几何没有采用定义–公理–定理–证明这种欧式演绎系统，取代公理的是几条简洁明了的原理。

当年李文林在中国科学院数学研究所大楼四层走廊里碰见吴文俊时问他：“顾今用是您吧？”他神秘地笑了笑，然后握着拳头神情严肃地说了一句：“准备战斗！”①当时也许难以理解这句话的意义，现在看得很清楚了：吴文俊在近花甲之年，以战斗的姿态和科学的热情提倡古为今用，开创了数学机械化的崭新领域；同时以战斗的姿态，亲自深入数学史研究，以揭示历史本来面目为己任，为弘扬中国古代数学文化做出了巨大贡献。

所谓“古为今用”，就是要从历史上的数学思想和方法中获得借鉴和教益，以促进现实的数学研究，这是数学史研究的重要意义和价值所在。吴文俊的数学史研究自始至终都自觉地贯彻了“古为今用”的原则，这是他学术研究的鲜明特点；其

①李文林．论吴文俊院士的数学史遗产．上海交通大学学报（哲学社会科学版），2019，1：63-70，95.

数学机械化理论的创立，就是在“古为今用”原则的指导下将数学史研究成果应用于现代数学研究而取得的卓越成就。

1975 年，吴文俊到巴黎访问法国高等科学研究院
（Institute Des Hautes Études Scientifiques, IHES）

吴文俊在回顾中国古代数学的伟大成就时感慨道，中国古代劳动人民在广泛实践的基础上，建立了世界上最先进的数学方法。直到 16 世纪，我国数学在最主要的领域一直居于世界领先地位。特别是自古就有的完美的十进位值制记数法，是中国的独特创造，是世界其他古代民族所没有的。这一创造使中国在人类文明史上居于显赫的地位。中国古代的几何学也有着极其辉煌的成就。测高望远之学形成了重差理论，土地的丈量与容积的量测产生了面积和体积理论，进而提炼成出入相补的一般原理。刘徽原理及出入相补原理奠定了整个多面体体积理论的基础。祖暅原理则解决了球体体积问题。勾股测量学及勾股定理的证明，圆周率推和计算……这些成就表明，我国古代几何学既有丰硕的成果，又有系统的理论。

吴文俊指出，数学发展中有两种思想——公理化思想和机械化思想。前者源于古希腊，后者则贯穿整个中国古代数学。这两种思想对数学发展都曾起到巨大作用。

从汉初完成的《九章算术》中对开平方、开立方的机械化过程的描述，到宋元时代发展起来的求解高次代数方程组的机械化方法，无一不与数学机械化思想有关，并对数学的发展起了巨大的作用。公理化思想在现代数学，尤其是纯粹数学中占据着统治地位。然而，审视数学史可以发现，数学上的多次重大"跃进"无不与机械化思想有关。数学启蒙中的四则运算由于代数学的出现而实现了机械化。线性方程组求解中的消元法是机械化思想的杰作。对近代数学起决定作用的微积分也是得益于经阿拉伯人传入欧洲的中国数学的机械化思想而产生的。即便在现代纯粹数学研究中，机械化思想也一直发挥着重大作用。他特别指出，机械化思想是中国古代数学的精髓。吴文俊科学地预言：数学机械化思想在未来的生命力将是无比旺盛的，中国古代数学传统的机械化思想的光芒，将普照于数学的各个角落。[①]

■ 数学的机械化

1976年"文化大革命"结束后，吴文俊选择做机器证明。这也是有感于他1971年在北京无线电一厂首次见识到计算机的威力。于是他决定以几何定理的机器证明作为突破口。

"机遇只光顾有准备的头脑，但是有准备的头脑是否能在机遇来临的时候不失时机地抓住它，还要看科学家有没有敢于打破惯有思维的勇气和创新精神。"[②]吴文俊认为中国数学的思想和方法与现在的计算机是合拍的。为解决几何定理机器证明和数学机械化问题，他年近60开始学习计算机，并亲自在计算机上编写程序，尝尽了在微型计算机上长时间操作的苦头。

吴文俊对数学机械化方法有这么一番说明：这种方法就是把要证明的问题转化成代数，编成程序，用计算机进行进一步计算。把原来要冥思苦索的人工演算转化成量的反复，尽管计算量再大，计算机也不在乎，这样很困难的问题便变得容易了。这就是"把质的困难转化为量的复杂"。有了计算机，人们可以从事更高层次的创新性研究。他说，"机器证明是很适合笨人的，我是笨人"。[③]

对于数学机械化方法，吴文俊用这么一段描述来说明它的前程无量：中世纪是

①李文林．论吴文俊院士的数学史遗产．上海交通大学学报（哲学社会科学版），2019，1：63-70，95.

②吴文俊．数学研究的全局观. 科学时报，2003：2.

③吴文俊．世界，让我为你证明．http://www.kepuchina.cn/yjjj/201705/t20170508_196832. shtml [2017-5-8].

骑士的时代，骑士仗剑横行，有了手枪，骑士便消失了，因为再会用剑的骑士也抵不住一个弱女子的一粒子弹。

1977年，吴文俊在《中国科学》上发表《初等几何判定问题与机械化证明》一文。1984年，他的学术专著《几何定理机器证明的基本原理》由科学出版社出版。1985年，他发表了《关于代数方程组的零点》一文。这些组成了吴文俊的另一项重大成果"吴方法"。然而这一方法的诞生却是一个呕心沥血的过程。

中国科学院数学与系统科学研究院年龄略长的一些人都记得这样的情形：在研究数学机械化的过程中，吴文俊日夜演算、推导，演算中出现的多项式经常有数百项甚至上千项，需要几页纸才能抄下，稍有疏漏，演算则难以继续。而他数月如一日，坚持奋战。

在理论和纸上的演算得出结果后，数学机械化必须在计算机上验证，才能真正证明其可行性和正确性。为此，吴文俊学习了计算机的Basic语言。当他基本上能一次编写4000～5000行的证明定理程序时，飞速发展的计算机技术已将Basic语言淘汰换成了Algol语言。他只好又从头学起。等到他熟悉之后，计算机语言又改成了Fortran语言，他编好的程序再次作废。计算机语言更新之快，让许多人认为编程序只适合年轻人做。然而，60岁的吴文俊没有放弃，硬是坚持下来了。

吴文俊在计算机上编程测试其数学机械化演算结果

当时吴文俊已经调到中国科学院系统科学研究所，所里添置了一台HP-1000计算机，使用时需要提前预约。为了验证其理论，吴文俊每天在书包里装一个馒头，早晨7点多等管理人员开门后，就一头扎入机房，一般10个小时后才出来。晚饭后，他突击整理编写结果，2个小时后再回研究所机房工作到午夜或凌晨。

就这样，他发明了“吴方法”，实现了数学家们的一个百年梦想。他幽默地总结道：“数学适合笨人来做。”

然而，他的理论在中国没有几个人能够理解。可在一个偶然的机会，他的研究成果“墙内开花墙外香”，在国际上引来大批学习者、追随者。

吴文俊的学生周咸青1981年进入美国得克萨斯大学数学系。在一次课后，周咸青向导师博耶（R.Boyer）和布拉德索（W.W.Bledsoe）提及吴文俊的几何证明工作，他们感觉十分新奇。在他们的要求下，周咸青给布拉德索发电子邮件说明了“吴方法”的4个步骤。在布拉德索2年后发表的文章中，第一次使用了“吴方法”一词。

在1983年的美国数学年会上，周咸青关于“吴方法”的报告获得极大成功。从此，吴文俊的文章从得克萨斯大学向北美地区广泛传播。这次会议后不久，周咸青已证明了130多个几何定理。此后，不少人根据周咸青描述的“吴方法”重复实现了“吴的证明器”。

“吴方法”的巨大成功，激起了更多人考虑用其他代数方法去证明同类几何定理，世界性的研究吴类几何定理证明的高潮随即掀起。1984年，博耶联合布拉德索和摩尔（J.Moore）向中国有关部门写信，建议为吴文俊购买速度更快的计算机，以便加速他的研究。于是，吴文俊家里便拥有了当时其他人不具备的专用计算机和电缆。

1986年，美国通用电气公司下属的一个研究机构组织了一次国际学术会议，邀请吴文俊参加。两位与会代表（据说是两位美国数学家）邀请吴文俊谈了一天有关机器证明的研究。会后，吴文俊被邀请访问美国阿贡国家实验室。在那里，实验室工作人员询问他能不能用数学机械化方法从开普勒对行星运动的观测结果直接推导出牛顿的万有引力定律。天体间的引力与质量成正比比较容易理解，而与距离的平方成反比就费解了。美国能源部的一个研究小组正困于这个难题。回国后，吴文俊用不到一个月的时间，就用数学机械化方法解决了这个难题——由开普勒的观测结果直接推导出牛顿万有引力定律。

改革开放之初，吴文俊应邀出访美国、加拿大等国。当时，中国驻美使馆的工作人员把吴文俊在美国引起重视的情况向有关部门做了详细的汇报。此后，吴文俊的工作在国内外的多个领域都产生了不小的反响。1990 年初夏，国家科学技术委员会高技术与基础司从特别经费中拨出 100 万元，支持吴文俊的工作。以此为契机，中国科学院在系统科学研究所成立了数学机械化中心。

1997 年获得国际著名的厄布朗（Herbrand）自动推理杰出成就奖时，吴文俊还获得了这样的赞誉：几何定理机器证明首先由赫伯特·格兰特（Herbert Gerlenter）于 20 世纪 50 年代开始研究，虽然得到了一些有意义的结果，但在“吴方法”出现之前的 20 年里这一领域进展甚微。在研究者不多的自动推理领域中，这种被动局面是由一个人完全扭转的。

2002 年 8 月 20 日，第二十四届国际数学家大会在北京人民大会堂隆重开幕，吴文俊在大会开幕式上讲话

2017 年 5 月 7 日，吴文俊因病在北京去世，享年 98 岁。他一生历任中国数学会理事长、中国科学院数学物理学部主任、全国政协常委、2002 年国际数学家大会主席、中国人工智能学会名誉理事长、中国科学院系统科学研究所名誉所长，并曾获得首届国家最高科学技术奖、首届国家自然科学奖一等奖、有东方诺贝尔奖之称的邵逸夫数学科学奖、厄布朗自动推理杰出成就奖。在他的领导下，中国的数学机械化事业进入了兴盛与辉煌的时期，数学机械化的研究队伍不断壮大，学术影响力不断提升，以吴文俊为代表的中国学派已初步形成。

参考文献

纪志刚，徐泽林. 2019. 论吴文俊的数学史业绩. 上海：上海交通大学出版社.

李邦河，高小山，李文林. 2019. 吴文俊全集·附卷——回忆与纪念. 北京：科学出版社.

李文林. 2019. 论吴文俊院士的数学史遗产. 上海交通大学学报（哲学社会科学版），1：63-70，95.

王静. 2012. 数字之舞：数学家吴文俊. 南昌：江西高校出版社.

吴文俊. 2015. 走自己的路——吴文俊口述自传. 长沙：湖南教育出版社.

刘东生

——不朽科学梦，深厚爱国情

他是一位富有冒险精神的探险家，74 岁去南极，79 岁到北极，82 岁还踏浪南海，87 岁又漫步罗布泊；他更是一位饱含人格魅力的科学大师，他的求知之心和爱国情怀激励着科技工作者们为祖国的科学事业而奋斗。他将自己的全部生命奉献给了祖国的科学事业。他就是在黄土形成和演变历史研究方面做出卓越贡献并被誉为“黄土之父”的著名地质学家刘东生。

刘东生 1942 年毕业于国立西南联合大学地质地理气象系。1980 年，他当选中国科学院院士，后来又当选第三世界科学院和欧亚科学院院士。他荣获过中国国家最高科学技术奖、国际泰勒环境成就奖、欧洲地球科学联合会“洪堡奖章”及诸多其他奖项。他一生著述等身，科学成就堪称举世瞩目，给世人留下了一份珍贵而丰厚的学术遗产。

探索未知是刘东生毕生追求的科学梦想，为此他一生兢兢业业、充满斗志。尽管被查出身患癌症，他仍壮志未已。即使在因病住院的一年多时间里，刘东生也总是精力旺盛，常常忘记自己是一位生病的老人，没有意识到自己会那么快离开热爱的科学事业。2008 年 3 月 6 日，刘东生因病去世，享年 91 岁。

刘东生

■ 少小知国耻，立志救中国

1917 年 11 月 22 日，刘东生出生于辽宁沈阳。明朝时，刘家先祖在军队服役，跟随燕王扫北到了北方，驻扎在天津。刘东生的父亲名叫刘福瑞（1894—1974年），字辑五，母亲名叫赵柏直（1897—1983年）。刘福瑞5岁丧母，由姐姐抚养长大。他从小失学，幼年随祖父在小药店打工，年长后闯关东，先到大连，再到沈阳，随后入京奉铁路皇姑屯站工作，最后任副站长。自学成才的经历使刘福瑞深知学习机会的宝贵，因此后来一直鼓励刘东生追求学业。

刘东生幼时家住沈阳郊区，周围有大片农田和小河。他儿时爱下河捡贝壳、抓鱼，擅游泳，十分热爱探险与亲近大自然。从小，他的父亲便教育他要勤学苦读、谦虚大气。母亲待人和善、性格温和，却也丝毫不懈怠对孩子的教育。刘东生5岁开始上私塾，半年后认识许多字。由于父亲时常出差在外，他就替母亲给父亲写信。父母为有这样懂事又聪明的儿子而感到十分骄傲。

1922年，刘东生进入奉天省立第二小学读书。当时中国积弱，屡遭外强入侵，学校十分重视爱国教育，每年都有“国耻日”纪念活动。这个活动对幼小的刘东生影响很大。学校旁边是一所日本人开办的学校。某日上学途经这所小学的操场，刘东生看见侵华日军在嚎叫声中进行残酷的“杀人训练”。他咬牙切齿，深感恐怖和愤恨。小学五年级的时候，班主任将校训“勤学、笃行”及岳飞名句“文臣不爱钱，武将不惜死，天下太平矣”贴在墙上，刘东生深受教益。他深知勤奋学习的重要性，也懂得了“国家兴亡，匹夫有责”的道理。

1928年6月4日，日军制造了震惊中外的“皇姑屯事件”，激起中国人民的抗日高潮。当时刘东生11岁，正在上小学五年级。作为皇姑屯车站的副站长，他的父亲那天晚上正在值夜班。那晚，他们一家被爆炸声惊醒。第二天，刘东生看见被炸的列车残骸，十分震骇。

读小学时，刘东生最喜欢听奶奶讲“蛮子挖金蟾”的故事[①]，从而萌生了对大自然的兴趣。在这个时期，他第一次看西部探险旅行的电影，于是对雪域高原、崇山峻岭、帐篷牦牛、少数民族风情满怀憧憬。

1929年，刘东生从奉天省立第二小学毕业，入皇姑屯私塾教师李彬清的学馆学习半年古文。由于憎恨日本侵略者，尽管有志学医，他仍毅然放弃日本人所办的“满洲医科大学附属南满中学”，另寻求学之路。1930年，因痛恨日本侵略者步步侵占东北地区，他结束了在沈阳13年的生活，返回祖籍地天津。同年秋天，刘东生考入著名的南开中学。

①即早期来华的外国传教士进行野外考古发掘与地质调查的事情。

1931 年“九一八”事变发生后，刘东生与沈阳的家人失去了联系。他凭着“舍小家、为大家”的爱国情怀，积极参加抗日救亡学生运动。1933 年秋季，刘东生加入南开中学“海鸥游泳队”。随后，他到南京参加第五届全国运动会，后来不巧因患伤寒而未能参加比赛。于是他回天津住院，休学一年有余。1935 年刘东生复学后，学校计划在保定陆军军官学校旧址军训 3 个月，但 1 个多月后即被日本人勒令停止。

1937 年 7 月刘东生从南开中学毕业，但日本的入侵致使北京大学、清华大学等著名学府纷纷南迁，战火遍及中国的东北部，交通瘫痪。7 月 7 日，毕业的刘东生从天津坐火车回位于北平的家（石驸马大街后门 12 号，即今新文化街 42 号）。大约中午 11 点，因为“七七”事变的爆发，火车在即将抵达丰台的时候突然停车，延至深夜 12 时才恢复通车。经历了一番折腾，刘东生后半夜才到家。

7 月 29 日，宋哲元率 29 军撤离北平。刘东生与母亲、妹妹、两个弟弟及堂姐乘难民列车到天津，住在英租界附近（此时父亲在上海）。8 月，一家人搬到南开中学的同班同学童遐龄家（位于法租界）住。于是，刘东生在童遐龄父母办的江西小学教了一年书。

幼时和青年时期经历的波折和所见所闻使刘东生对日军深恶痛绝。他深感被侵略的耻辱，一种使命感开始在心中萌芽。他立志要以身救国，拯救中国人民于水火之中。他浓厚的爱国情怀在心中渐渐积蓄，等待着迸发的那一天。

■ 决心科研，参加抗战

为了将中国从敌人的尖刀下拯救出来，年轻的刘东生不断摸索着，渴望寻求一个为祖国奉献的途径。终于，他踏上了科研和抗日战争的道路。

1938 年 7 月，刘东生乘船到香港，与父亲会合。此时，父亲已为他办好赴美的护照，希望他可以去美国学习。刘东生却表明了自己留在祖国参加抗日战争的决心，并获得了父亲的支持。于是他从香港经越南西贡、河内进入云南河口，经蒙自抵达昆明，以南开中学高中毕业生身份免试入读著名的国立西南联合大学。国立西南联合大学传承“学术自由，民主办学”的传统，思想上发扬了“五四运动”时期民主与科学的精神。这里良好的思想和学术环境坚定了刘东生献身祖国地质事业的理想。

他原本依从父亲的意愿入读机械系，后因见谭锡畴教授到昆明易门由少量地质现象而认定该地有大铁矿，并得到证实，始悟开拓矿业更能报效国家。易门铁矿的勘探开采触发了他改学地质的念头。他找到清华大学的老师，要求转到地质系，老师没答应。他不死心，再去找北京大学管理一年级学生的老师叶公超。叶公超爽快地签了字。于是刘东生转到地质系 1938 级，师从古脊椎动物学家杨钟健从事鱼化石研究，同班同学有马杏垣、郝诒纯、陈梦熊、谷德振、顾知微、穆恩之、韩德馨等日后成名的大家。

1938 年 9 月 28 日，日军飞机轰炸昆明，刘东生在西山躲避时见到中国空军迎战日机。警报解除后，同学们赶回学校驻地昆华师范学校，不料宿舍已成废墟。刘东生见状不禁愤愤难平，更加坚定了自己的救国梦。

1940 年，刘东生跟随系主任孙云铸教授到昆明北面二村野外实习，遇见在那里收集毕业论文资料的四年级学长徐煜坚，获赠《居里夫人传》和一些介绍国外探险的书籍。徐学长介绍了前辈地质学家丁文江的许多事迹，对刘东生后来几十年的地质研究工作有很大的影响。1941 年，刘东生与同班同学罗明远、司徒愈旺趁暑假做地质调查，准备毕业论文，完成昆明西北武定和禄劝两县的大比例尺地质图，同时采集到大量泥盆纪鱼类化石。

1942 年夏，刘东生从国立西南联合大学地质地理气象学系毕业。因胃病，他住在昆明节孝巷养病，也因此错失报考中央地质调查所的机会，未能如愿与同学陈梦熊、罗明远、顾知微、穆恩之等去该所学习。1943 年整年，刘东生都在和疾病抗争。

1944 年，刘东生遇到名医，胃病痊愈。身体康复后，他决心投身抗日战争。他离开昆明到成都，参加战地服务团，在成都近郊凤凰山机场盟军第二空军（陈纳德将军统率的部队）招待所工作。该所招待股的股长吴金鼎是考古学家，给刘东生介绍了《考古学入门》一书，并讲述了许多中国考古学家和考古探险的故事，使刘东生对考古学产生浓厚的兴趣。

1945 年夏初，刘东生与吴金鼎一同被调到成都彭家场军用机场招待所。不久，他又被调往西安盟军空军招待所，直至日本投降。抗日战争结束后，刘东生写信给当时在经济部中央地质调查所工作的同学顾知微和罗明远，表达想考入该所的愿望。

■ 巧识黄土，登“峰”造极

抗日战争胜利后，满怀喜悦的刘东生如愿考入经济部中央地质调查所，师从著名科学家杨钟健研究古脊椎动物。杨先生很赏识他的聪明机智和用功读书的品格，给予了他特别的指导。到新中国成立初，刘东生已经在这一领域小有名气，还出版了专著。但随着新中国成立后大规模的建设，黄土高原区的水土流失和下游频繁的水旱灾害成为我国北方建设和经济发展的拦路虎。国家决心治理黄河，于是组织水土保持综合考察队，并急调刘东生参加黄土区水土保持工作。从此，刘东生走上了奉献一生的黄土研究之路。

在黄土考察中，通过细致观测，他与朱显谟一起认出了黄土中的“古土壤”。后来表明，这一发现翻开了黄土研究崭新的一页。通过对黄土高原区十条大断面的路线考察，他们获取了大量的第一手资料。“行必果”的性格使刘东生没有放弃这些通过艰苦的野外工作得来的珍贵资料。在许多学者完成《黄河中游水土考察报告》后陆续离开黄土研究之际，他细心整理所有资料，并结合室内的实验研究，在黄土地层的划分、空间变化、物质成分和成因等方面有了全新的认识。他系统总结了考察的成果，几年间完成了《黄河中游黄土》《中国的黄土堆积》《黄土的物质成分和结构》3 本著作，编制了《黄河中游黄土分布图》和《中国黄土分布图》。他超越其他知名学者，成为黄土研究的专家。他在黄河中游黄土区划分出的砂黄土带、黄土带和黏黄土带 3 个带，为寻找黄河下游河道中“粗颗粒”泥沙的来源区指明了方向，对“治黄”发挥了指导性的重要作用。他的 3 本专著也成为后人研究黄土的经典。

刘东生（中）在野外与解放军战士在一起

“文化大革命”无情地终止了刘东生已经“走在国外学者前头”的黄土研究。但是矢志科研的刘东生没有浪费这长长的10年时间。除了适时开展环境地学的研究建立了环境地学的研究队伍，他还利用一切机会扎进图书馆，了解并研究国际学术界的动向。他发现，国际第四纪地质学研究的理论体系已经明显从经典的“四次冰期”理论转向气候变化的多旋回理论，而中国的黄土-古土壤的叠覆，不就是这种多旋回的最好证据吗?关键是必须把黄土形成的确切时间、黄土-古土壤所记录和反映的环境变化以国际通用的或新的替代性指标变化曲线标示出来。他亲自带着洛川的样品到瑞士苏黎世，与海勒（Heller）合作，利用古地磁技术将黄土的底界找出来了——250万年前，中国黄土涵盖整个第四纪。磁化率曲线测出来了，可以与深海氧同位素曲线对比。他领导的团队又用中国黄土-古土壤序列的各种气候变化的替代性指标充分反映了第四纪时期的环境变化，中国的黄土-古土壤终于成为第四纪气候变化多旋回特征的最高纪录，而刘东生成为解读中国黄土这本“天书”的第一人。

“黄土成因学说”已经争论了100多年，“风成说”说明了黄土原始物质的搬运营力，“冷黄土”“暖黄土”说明了黄土原始物质的来源，但这都不是“黄土成因学说”的全部。刘东生及他领导的研究队伍，利用黄土原始物质的形成、黄土原始物质的搬运营力、细粒粉尘物质扬起的动力学条件、造成粉尘搬运和沉降的天气过程与条件、粉尘沉降地的环境、粉尘堆积后转化成黄土的变化、黄土上发育古土壤的环境条件和过程等一系列的证据，形成证据链，创建了黄土的“新风成学说”。

除了对黄土的迷恋，刘东生对青藏高原也有着浓厚的兴趣。1963年5月，刘东生任科学考察队队长，与副队长施雅风一起带领科学考察队随中国登山协会登山队，对希夏邦马峰进行科学考察。5月2日，登山队登顶成功，地形测量组随即测得峰顶准确高度为8012米。考察中，北京地质学院教师张康富展示了在博野康加勒冰川附近海拔5900多米处采集的一块叶脉清晰的植物化石。刘东生预感到这块化石的巨大科研价值，于是将其带回北京，后经中国科学院植物研究所古植物专家徐仁教授鉴定，确定其为高山栎①化石。这块高山栎化石引发了持续至今的关于“青藏高原隆起时间、幅度和阶段”等问题的大规模科学研究。

1966年3月，刘东生作为科学考察队队长，率中国科学院西藏综合考察队100

①现生于海拔3000米左右的喜马拉雅山南坡。

多名科考队员再次进藏，分测绘、第四纪地质与古生物、自然地理、冰川与气象、生物及高山生理 5 个专题，对珠穆朗玛峰地区进行了大规模的科学考察。中心议题是青藏高原隆起的过程及其对自然界和人类活动的影响。这次科学考察活动开创了我国的高山科学考察事业，培养了青藏研究的队伍，引进的各种技术手段对推动青藏高原的研究发挥了巨大的作用。

1977 年 6 月，刘东生先后任中国托木尔峰登山科学考察队副队长、队长，带队考察南、北两个坡面。他特别强调，理解人与生物圈的关系，对阐明人类在大自然中的作用及合理开发、利用、保护高山地区自然资源具有十分重要的意义。7 月 18 日，在考察冰川遗迹返回途中骑马穿越特克斯河时，刘东生被坐骑掀翻落水，被急流冲走。幸运的是，他抱住了河里的大石头，由众人救援上岸才得以脱险。

刘东生十分注重青藏高原抬升对全球环境的影响，确立以“青藏高原隆起及其对自然环境与人类活动的综合研究”（也就是青藏高原隆升过程及其环境效应）为青藏研究的主攻方向。他关注并积极支持青藏高原研究会暨中国科学院青藏高原研究所的成立。

1980 年青藏会议(左一宋健，左二刘东生)

■ 言传身教，育人典范

二月的北京春寒料峭，但中国科学院研究生院的教室中却春意融融。中国科学院地质与地球物理研究所研究员、研究生院终身教授刘东生，正在给近百名研究生讲授"第四纪地质学与环境学"课程。这是他在2006年因病住院以前的场景。那年7月份刘东生还在给学生讲课，而当时他已经89岁高龄了。

自1978年中国科学院研究生院建立伊始，刘东生开课30年来，无论科研工作、社会活动多忙，他都会准时到校上课，从未间断。他以全新的教育思想、不断更新的教学内容及创新的教学方法，为我国的地质科学事业培养了大批优秀人才，多次被评为中国科学院研究生院优秀教师、优秀研究生导师，赢得了广大师生的尊敬和赞誉。

他十分重视青年人才的培养。在研究生培养方面，他从不囿于自己之所长，让学生去"克隆"，而是根据需要开拓新的研究领域。他利用广泛的社会关系，将学生送到国内相应领域的专家那里学习，了解这些领域的最新发展，掌握研究中使用的最新设备。在他的学术思想指导下，他的学生以扎实的功底，为黄土研究领域开拓了许多新的方向，使中国黄土研究始终处于领先地位。

刘东生懂得科技之争实际上是人才之争。他接纳从各国学成归来的学者，因此他的研究队伍被称为"多国部队"。他的学生也没有辜负他的期望，其中已经出了安芷生、朱日祥、刘嘉麒、丁仲礼4位院士，1位科学院副院长，许多位所长，还有大批研究骨干。他的学生们还创建了新的研究机构，在科学研究和人才培养中做出了傲人的成绩。

刘东生（中）与国际第四纪研究联合会执委

他常常在课上、课下询问专业背景不同（如化学、生物学等学科）的研究生：

“你学了‘第四纪地质学与环境学’，结合你的专业有什么新的想法与问题？”[①]以此启发研究生的创新意识和科学思维。地质学是一门实验性强的学科，其发展依赖于技术进步与创新。因此，刘东生常说，技术会永远进步、创新，而地质科学、第四纪科学也会随之而进步和创新，要启发研究生预测技术前进的步伐，进而预测科学的发展趋势，并鼓励学生发挥创新精神，鼓励青出于蓝而胜于蓝。

刘东生认为，科学家之所以能够做出创新，除了大量科学实践的积累，更重要的是他们所具备的唯物史观。认识源于实践，反过来又指导实践。掌握地球科学的方法论，要有正确的认识论。因此他要求研究生一定要学好“自然辩证法”和“科学社会主义理论与实践”这两门必修课。他谈到，整个世界就是一个普遍联系的有机体，因此人与自然要协调发展，而不是宣扬“人定胜天”。

刘东生常说，学习“第四纪地质学与环境学”这门课程，就要了解第四纪时期地球系统中发生的各种事件和气候环境演变特征，了解人与自然的相互关系，从而让第四纪研究在人类社会的发展中发挥科学作用。人类的发展依赖于第四纪环境，反过来又对环境产生作用和影响。第四纪科学要解决的一个重要问题就是如何协调人与自然的关系，使人类在全球变化中占据主动地位。

刘东生虽已是国际上著名的科学家，但他重视实践和客观事实，在课堂上既介绍自己的观点与理论系统，又毫无偏见地积极引进介绍一些外来的新的学术观点，让研究生就学术问题进行比较、鉴别，并提出他们的新想法。刘东生常常引用英国物理学家、X射线晶体学家、科学史家贝尔纳（J.D.Bernal）的话：“科学本身的存在在于新的结合。”[②]他认为各学科之间互不沟通，实际上限制了科学新思想的提出与发展。交叉学科的产生，即新学科的产生，是符合客观发展规律的。他谈到，20世纪60年代末正是地质学、地球化学、生物化学等多学科人员的综合研究、相互渗透的时期，在我国开创了地方病及其地球化学环境病因、环境质量与环境评价等新领域。

他经常将自己正在进行的国际合作项目或刚参加过的学术会议的最新动态和进展以授课或讲座的形式介绍给研究生，并邀请参加国际会议、国际合作的外国专家到中国科学院研究生院为研究生做报告。他多次推荐自己培养的优秀研究生，如中国科学院西安地球环境研究所原所长安芷生院士，中国科学院地质研究所原所长刘嘉麒院士，中国科学院地质与地球物理研究所原所长、现任中国科学院副院长丁

①②林秋雁．刘东生院士——杰出的科学家和教育家．中国地质教育，2009，2：2.

仲礼院士等国内著名的科学家、中青年科技人员来介绍他们最新的科研动态。

刘东生身教重于言传。他本人在20世纪60～90年代7次赴青藏高原和新疆考察，多次担任珠穆朗玛峰、希夏邦马峰、托木尔峰、南迦巴瓦峰等项目的科学考察队队长；1991年，他74岁时还奔赴南极考察2个多月；1996年8月，他与中国科学院大气物理研究所高登义研究员同去北极考察。凭着多年野外工作、登高探险的经验，他们考察了冰川及其周围的地形地貌，并采集了一些化石。1999年他已82岁，仍乘船赴南海考察40多天。刘东生对科学的执着追求和勤于实践的精神深深地感染了他的研究生，激发了他们追求科学、探索新知的信心和激情。

刘东生非常重视培养研究生的野外实践能力。他经常提到，地球科学不同于其他学科，实践性很强，地质工作者最重要的是掌握第一手资料，亲自到大自然中去观察、去探索。他多次组织研究生去周口店古人类遗址实习参观，并专门组织第四纪专业的研究生去大同实地了解第四纪火山群，去黄土高原看黄土剖面；组织研究生到中国科学院地质研究所去实习，参观第四纪的科研方法及中国科学院地质研究所里的大型实验设备，并且让研究生亲自去做实验，观摩从采样品到得出数据及进行计算机处理的全过程，以此锻炼研究生的动手能力。

在70多年的地球科学研究生涯中，刘东生始终坚持着自己的科学梦，并且将浓厚的爱国情意投注到科学事业中。这推动他在科学研究的道路上不断进步。他创立了黄土学，在全球环境变化、环境科学等领域做出开创性贡献，被誉为“黄土之父”、地学泰斗。他热爱祖国，严于律己，宽以待人，著述等身，桃李满天下，学养与品德受到国内外学术界的广泛称誉。他为人类科学事业献身的不朽精神和大师风范，是中华民族永久的精神财富，将永远激励着后世的科学家前进。

2002年获泰勒环境成就奖

参考文献

林秋雁. 2009. 刘东生院士——杰出的科学家和教育家. 中国地质教育，2：1-5 .

刘东生. 2017. 黄土情缘——刘东生口述自传. 长沙：湖南教育出版社.

潘云唐. 2016. 刘东生院士——中国和国际第四纪科学与黄土科学的领军人物：上. 矿物岩石地球化学通报，4：800-804.

潘云唐. 2016. 刘东生院士——中国和国际第四纪科学与黄土科学的领军人物：中. 矿物岩石地球化学通报，5：1065-1067.

潘云唐. 2016. 刘东生院士——中国和国际第四纪科学与黄土科学的领军人物：下. 矿物岩石地球化学通报，6：1341-1344.

潘云唐. 2017. 世界第四纪科学和黄土科学的领军人物——纪念刘东生院士百年诞辰. 化石，2：21-24.

姚联合. 2013. 刘东生的黄土情怀. 科学新闻，9：44-45.

叶笃正

——我是中国人，我要为中国做事

1916年2月21日，正是春寒料峭的时节。天津城一户姓叶的大户人家里，伴随着一声响亮的啼哭，一名男婴呱呱坠地了。男孩的父亲叶崇质依据《礼记·中庸》中的“博学之，审问之，慎思之，明辨之，笃行之”，为他取了一个颇为响亮而意蕴深远的名字——叶笃正，希望他长大后沿着“求是”的路径处世行事，做个诚笃的人。

就在叶笃正出生的这一年——1916 年，中国有了第一份现代意义上记录风云变幻的气象记录。而这位生于乱世，且与中国现代气象记录同龄的叶家公子，后来成了中国大气物理学的奠基人、全球气候变化研究的开拓者、气象科学的一代宗师。

2004 年 8 月 5 日，叶笃正在中国科学院大气物理研究所办公室

■ 教育烙印："爱国心的生根发芽"

出身官宦家庭的叶笃正，从小受到了良好的教育。叶家祖籍安徽安庆，世代书香。叶笃正的高祖父、曾祖父、祖父、父亲都曾是地方大官。在目睹了当时官场的腐败之后，叶笃正的父亲叶崇质大胆决定辞官去天津办实业。叶崇质虽然身为实业家，对新式学堂却并不认可，还是请私塾先生在家里教授孩子们四书五经。因此，叶笃正从小熟记《百家姓》、《三字经》、《弟子规》、"四书"、"五经"等传统经典，并深受其中宣扬的家国思想的影响。而叶崇质尽管常常为生意上的事感到焦头烂额，但对子女的教育问题毫不含糊。他几乎每天都要抽出时间，亲自督查孩子们的功课。如不满意，自然少不了一番教训，甚至责罚。在这样一个家风甚严的大家庭和古板严肃的一家之主——父亲面前，叶家的孩子们在课业上都十分认真刻苦，丝毫不敢懈怠。私塾教育的积淀、严厉的父爱，都让叶笃正完完全全地沐浴在中国传统教育之中。也正是这种传统文化的熏陶，使得叶笃正在今后面临人生选择时始终不忘爱国之心。

1930 年，14 岁的叶笃正考入了南开中学。南开中学成立于 1904 年，是由我国著名爱国教育家严范孙和张伯苓共同创办的。南开中学的教育思想可以用"允公允能，日新月异，群"9 个字概括。这一思想潜移默化地影响了叶笃正的一生。"允公"，最大的"公"就是中国，因此要爱中国；"允能"，就是要有本领为中国做事；"日新月异"就是要创新；"群"虽不在校训之中，却是张伯苓经常教导学生的一个字，即要有群体观念和团队精神。

当时，南开中学独树一帜地开设了社会调查课，让学生们在老师的带领下走出校园、走向社会，回来后写成调查报告，从而得以全面地接触、认识当时的中国。在社会调查课中，叶笃正跟随老师去了山东曲阜，认识了中国的文化源流。他登上了泰山，欣赏了祖国的秀美山川，进一步增强了爱国情怀。当时（1934 年），坚决主张抗日的爱国将领冯玉祥将军正在泰山，老师还带领学生们去拜访了冯将军。通过广泛的社会调查，叶笃正不仅看到当时中国官场的腐败、民众的疾苦、社会的黑暗，更看到了"九一八"事变后国家的动荡和民族的危机，也目睹了日寇的暴行和同胞在水深火热中挣扎的惨状。这位早熟的少年深深体会到科学的力量对一个国家、一个民族的重要性。历史和现实充分地证明——落后就要挨打！科学技术是强国之根本；只有先进的科学，才能挽救民族的危亡；也只有强大的科学，祖国才能

1942 年，叶笃正送给女友冯慧的照片

扬眉吐气。从此，叶笃正确立了“科学救国”“科学报国”的人生观，从而也选择了自己一生要走的路。

进入清华大学后，叶笃正决定选择自己喜爱的物理学专业来作为“科学救国”的路径。但一次邂逅，却让叶笃正做出了一个改变他一生前途和命运的抉择。一个晴朗的午后，还是理学院一年级学生的叶笃正来到学校的乒乓球台，经过球友的介绍，结识了即将从物理系毕业的学长钱三强。对科学的未来有着美好憧憬的叶笃正迫不及待地对这位志同道合的学长说出了自己的想法，并把准备研修物理专业的打算告诉了他，征求他的意见。钱三强沉思了片刻，如兄长般拍拍叶笃正的肩，坦诚地说：“你不要念物理，还是搞点实用的学问吧！气象学对中国来说是一个空白的领域，我看你还是学气象比较好，中国的气象科学太落后了。现在，中国最需要的是实实在在的学问。”①钱三强学长的这番话，让叶笃正觉得很有道理。于是他放弃了自己喜爱的物理学专业，选择了更实用的气象学。但他知道，研究气象需要有扎实的物理学和数学知识，从此他更加刻苦地学习、研究。

大学毕业后，叶笃正以优异的成绩考入在遵义的浙江大学史地研究所，成为气象学家涂长望和物理学家王淦昌的研究生，专攻大气学。1945 年，叶笃正通过选拔考试，赴美国芝加哥大学留学，师从世界著名的气象和海洋学家罗斯贝（Rossby），从此走进了他为之奋斗一生的科学领域。

■ 奔走回国：“我的舞台在中国”

留美期间，叶笃正靠着勤奋和聪颖，发表了多篇重要的学术论文。其博士论文《大气中的能量频散》更是被誉为动力气象学经典之作，广泛应用于预报。由于发展了罗斯贝的“大气动力理论”，叶笃正蜚声国际气象界，并迅速成为以罗斯贝为

①王舒．风云人生：叶笃正传．南京：江苏人民出版社，2009：35.

代表的“芝加哥学派”的主要成员之一。这个来自东方的学子，深受导师的信任与器重。当时有一个非常重要的关于夏威夷气候的研究项目，罗斯贝力排众议，让叶笃正负责主持，并为他配备了助手。1948 年，叶笃正留校，成为芝加哥大学的研究员，年薪 4300 美元，过上了衣食无忧且精神自由的学者生活。妻子冯慧也在怀俄明大学生化系拿到硕士学位后与之团聚。

1950 年，叶笃正、冯慧夫妇在科罗拉多州的梅萨维德国家公园

一切仿佛都按既定轨迹向更好的方向发展。但当新中国成立的消息传到大洋彼岸的时候，平静被打破了。叶笃正收到了来自祖国的邀请信。信中，涂长望先生满含深情地诉说了新中国成立伊始百废待兴、人才短缺的局面，“为了气象事业壮大发展，盼你们尽快回国”。[①]他感到报效祖国的时候到了，少年时代就立下的“科学救国”“科学报国”的愿望就要实现了。而与此同时，由于叶笃正的学术成果在当时已引起了美国乃至世界气象界的注目，许多科研机构都想以高薪聘请他。一天，美国国家气象局的一位工作人员敲开了叶笃正的房门。来人诚恳地对叶笃正说：“我们真心希望叶博士能够到华盛顿去工作，那里已经为您准备了最好的工作室。”“不，

①王舒. 风云人生：叶笃正传. 南京：江苏人民出版社，2009：48.

我不会去华盛顿，因为我打算回国了，我的祖国在等我回去!”那位工作人员没有料到叶笃正会拒绝，但他没有就此放弃，“要知道，我们为您提供的研究室是现今世界上顶级的。那里才是您的舞台，您将在那里创造出更多的辉煌”。“不，先生，您错了，我的舞台在中国，那里是我的祖国。”“可是，中国不能给您最好的研究室，不能给您最优厚的待遇，而这些，我们都能够给您。如果您愿意留在我们美国国家气象局，您还将得到比您现在更高的工资待遇。您还可以拥有您的私人汽车，比这里宽阔得多的公寓。叶博士，我们需要您，而您需要的一切我们也都能满足您。”“不，我的祖国更需要我。”叶笃正坚定地说。①那时美国一家小型大学的教授年薪也不过5000美元，而叶笃正的年薪已经高达4300美元，不难想象美国国家气象局的工作人员所说的“更高的工资待遇”意味着什么。叶笃正也很清楚，对于一个科学家来说，稳定的物质生活、先进的科研设备所具有的重要性。然而，此时没有什么比祖国的召唤更让叶笃正为之心动了。

在拒绝了多家权威科研机构的盛情邀请后，叶笃正开始为回国四处奔走。但是，当时美国社会有个不成文的规定：已经在美工作的留学人员，是不允许回到本国的，学习自然科学的更不行。那时又恰逢抗美援朝战争开战在即，美国政府执行敌视中国的政策，中美关系十分紧张。对于准备回国的中国学者，美国政府更是严格限制，设置了重重障碍。自然地，叶笃正申请的签证多次遭到拒绝。就在他心急如焚地寻找回国机会的时候，他想到也许导师有办法帮他回国，于是他立刻去请求了导师。面对罗斯贝教授语重心长地劝说，叶笃正还是轻轻摇了摇头，“教授，您知道，当初，统治中国的国民党政府是个腐败的政府，他们把中国搞得乌烟瘴气、民不聊生，而我的祖国也饱受欺凌和压迫。正是由于这个原因，我才离开自己的国家来到美国，为的是学习先进的科学知识，去挽救我的祖国。如今，这个反动腐朽的政府已经被推翻，新的国家

20世纪60年代叶笃正的工作照

①王舒．风云人生：叶笃正传．南京：江苏人民出版社，2009：48-49.

尚在襁褓之中，现在是最需要呵护的时候。所以，我更要回去和中国人民一起建设自己的祖国”。[①]罗斯贝被叶笃正这番充满爱国情怀的话语深深地打动了，并答应帮他弄到去瑞士的签证，然后从瑞士悄悄回国。然而，归心似箭，叶笃正并没有等到获得签证的这一天。不久，叶笃正听说有一艘船要在香港靠岸，允许中国学者乘坐。于是，他匆匆辞别了恩师罗斯贝，连夜收拾行装，准备私自回国了。1950 年 8 月 27 日，叶笃正和许多怀着同样爱国情怀的海外学子们一起登上“威尔逊总统号”邮轮，踏上了归国的旅程。经过多日的海上漂泊，叶笃正和同行的学子们终于到了中国的港口，他们难抑激动之情，高呼“我们到家了，祖国，我们回来了”。[②]

■ 艰苦奋斗：“做中国最需要的”

回到祖国后，叶笃正找到当时中国科学院地球物理研究所所长赵九章和中央军委气象局局长涂长望，请求立即开始工作。看到叶笃正回来，赵九章和涂长望也为祖国的气象事业增加了一位学有所成的学者而高兴，任命他为中国科学院地球物理研究所副研究员。起初，叶笃正想到清华大学教书。赵九章告诉他，我国气象学事业刚刚起步，底子还太薄，最需要像他这样的人才去奠定基础、去开拓发展。所以，赵九章还是希望他去搞研究。叶笃正当即表示：“工作要符合国家需要，国家需要什么，我就研究什么。”[③]当时，抗美援朝战争正在紧张进行。前方打仗，后方生产，四面八方不时传来急需天气预报的呼声：出动空军，急需天气预报！防洪抗洪，急需天气预报！农业生产，急需天气预报！于是，从国家的需要出发，叶笃正回国的首要工作就是建立中国的天气预报系统。就这样，在简陋但充满生机的舞台上，在北京西直门内北魏胡同的一座破旧房子里，叶笃正开始了新中国的气象研究。

在那时，中国现代气象科学研究事业几乎是一片空白。当时发达国家的研究室不仅有地面图、高空图，还有计算机，这是叶笃正亲眼所见的。可是在国内研究组狭小的办公室里，仅有一张简单的地面图，连天气预报必备的高空图也没有——这在国外是最普通的配件，做研究、做预报都要用，可在中国却没有。这就意味着他们只能从事天气学及古典气候学方面的研究，更意味着一切的研究工作必须从零开

①王舒．风云人生：叶笃正传．南京：江苏人民出版社，2009：51.
②王舒．风云人生：叶笃正传．南京：江苏人民出版社，2009：53.
③王舒．风云人生：叶笃正传．南京：江苏人民出版社，2009：55.

始。然而，叶笃正没有犹豫，卷起袖子自己绘起图来。经过一阵苦干，在他的指导下，在全体工作人员的共同努力下，第一张 500 毫巴（相当于 5 000 米高度）的手绘高空天气环流图终于完成了。叶笃正亲手把这幅巨大的天气图挂在墙上，看了一遍又一遍，激动地说："中国的天气预报要在物理学、数学的基础上建立起来。今后，天有不测风云的时代该在中国结束了！"①

当然，这绝不是一句大话。面对基础薄弱的气象科学事业，叶笃正每天早出晚归，夜以继日、呕心沥血地工作，从带大家看天气图一步步教起。1950 年，他和顾震潮代表赵九章同中央军委气象局共同领导筹建了联合天气预报中心和联合天气资料中心，开启了我国气象分析预报业务；同时，他带领中国科学院地球物理研究所当时仅有 10 多人的气象研究小组积极开展与气象预报密切相关的研究工作，做出了许多关键甚至前沿的工作：1957 年和 1958 年，叶笃正、陶诗言、顾震潮等人合作完成了一篇题为"东亚大气环流"（On the General Circulation over Eastern Asian）的英文论文，在瑞典地球物理杂志《大地》（*Tellus*）上分 3 期连载。论文引起国际大气科学界的极大关注，文章内容后来经常被外国科学家引用。在大气运动变化方面，1957 年，叶笃正在日本杂志《气象集志》上发表《论大气中准地转的形成》一文，提出大气运动的地转适应过程的尺度理论，并与李麦村一同提出大气运动适应理论，比西方的研究早了 10 年。叶笃正也是最早对阻塞高压的形成做出满意解释的气象学家，而国外科学家的成果要到 15 年后（1976 年），才注意到阻塞高压与北美异常天气的联系。更具有开创性的是，叶笃正创立了青藏高原气象学。他的研究成果让国际接受了"大地形热力作用"的概念，从而奠定了青藏高原气象学的科学基础。这样看来，叶笃正提出"要让外国人来同我们接轨"的豪言壮语绝不是妄言。

1958 年，中国科学院地球物理研究所正式建立研究室，其中第二研究室为天气气候研究室，由叶笃正担任主任。天气气候研究室成为地球物理研究所成长最快、成绩最突出的研究室。至 1965 年，由于具有深厚的学术基础和充足的人才资源，其成为国内大气科学的研究中心。为此，1966 年，在地球物理研究所天气气候研究室的基础上，成立了中国科学院大气物理研究所。仅仅几年时间，叶笃正就和同事们一起把大气物理学的主要分支一一建立起来。大气物理研究所也由过去仅有十几个人做一些简单的天气和气候研究的小所，发展成为拥有数百名研究者的门类齐全的大型研究所。

①王舒．风云人生：叶笃正传．南京：江苏人民出版社，2009：57.

1978 年 3 月，叶笃正（右一）在全国科学大会上和陶诗言（右二）讨论

■ 坚定信仰："历经风雨矢志不渝"

对于叶笃正来说，天上风云虽然可测，人间世事却难以预料。就是这样一位热爱祖国并有杰出贡献的科学家，在攻坚克难的同时，也受到了"文化大革命"的影响。然而对于"文化大革命"带给他的种种伤害，叶笃正没有过多地抱怨。他始终认为，在新中国成立后回国这一抉择是正确的。但最令他心痛的是珍藏多年的国内外研究资料、研究笔记和气象领域的著作文献都在抄家时被付之一炬。叶笃正为此一连几天寝食难安。与此同时，叶笃正仍然表现出一位科学家忠贞的爱国情操。在我国人造卫星上天前，他曾经向中国科学院地球物理研究所的几位同事许诺，等人造卫星上天，他请同事们喝酒庆祝。在"文化大革命"尚未完全过去的艰苦岁月里，就在我国人造卫星升天时《东方红》乐曲响起的那个晚上，叶笃正和他的同事们在他从不请人喝酒的家里一起举杯庆贺。

"文化大革命"结束后，他立即走上科研的领导岗位，积极响应改革开放"引进来、走出去"的号召，和来华学者学术合作，也多次率团到国外进行学术交流，并于 1980 年当选为中国科学院学部委员（院士）。"把国外的东西引进来，然后在这个基础上发展，创造自己的东西，同时把中国气象科学推到世界上去。"①可以说，在 20 世纪七八十年代，叶笃正的科研工作和思想境界十分清晰："一是以国家需求为先，二是要占领科学最前沿。"②1972 年 6 月，美籍华人学者团来华访问，

①王舒．风云人生：叶笃正传．南京：江苏人民出版社，2009：120.

②《叶茂根深　学笃风正　纪念叶笃正先生诞辰一百周年》编写组．叶茂根深　学笃风正——纪念叶笃正先生诞辰一百周年．北京：气象出版社，2016：57.

团员中的流体力学教授张捷迁提出愿意短期来华工作，中央批示中国科学院要做好中美学者的学术交流与合作。叶笃正接受了与张捷迁的合作任务，并确立了建立大气环流物理模拟实验室的研究课题。这是双方都感兴趣、国家也非常需要的课题。在此期间，两人合作进行了青藏高原热力影响实验及台风模拟实验，并做出了一系列重要成果。与此同时，叶笃正终于和定居美国的老朋友取得联系，他们的通信也带来了当时急需的国际学术信息。与吸引来华学者相辅相成的就是国内学者走出去。1979 年 9 月，64 岁的叶笃正率领中国气象代表团，再次踏上了美国的土地。在美期间，叶笃正为了尽快摸清 10 多年来国际气象学界的进展，于 1981 年在普林斯顿大学地球物理实验室任高级科学家，并与马纳比（S.Manabe）教授合作，用数值模拟的方法研究降雪灌溉对不同地区气候的影响，做出了开拓性的陆面记忆研究。

1985 年，叶笃正出席了在奥地利召开的全球气候变化大会，即菲拉赫会议（Villach Conference）。会后，他致信中央，提出了对我国全球气候变化研究的建议。

1985 年，叶笃正（前排左二）在奥地利参加菲拉赫会议

在这期间，当年的几位同窗好友听说叶笃正重返美国，便迫不及待地赶来了。对于叶笃正当初回国，好友每每感到惋惜：“30 年前，你放弃了优厚的待遇，放弃了那么好的实验室，义无反顾地回到了中国。可是听说你也并不顺利，还吃了不少

苦，你这片赤子之心换来的是什么呢？是折磨，是飞来横祸。你现在一定很后悔当初的决定吧？如果在美国继续工作下去，你的成就会比在中国大得多。”但是叶笃正很坚定，“个人遇到的不平、不公之事，只不过是苍穹中的一点尘埃。当然，如果不回去，我个人的生活会优裕得多。我个人取得的成就可能很大，我写的论文质量可能会比较高。可谁叫我是个中国人，我得回去为中国做事，为中国老百姓做事，为自己的祖国贡献力量！我认为，如果一个人能把一个国家的气象科学提高到一定的水平，那么这比他写多少篇论文所做的贡献都要大”。①

■ 教书育人：“为国家培养人才”

叶笃正深知，中国在气象研究的许多领域仍然比较落后；一个学科的发展并不是有了机构建制就能做好，科学家也会老去，要保持我国气象科学的长足长存，就需要更多的优秀人才。因此叶笃正非常重视人才的培养。现在的中国科学院院士曾庆存、周秀骥、巢纪平，中国工程院院士任阵海，就是当年在中国科学院地球物理研究所天气气候研究室打下了科研功底，并逐步成长起来的。黄荣辉院士、吴国雄院士、李崇银院士都是叶笃正的学生，符淙斌院士也是在叶笃正长期带领下成长起来的。“文化大革命”前，叶笃正培养了 7 名研究生。1978 年以来，他又培养了 11 名硕士、20 名博士。如他所说，“我回国后为我们中国的大气科学事业培养了一大批学生，这是我感到最光荣、最欣慰的。”②

叶笃正培养人才的模式是：第一步，指定题目，并教给做法，用这种方法完成两三个题目，初步学会做科研工作；第二步，给出题目，由科研人员自己想办法完成，叶笃正做指导；第三步，由科研人员自定题目，自行完成，叶笃正做指导。叶笃正还会定期组织学术报告，让年轻人阅读当时国际上的重要论文，然后再让他们介绍国际前沿的理论和实验成果并进行讨论，使青年科技人员和研究生在当时国际封锁的情况下，也能站在世界科学前沿。就这样，叶笃正一步一步地把许多科学研究的苗子逐步培养成卓有成就的科学家。

在这个过程中，他非常重视学生独立与求真的治学精神。他说：“我最不喜欢

①王舒．风云人生：叶笃正传．南京：江苏人民出版社，2009：121-123.

②《叶茂根深　学笃风正——纪念叶笃正先生诞辰一百周年》编写组．叶茂根深　学笃风正——纪念叶笃正先生诞辰一百周年．北京：气象出版社，2016：92.

唯唯诺诺、只会照你说的去做，而没有自己想法的学生。你说什么，他都说‘对’‘好’。总把‘某某说的’挂在嘴边，这样的学生不行。我喜欢敢对我说‘不’的人，并且能讲出自己的道理。”他还经常说：“我希望自己的学生有独立的学术见解，敢于和我说‘不’。他们的成果比我大，才是我的成功！”①叶笃正坚持求真，就如他的名字，求真、求实、求正。他认为这是科研工作者最基本的原则，也是对国家负责的态度。

2005 年 11 月 2 日，叶笃正院士（右二）在进行学术讨论

叶笃正曾在北京大学物理系气象专业及中国科学技术大学地球和空间科学系讲授动力气象学，许多科研人员和研究生都去听他的课。他把最重要的基础知识和最新的科研成果写进讲义，以此把专业知识教给更多的学子。除了专业性的指导与授课，叶笃正对学生保持着高度包容和支持的态度，为国家科研事业挖掘了许多优秀人才。20 世纪 60 年代，国际上流行一种臭氧观测方法。年轻的科技人员魏鼎文写了一篇文章，指出这个方法的结果不是唯一的。许多人，包括一些权威都认为魏鼎文的文章是错误的，但叶笃正认为这篇文章具有创新性，并支持魏鼎文发表。后来，这篇文章得到国内外的承认，被认为在臭氧观测领域有重大贡献。如今，魏鼎文已是赫赫有名的臭氧问题专家。1956 年，青年科技人员巢纪平用业余时间做了一个三维非线性的地形，目的是对大气环流影响进行理论研究，但是被人否定了。巢

①王舒. 风云人生：叶笃正传. 南京：江苏人民出版社，2009：126.

纪平向并不主管他工作的叶笃正“求救”。叶笃正看完巢纪平的研究文稿后，拿出了一份稿子，对他说：“我也在做这方面的研究，不过是正压大气的，而你做的是斜压大气的。我不继续做了，你做下去吧，由我来安排。”① 随后，叶笃正让跟他做计算的两位统计员转来帮巢纪平。巢纪平的研究最后于 1957 年发表在《中国科学》上。

1978 年进入中国科学技术大学读研究生的吴国雄，后来被中国科学院大气物理研究所推荐参加国外留学考试，结果成绩合格。是到国外留学，还是留在国内跟随叶笃正学习？吴国雄经过再三考虑，决定放弃出国学习的机会。当时“文化大革命”刚结束，百废待兴，急于开展科研业务的叶笃正非常需要年轻助手。但当他得知吴国雄准备放弃到国外读研究生的机会时，他没有从自己的工作需要出发，而是更多地考虑到国家的需要、事业的需要。他对吴国雄说：“我们国家封闭了许多年，而国外在大气科学领域前进的速度非常快，你应该抓住这个机会，好好到国外学习先进的科学，学成之后再回来做研究工作。”②吴国雄听从了叶笃正的建议，于 1984 年学成回国。在吴国雄看来，叶先生对后辈的影响是潜移默化的，他深入灵魂的爱国情怀和发展中国大气科学的壮志激情，就是最好的教科书。

从与中国第一份有现代意义的气象记录同时诞生的大家之子，到立下“科学救国”誓言的有志少年；从在钱三强的鼓励下改选气象学专业的热切学子，到在大气领域蜚声世界的青年才俊；从毅然放弃国外优厚条件、投身祖国气象事业的爱国学者，到大成以德、享誉全球的一代气象宗师，叶笃正的一生和中国的气象研究、气象事业密不可分。

这位忠于科研、忠于国家的老者，在晚年也没有停下脚步，而是以更大的格局与情怀，把视野投向关系人类命运的全球变化研究。出于对国家发展和人类未来的高度责任感，叶笃正时刻关注全球变化问题，率先提出要将全球变化和可持续发展联系起来的观点，提出了“有序人类活动”和“有序适应”的概念，并不遗余力地推动相关研究发展。

参考文献

本刊特约记者. 2007. 2006 年感动中国的人物：叶笃正. 百年潮，4：4-9.

①王舒．风云人生：叶笃正传．南京：江苏人民出版社，2009：127.

②王舒．风云人生：叶笃正传．南京：江苏人民出版社，2009：128.

龚剑明，薛淮. 2016. 秉承笃正精神，开创气象先河——纪念叶笃正先生百年诞辰. 大气科学，6：1333-1336.

顾迈南. 1996. 一个结束“天有不测风云”历史的人——记著名气象学家、百万元大奖获得者叶笃正. 炎黄春秋，3：20-25.

孙烨. 2012. 叶笃正：青藏高原气象学的奠基人. 自然辩证法通讯，4：100-108.

王舒. 2009. 风云人生：叶笃正传. 南京：江苏人民出版社.

吴彤等. 2012. 领袖科学家：王大珩、叶笃正、刘东生. 北京：中国科学技术出版社.

余玮. 2006. 叶笃正：天之风云可测. 江淮文史，5：67-86.

张蕾. 2011. 气象学家叶笃正的人生追求. 成才之路，16：10-11.

《叶茂根深 学笃风正——纪念叶笃正先生诞辰一百周年》编写组. 2016. 叶茂根深 学笃风正——纪念叶笃正先生诞辰一百周年. 北京：气象出版社.

李振声

——真正给我打分的是农民

李振声是农业发展战略专家、小麦遗传育种学家、中国小麦远缘杂交育种奠基人，有“当代后稷”和“中国小麦远缘杂交之父”之称。他凭借在小麦育种领域的一系列开创性研究及成果，以及在我国粮食发展战略上做出的重要贡献，荣获了2006年度国家最高科学技术奖。

李振声于1931年出生在山东淄博农村的一个贫寒之家。他的父母虽身为农民，却很重视孩子的教育问题。他先念私塾，后上学堂。在他13岁那年，父亲去世，母亲一人带着4个孩子，生活越发艰难。在哥哥的资助下，李振声得以读到高中二年级，但是此后再无力支撑。辍学后的李振声只身来到济南，想托人找个工作。一个偶然的机会，他在街上看到了山东农学院的招生启事，上面提到可以提供吃住，于是他抱着试一试的想法去报考，结果顺利考中。回想起当年艰苦的时光，李振声感慨道：“又有饭吃，又能上大学，这是我过去从不敢想的事情。”[①]他挨过饿，知道粮食的可贵，也知道农业的重要，所以特别珍惜这次学习机会。

李振声

进入了山东农学院的大门后，李振声遇到了一生中最关键的两位贵人。一位是原燕京大学教授沈寿铃，他给学生们教授的小麦育种课深入浅出，很有吸引力。另一位是余松

①杨万国. 李振声的小麦情缘. 农村·农业·农民（A版），2007，5：12.

烈教授，他讲授的遗传课也很生动，这让初入门径的李振声开始对这一领域产生了浓厚的兴趣。假期回乡后，李振声将当时学校农场里培育的面向山东推广的几个小麦优良品种，如“齐大 195”“扁穗小麦”“鱼鳞白”等，引入了家乡，种植以后确实比当地的老品种要增产不少。种子的质量得到了乡亲们的认可，大家都纷纷来换取新的种子。看到乡亲们对小麦优良品种的喜爱和认可，而且农业科技确实可以帮助农民提高生产水平、改善生活，李振声更加坚定了从事小麦育种研究工作的决心。

■ 成功培育出“小偃 6 号”

1951 年，李振声从山东农学院毕业后被分配到中国科学院遗传选种实验馆工作。5 年后，他响应国家支援大西北的号召，放弃北京优越的工作和生活条件，奔赴西部的一个小镇——陕西杨凌，在中国科学院西北农业生物研究所开始了小麦育种的研究，也从此开始了他在大西北 31 年的科研生涯。那一年，恰逢我国历史上最严重的小麦条锈病大流行，西北地区有的地方的小麦因此减产 20%～30%，整个黄河流域小麦减产 100 多亿斤，相当于全国粮食总产量的 1/20。李振声得知后，内心受到了很大震动，决定从事小麦改良研究，为农民培育优良的抗病小麦。在此之前，李振声研究的方向是牧草。在北京的时候，他跟随导师土壤学家冯兆林从事种植牧草改良土壤的研究，曾经收集、种植过 800 多种牧草，对牧草研究有一定的基础。正是这样的研究方向启发了他在小麦育种上的科研思路。当时引起小麦条锈病大流行的原因是病菌变异的速度快、育种的速度慢，即 8 年才能育成一个小麦新品种，而条锈病平均 5.5 年就能产生一个变种。怎么解决这种问题成为当时的一个世界性难题。根据多年对牧草的研究，李振声发现长穗偃麦草等具有非常好的抗病性。“农民精心栽培小麦几千年，但小麦还是体弱多病；野草没人管，却生长得很好。”[①]能不能通过小麦与天然牧草的杂交来培育一种抗病性强的小麦品种呢？在这样的思路下，李振声另辟蹊径，开始对小麦远缘杂交进行研究。

根据对小麦历史的研究，李振声发现，现在的小麦就是最原始的一粒小麦先后和拟斯卑尔脱山羊草、粗山羊草经过两次天然杂交和长期的自然选择及人工选择进化来的。一粒小麦与拟斯卑尔脱山羊草发生天然杂交后形成了二粒小麦，产量提高

---

①江娜．“真正给我打分的是农民”——记中国科学院院士、中国小麦远缘杂交育种奠基人李振声．种子世界，2014，7：14.

了；二粒小麦与粗山羊草发生天然杂交后形成了普通小麦，不仅产量提高了，而且品质有了根本的改善。但随之而来的问题是，小麦经过数千年的人工选择和栽培，如同温室里的花朵，抗病基因逐渐丧失，提高小麦的抗病性成了迫在眉睫的课题。所以当李振声提出通过远缘杂交将草的抗病基因转移给小麦，从而选育出持久性抗病小麦品种的设想时，立刻得到了植物学家和植物病理学家的支持。

李振声院士田间照（一）

李振声不是一个空想主义者，不久他就把想法付诸实践。他用小麦和一种具有很强抗病虫害能力的牧草进行杂交试验。因为牧草和小麦不是同一种植物，亲缘关系较远，所以这种杂交被称作“远缘杂交”试验。然而，这项研究在当时也被许多人视为畏途。尤其是当他的研究进行到第 8 年的时候，“四清”运动开始了，有人说他的研究都搞了 8 年了还没见成果，是脱离实际，要他放弃。“当时看到已经取得的阶段性成果，怎么忍心放弃啊。”李振声说道。[①]那些年，李振声一直在偷偷进行研究，坚持就是胜利！终于，到了 1979 年，李振声的研究取得突破。整整用了 23 年的时间，他和他的同事们攻克了杂交品种后代不育、疯狂分离的难题，最终培育出持久抗病而且高产优质的小偃系列品种。由于小偃麦的抗病性强、产量高、品质好，在黄淮流域冬麦区广泛种植，于是农村流传开了这样一句民谣：“要吃面，种小偃。”这让小偃 6 号不推自广。李振声则笑言：“我们今天能吃到发面馒头和面

①杨万国.李振声的小麦情缘.农村·农业·农民（A版），2007，5：13.

包，应该谢谢大自然，也要谢谢给小麦提供优良基因的小草。”①目前，“小偃 6 号”已成为我国小麦育种的重要骨干亲本，其衍生品种已达 79 个，累计推广面积 3 亿多亩。“小偃 6 号”的成功，让李振声声名鹊起，各种奖励接踵而来。谈到这些，李振声只是淡淡的一句：“真正给我打分的是农民。”②李振声以他的执着、智慧和坚韧，帮助亿万农民品尝到了丰收的喜悦。

■ 创建蓝粒单体小麦和染色体工程育种新系统

远缘杂交对小麦遗传改良的重要性是不言而喻的，但难度大、耗时长，别人很难重复。如何才能缩短育种时间？20 世纪 70 年代后期，李振声另辟蹊径，又开始了染色体工程的研究。李振声研究出蓝粒单体小麦系统，在一个麦穗上可以长出深蓝、中蓝、浅蓝和白色 4 种颜色的种子。深蓝种子为二体，中蓝和浅蓝种子为单体，白色种子为缺体。根据种子颜色，我们就能知道染色体的数目，这样就解决了小麦染色体工程育种必须进行大量染色体鉴定的难题。随后，李振声团队又通过大量缺体单体自交和连续选择，育成了可以自花结实的缺体小麦株系，并利用这些株系建立了快速选育异代换系的新方法，即缺体回交法。以缺体小麦为母本，与黑麦或者其他有亲缘关系的二倍体、异源多倍体物种杂交，很容易获得带有一对黑麦或异源染色体的小麦异换代系。应用这个方法，李振声团队只用 3 年半就育成了小麦-黑麦异代换系“代 96”等材料。在此研究基础上，陕西长武农技站以它为亲本杂交育成了小麦新品种“长武 134”，累计推广面积 1000 万亩以上。有数据显示，1978～1998 年，我国水稻总产量增加 627 亿千克，小麦总产量增加 694 亿千克。小麦产量超过水稻，李振声的工作功不可没。因此，有人把他和从事杂交水稻研究的袁隆平并称为“南袁北李”，对此李振声总是微笑着说：“有人说‘南袁北李’，我们一个搞水稻，一个搞小麦，都是为了培养粮食新品种而努力，只要培育出好品种，农民增收了，我就幸福。”③

蓝粒小麦单体系统及其利用促进和发展了染色体工程育种，是一项国际首创成果，得到了美国遗传学会主席、小麦染色体工程研究的奠基人西尔斯（E.R.Sears）的高度评价。在李振声的建议下，1986 年，中国召开了第一届国际

①②孙洁．李振声：让一粒麦种种出丰收的希望．中国农村科技，2014，3：46.
③杨万国. 李振声的小麦情缘. 农村·农业·农民（A版），2007，5：13.

植物染色体工程学术讨论会，地点在中国西安。李振声作为地方组织委员会主席主持了这次会议。会上，李振声发明的蓝粒小麦单体系统受到美国、英国、瑞典、日本等 15 个国家的遗传学会主席及 100 多位专家的充分肯定。美国的肯贝尔（G. Kimber）教授指出，李振声是一个组织能力、想象能力很强的科学家，他的研究计划很全面，包括了从理论到应用的所有环节，他发明的蓝粒单体小麦有极大的细胞遗传学价值，为今后的植物染色体工程提供了一个极好的遗传操作工具。如果说西尔斯 20 世纪 50 年代开创了染色体基因定位的可能性，而李振声则在 80 年代开创了染色体工程缺体育种的可能性。

李振声院士田间照（二）

李振声课题组大约是在 1978 年以后开始国际合作的。他们最早的国际合作对象是通过中国科学院介绍的。在中国科学院遗传与发育生物学研究所的介绍和配合下，来自美国波士顿大学的丁玉澄教授每年到西北植物研究所工作一段时间，同他们开展小麦研究方面的合作。同时，通过丁玉澄的介绍，李振声的文章被推荐给美国遗传学会主席西尔斯。西尔斯看了很高兴，帮助做了些修改，并推荐到一家杂志发表。也就是从这时开始，西尔斯了解了李振声的工作，双方开始沟通与对话，并最终有了 1986 年的第一届国际植物染色体工程学术讨论会。1993 年，李振声又在北京主持了第八届国际小麦遗传学讨论会，不仅扩大了我国小麦遗传育种研究在国际上的影响，也为植物细胞和染色体工程国家重点实验室的建立奠定了基础。

■ 开创小麦氮、磷营养高效利用育种新方向

因为生产化肥需要耗费大量石油，所以有人说，现代农业是建立在大规模使用化肥基础上的“石油农业”。化肥用量增加开始会增加作物的产量，但是达到一定的量以后，作物产量的同步增加就几乎停止了。也就是说，化肥使作物增产有一个极限，超过这个极限，再多的化肥也没有用了。相关资料显示，20 世纪 80 年代以前，中国的施肥量与粮食产量是同步增长的；80 年代以后，施肥量还在增长，可是粮食产量却没有增加。这样不仅浪费资源，化肥流失到江河湖泊中还污染环境，引起水体“富营养化”。当时北京郊区的农民有一句顺口溜，说农业生产“一靠政府，二靠天，三靠美国的磷二铵”。中国的磷矿主要分布在西南地区，储量少、品位低，所以许多磷肥都要靠进口。李振声开始琢磨：中国的磷矿资源再有 100 年就开采完了，有什么办法能给国家节省点磷矿资源呢？能不能在生物技术上想想办法，提高作物对土壤中本身含有的磷的吸收利用率呢？这样不仅可以利用资源，还节省了化肥、保护了环境。于是，李振声主要围绕土壤中氮磷元素的营养利用展开研究，包括氮磷损失、氮磷固定、氮磷利用率及环境污染等问题。李振声等人发现，缺磷限制了中国农业的发展。磷缺失不仅不利于植物生长所需的磷摄入，还会制约植物对其他元素的摄入。1976～1985 年，北京郊区化肥投入量增加 3.4 倍，但是粮食产量仅仅增加 1 倍，缺磷是其中原因之一。由此李振声提出通过品种改良提高农业资源利用效率，开创了以提高氮、磷吸收和利用效率为突破口，以“少投入、多产出、保护环境、持续发展”为目标的小麦育种方向。

李振声团队通过对数千份资源的鉴定和筛选，发现了磷高效和氮高效的小麦种质资源，研究和揭示了它们的生理机制与增产潜力，同时开展了相关的遗传研究，为提高氮、磷吸收和利用效率的小麦育种奠定了理论基础。在磷营养方面，李振声团队在较短时间内，对中国小麦品质的磷营养类型及其年度间的稳定性有了初步了解，从众多的小麦种质（包括常用的近缘植物）中筛选出一批品种材料，以供研究磷营养机理及其遗传控制使用。同时，李振声团队还进行了小麦及其亲缘种“磷高效”基因定位的研究，然后通过育种实践培育出了能高效利用土壤磷营养的优质小麦新品种“小偃 54”，极大地推动了我国农作物高效利用土壤养分资源的育种工作。

通过多学科的交叉与合作，李振声团队还开展了提高小麦个体和群体的光合效率及光合产物优化分配的基础研究和育种实践，选育出能高效利用光能和高收获指数的高产小麦新品种“小偃81”。“小偃81”的一个显著特点是它的旋叶姿态具有动态特性，抽穗前为直立型，抽穗后逐渐转为下披，冠层结构为开放型，行间通风透光，保证了群体的透光性。良好的群体透光性保证了冠层和基部叶片较高的光合效率，有利于提高小麦根系活力和延长叶片的功能期，提高光合速率。“小偃81”还具有良好的茎秆结构，茎秆细而壁厚，厚壁组织比例大，纤维素和木质素含量高，抗倒伏能力强。单位面积大维管束数目多，有利于光合产物向籽粒运输，收获指数较高。“小偃81”的成功选育为中国麦高光效育种提供了一个范例，促进了中国小麦高产育种的基础理论研究。在2004～2005年“冀中南优质组冬小麦区域试验”中，“小偃81”品质达到优质麦标准，2004年产量达到565千克，2005年通过河北省农作物品种审定委员会审定。2007年在中国科学院禹城农业综合实验站发现“小偃81”耐盐碱性能良好，现在山东、河北省“渤海粮仓”地区推广。

李振声与长穗偃麦草

■ 打响农业科技的“黄淮海战役”

1984年以前，由于联产承包责任制的推行，农村生产力得到极大的解放，粮食增产很快，1984年达到4000亿千克。1985～1987年，我国粮食生产出现了3年徘徊期。与1984年相比，3年累计减产482.5亿千克，而同期人口累计增加约5000万。于是，怎样解决粮食问题再次成为中央高度关注的焦点。1987年，56岁的李振声被调回北京，任中国科学院副院长，主抓农业，从而被推到了解决粮食生产问题的第一线。

李振声带领中国科学院专家组深入黄淮海地区进行调查研究，花3个月时间提出了一个设想，即加强中低产田治理。中国科学院设在河南封丘县的试验站，通过中低产田治理给农民带来福音——封丘县从原来每年吃国家返销粮3500万千克到1987年给国家贡献粮食6500万千克。最后，李振声等人提出了进行黄淮海地区中低产田治理、打破粮食生产徘徊的建议，受到政府有关部门的高度重视和社会的广泛关注。

在这场保卫中国粮食安全的"农业黄淮海战役"中，李振声带领中国科学院25个研究所的400多名科技人员投入冀、鲁、豫、皖4省的农业主战场，与地方科技人员合作，开展了大规模的中低产田治理工作。当时《人民日报》头版头条发布消息"中科院决定投入精兵强将打翻身仗——农业科技'黄淮海战役'将揭序幕"。1987～1993年，经过6年的艰苦治理，全国粮食从4000亿千克增长到4500亿千克，其中黄淮海地区增产252.4亿千克，与原来预计250亿千克的增产潜力十分吻合。黄淮海中低产田的治理取得重大胜利，也使得我国在1993年以后的5年时间中粮食产量大幅度增加。"农业'黄淮海战役'的开展，使得我国北方小麦主产区黄淮海地区的粮食产量大幅度增加，为中国粮食产量迈上4500亿千克的台阶做出了重要贡献。"①

1987～2005年，从"我国农业生产的问题、潜力与对策"的报告到"粮食恢复性生产，时不待我"的演讲，每当我国粮食产量出现徘徊，李振声都能及时给大家敲响警钟，指出问题所在，分析潜力和对策。1999～2003年，我国粮食生产出现连续5年减产。2004年4月，李振声发表了主题报告"我国粮食生产的问题、原因与对策"，分析了连续5年减产的原因，提出争取3年实现粮食恢复性增长。2013年4月9日，科技部、中国科学院联合在山东东营启动"渤海粮仓"科技示范工程，计划到2020年环渤海地区增产粮食100亿斤，提升环渤海中低产区粮食增产能力和效益。"渤海粮仓"课题是由李振声牵头实施的科技项目，目标是在环渤海地区的中轻度盐碱地上实现"吨粮"的目标。李振声说，"渤海粮仓"科技示范工程集成抗逆作物品种、盐碱地改良利用、中低产田快速培肥、微咸水安全灌溉与雨水高效利用、棉田增粮等土、肥、水、种技术成果，探索低产农田粮食增产技术模式和"一、二、三"产业融合技术体系，为解决粮食增产、农民增收、农业增效问题提

①刘永谋．育种大师：袁隆平、李振声．北京：中国科学技术出版社，2012：117.

供科技支撑。如今，李振声还在为中国人民“吃粮”问题而奔忙着。

■ 中国人能养活自己

美国世界观察研究所原所长莱斯特·布朗（Lester Brown）于 1994 年在《世界观察》（1994 年第 9～第 10 期）上发表了题为“谁来养活中国”的文章，1995 年出版了《谁来养活中国》（*Who Will Feed China?*）的专著，其后又发表了类似的文章，在世界范围内引起了巨大的反响，几乎所有重要的国际性报刊和新闻机构都在显要位置上做了转载和报道。

在 2005 年的博鳌亚洲论坛上，李振声针对布朗的言论予以回应，指出中国人能养活自己。布朗的主要观点和依据有三个部分：一是中国人口数量的巨大增长；二是中国人均耕地面积的急剧减少；三是对中国粮食的生产、消费和进口前景的预测。布朗还指出，20 世纪末期中国的粮食生产与 20 世纪中期的日本有许多相似之处，而日本在实现工业化过程中农业萎缩，类似的情况也将出现在中国，并且在今后几十年中，中国谷物生产下降的速度可能比日本更快。他认为，这种状况一旦在中国变成现实，就必然导致世界粮荒。李振声根据 1990～2005 年这 15 年中国农业实际情况的分析，驳斥了布朗的观点。首先，中国近 15 年的人口增长没有布朗预测的那么快。中国人口数量在 2005 年 1 月 6 日达到 13 亿，而布朗预测到 2000 年中国人口数量就已达 13 亿以上，实际比布朗预测的时间推迟了 5 年。其次，中国耕地面积减少的情况没有布朗预测的那么严重。一是卫星遥感测量的中国耕地面积比 20 世纪 80 年代和 90 年代国家统计局公布的传统耕地面积要大得多。1996 年，《中国统计年鉴》公布的中国 1995 年耕地面积为 94 970.9 千公顷，而 1996 年 10 月，中国国土资源部等根据卫星遥感测量资料确定的中国耕地面积为 130 039.2 千公顷，比 1995 年公布的数字多出 35 068.3 千公顷，即多出了 36.9%。二是近几年耕地面积减少主要是由于生态退耕，也就是为了保护中国的生态环境，工业和交通等用地则并不多，今后，随着退耕还林还草计划的基本完成和国家采取极严格的保护耕地的措施，可以预计，中国耕地面积减少的速度将大幅度下降。最后，中国近 15 年的粮食并没有减产，而是在增产，粮食消费和生产总体是略有盈余的。在 1990～2004 年的 15 年中，有 9 年生产与消费平衡有余，6 年出现亏损，而 15 年合计也是平衡有余的，余额为 5799 万吨。其中一个重要原因是中国农业科技的发展使得单产不断提高。实际上，中国这 15 年合计进口粮食 19 842 万吨，出口 15 445 万吨，净进口 4 397 万吨，相当于总消费量（692 381 万吨）的 0.6%，对世界粮食市场的影响是微不足道的。因此，布朗的预测并不符合中国实情，是不准确的。根据中国实施工业化 15 年进程中农业发展的客观事实和轨迹，李振声以一个中国科学家的身份坚定地告诉世界——中国人能养活自己！

■ 不辞辛劳，甘于奉献

李振声是一个有着极强社会责任感的科学家。他热爱祖国，热爱脚下的大地。他关注现实，关注民生，关心农民的疾苦。在许多场合，李振声都提到要回报社会。他认为，是父母和亲友，老师和学校，领导、组织和单位——总体而言是社会——养育、培养和教育了他，他应该回报社会，因此始终觉得有一种责任感。20 世纪 50 年代，李振声响应国家号召，放弃了在北京的优越条件，奔赴大西北名不见经传的陕西杨凌小镇，在中国科学院西北农业生物研究所一干就是 31 年。而在李振声进行远缘杂交研究前期的 20 年里，他面临的不仅是没有成果的孤寂，更有险遭政治批判的厄运，但是他始终以国计民生为己任，始终把生产中迫切需要解决的关键问题作为科研的主攻方向，把基础理论研究与应用研究相结合，最终取得了一系列重大成果。

李振声尽管在科研领域取得了卓越的成就，但是在对待个人名利的问题上，他总是非常冷静和豁达，始终认为荣誉首先应归于集体。在获悉自己可能被授予国家最高科学技术奖后，李振声曾经写信给中国科学院的领导，表示自己不愿被授奖。他写道：“一想到‘国家最高奖’，心中就有些不安。为此辗转反侧，难以入睡。现在已是凌晨 2 点，我决定起床给您写这封信，表明我的愿望——如果有可能，我请求从候选人中去掉我的名字，

2009 年李振声院士在办公室进行小麦选种

不参加这次评选。”他还说：“我觉得我的贡献有限，另外我也获奖多次了。主要是我觉得我得到的荣誉超过了我实际的贡献，所以不想再申请了。我年龄大了，已经76岁了，我担心获奖之后做不出更好的成绩、更大的贡献。”[①]可见，李振声在名利面前是多么豁达、多么低调！按照惯例，国家最高科学技术奖获得者能拿到国家授予的500万元奖金，其中50万元属个人所得，其他部分为科研经费。2007年，当他拿到国家最高科学技术奖奖金后，他将个人所得的50万元全部捐献建立助学基金，支持中国科学院遗传与发育生物学研究所里经济困难的学生完成学业。他说：“荣誉归于集体，这次奖金也应归于集体。所以我已和单位说好了，将这次奖金全部捐给单位，作为学生的‘助学基金’，为经济困难的学生助一臂之力。对我来说，国家给予的待遇已经很好了，要那么多钱干什么呢？如果把这个钱拿出来给学生，让他去安心学，那不意义更大吗？”[②]

李振声全身心致力于小麦远缘杂交遗传与育种研究，为我国粮食安全、农业科技进步和农业可持续发展做出了杰出的贡献，依旧活跃在农业科研第一线，为我国农业的可持续发展呕心沥血。正如他常说的：“我是一个农民的儿子，我别无所求，一生的愿望只有一个，就是为农民做点实事。”[③]就是出于这种“农民儿子”的情怀，他把聪明才智奉献给了我国小麦育种事业；他把拳拳赤子之心奉献给了我国国家粮食安全保障课题；他把他的创意、创新及创造奉献给了中国人民乃至世界人民。

参考文献

江娜. 2014. “真正给我打分的是农民”——记中国科学院院士、中国小麦远缘杂交育种奠基人李振声. 种子世界，7：7-8.

刘永谋. 2012. 育种大师：袁隆平、李振声. 北京：中国科学技术出版社.

孙洁. 2014. 李振声：让一粒麦种种出丰收的希望. 中国农村科技，3：44-47.

王洁，濮婕. 2007. 国以粮为天——在“麦田王国”里攀登金字塔的李振声. 决策与信息，10：27-29.

肖莎，童依平，李滨. 2007. 春风化雨润麦苗——记2006年国家最高科技奖获得者李振声. 生命世界，9：92-95.

①②刘永谋. 育种大师：袁隆平、李振声. 北京：中国科学技术出版社，2012：101.

③王洁，濮婕. 国以粮为天——在“麦田王国”里攀登金字塔的李振声. 决策与信息，2007，10：29.

杨冬赓，武云. 2008. 从创意到创新，再到创造——访中国小麦远缘杂交之父李振声院士. 中国农业信息，6：10-11.

殷华，张鑫. 2010. 执著铸就金色梦 当代后稷写春秋——记中国小麦远缘杂交奠基人李振声院士. 世界农业，5：71-72.

张爱民，童依平，王道文. 2008. 小麦遗传育种学家李振声. 遗传，10：1239-1240.

赵继莹. 2009. 草麦情缘的创造者——记遗传学家、小麦育种专家李振声院士. 中国科技奖励，5：69-70.

吴征镒

——草木情缘　家国情怀

吴征镒是中国植物分类学研究的集大成者，被称为中国植物的“活词典”。他是闻名中外的植物学家、植物区系研究的权威学者，从事植物科学研究逾60年。他精通植物分类学、植物系统学、植物区系地理学、植物多样性保护及植物资源研究。

吴征镒是中国科学院昆明植物研究所研究员、名誉所长。1955年选聘为中国科学院学部委员，1979年又当选中国科学院学部主席团成员。1958年，他任中国科学院昆明植物研究所所长，1979年兼任中国科学院昆明分院院长。后曾任云南省科学技术委员会副主任、云南省科学技术协会主席、《中国植物志》(中文版、英文版)主编。1980年，他成为美国植物学会终身外籍会员、瑞典皇家植物地理学会名誉会员、苏联植物学会通讯会员。1997年，他当选世界自然保护联盟(International Union for Conservation of Nature，IUCN)理事。1999年，他成为世界第7位、亚洲第2位荣获堪称世界园艺诺贝尔奖的日本花卉绿地博览会纪仿协会“考斯莫斯国际奖”(International COSMOS Prize)。2008年，他获得了2007年度国家最高科学技术奖。

吴征镒在标本室鉴定植物

他提出了“东亚植物区”的概念，认为其是最古老的植物区，还提出了关于被子植物起源的“多系-多期-多域”理论。多年来，吴征镒专心从事以中国植物为中心的东亚植被和区系研究，潜心研究生物多样性，主编或编写了数十部学术专著。

他在植物分类研究中，发现并发表了 1300 个以上新分类群（植物亚科、族、组等新等级不下 10 个，新属 10 个）。他的无私奉献在世界植物分类学领域中产生了十分重要的作用，为人类认识自然、实现人与自然的和谐共存做出了巨大的贡献。

■ 书香门第，结缘植物

吴征镒 1916 年 6 月 13 日生于江西九江的一户官宦人家，同时也是书香门第。祖父吴筠孙为恩科传胪，官至江西浔阳道台。百年间，吴家以“两进士，四人杰”而被传为一段佳话。“两进士”为吴引孙、吴筠孙两兄弟。吴引孙曾在清朝光绪年间任过浙江宁绍道台，吴筠孙曾任江西浔阳道台。吴征镒的父亲吴启贤任过北洋政府农商部主事和江苏省议员。吴启贤有 6 个儿子，“四人杰”便是他的 4 个儿子——吴征铸、吴征鉴、吴征铠、吴征镒。吴征铸（吴白匋）是著名剧作家、学者、教授；吴征鉴是著名医学寄生虫学专家、中国医学科学院副院长；吴征铠是中国科学院院士、著名物理化学家、核科学家；吴征镒是中国科学院院士、世界著名的植物学家。1978 年，吴征鉴、吴征铠、吴征镒三兄弟同时出席了全国科学大会，成为科学史上一段美妙的重逢。

1978 年，四兄弟喜迎科学春天的到来合影，左起吴征铠、吴征铸（吴白匋）、吴征鉴、吴征镒

吴征镒不到 1 岁时，祖父故去，家境逐步破落，祖母金夫人带领儿孙迁至扬州北河下的吴道台大宅院。小时候，吴征镒常常一个人在家宅花园——芜园里玩。芜园是他的“游乐园”，千姿百态的花草树木让小小的吴征镒领略到大自然的神奇。

吴征镒 8 岁时入家塾，他喜欢去家里的藏书楼"测海楼"读书，尤其喜爱植物类图书，最爱读的是清代植物学家吴其濬撰写的《植物名实图考》和牧野富太郎的《日本植物图鉴》。读书闲暇，他便拿上那本《植物名实图考》，对着图谱去芜园里认识那些以前叫不上名字的花草，"看图识字"般在芜园中认识了几十种树木花草，并积累了上百份标本。"芜园"成为吴征镒与植物结缘的关键。吴征镒曾风趣地说："我选植物学作为专业，我家的后花园'芜园'应该是我的第一位启蒙老师。"①

1931 年，吴征镒考入江苏省立扬州中学上高中。在扬州中学，吴征镒因对植物的痴迷而小有名气。春游踏青时，生物老师随手指向一株植物，他都能一口气报出名称来。在扬州中学的校园里，同学们经常看到瘦弱的吴征镒趴在地上观看花草。下课后吴征镒热情邀请同窗好友去他家参观他的"百草园"。

生物老师还专门为他在班里举办了植物展览，展出他所采的标本。"这批标本有 100 多种，都由我参阅《植物名实图考》和《日本植物图鉴》写上中文名和学名，并由我二哥征鉴请其同事焦启源先生正式鉴定过。那时他们同在南京金陵大学生物系。"②这件事对他影响很大，使他立志报考生物系。1933 年 7 月，年仅 17 岁的吴征镒以优异成绩考入清华大学生物系。

■ 参加抗战，情定云南

在清华大学生物系时，吴征镒师从吴韫珍教授，成绩非常好。1937 年大学毕业，吴征镒留清华大学生物系任教。7 月，他自费参加段绳武组织的西北科学考察团，考察内蒙古、宁夏的植物。后因北平沦陷只好返回扬州，在震旦中学教生物学课。随即，他接到老师李继侗的电报，让他到长沙临时大学报到。到长沙以后不久，他参加了"湘黔滇旅行团"，由长沙步行到昆明，任国立西南联合大学生物系助教。

在昆明，吴征镒平时主要是教学及带学生到昆明郊区实习、采标本。假期里，他随步行团把昆明四周都走遍了。吴征镒被红土高原的山山水水、丰富的植物种类和复杂多样的植被景观所吸引。多次实地考察，年轻的吴征镒在学识上有了长足的进步，也立下了立足云南、放眼中国甚至了解世界植物的宏图大愿。

吴征镒既是学者，又是老革命，很早就投身进步学生运动。他入高中不久，就

---

①吴志菲，唐姣菊.吴征镒：为中国植物书写传奇. 中国人才，2008，3：48.

②吴志菲，唐姣菊.吴征镒：为中国植物书写传奇. 中国人才，2008，3：49.

发生了“九一八”事变，接着又是“一·二八”抗战。受爱国之心的激励，吴征镒在扬州四处奔走宣传抗日。

1945年，吴征镒在闻一多的介绍下加入中国民主同盟。1946年2月，吴征镒在云南大学标本室宣誓加入中国共产党。新中国成立前夕，吴征镒按照党的指示，致力于组织清华教职员读书会活动。每次遇到声援和签名活动，他就到周培源、朱自清、汤佩松等著名教授的家中征求签名。当年，《抗议美国扶植日本并拒绝领取美援面粉声明》曾在全国引起轰动，在声明上签名响应的有上百人，签名排在第1排第1位的就是朱自清，而第3排第11位则是吴征镒。据吴征镒回忆，1946年时，朱自清任清华大学中文系主任，与吴征镒同住在清华园图书馆北面的一个院子里。“我们常常用家乡话聊天。”[①]吴征镒回忆说，当时征集签名，朱自清教授先签了，吴征镒也毫不犹豫地签上了自己的名字。

1949年北平和平解放，6月，吴征镒任北京市军管会高教处副处长。11月1日，中国科学院成立，钱崇澍、童第周、俞德浚、侯学煜等科学家们受吴征镒邀请出山，新中国的植物学研究逐步走上正轨。12月份，吴征镒任中国科学院（机关）党支部首任书记，1955年当选中国科学院第一批学部委员（中国科学院院士）。

1950～1956年，吴征镒参加或领导了全国各大区资源综合考察，包括橡胶宜林地考察、中苏热带生物资源考察、华南林业考察及华南热带生物资源考察、华东农业考察等，足迹遍及广东、广西、贵州、云南等地区，对中国植物区系、大农业、生态环境保护和合理利用资源等问题的认识有所提高，并形成一些新的思路。1982年，“橡胶在北纬18°～24°大面积种植技术”获国家发明奖一等奖，吴征镒为获奖者之一。

在旁人眼里，具有老革命资历的吴征镒似乎可以走一条仕进之途，担任更重要的管理职务。可是，吴征镒一直对植物学研究情有独钟，去云南研究植物是他青年时期便立下的宏愿。1958年，年逾不惑的吴征镒毅然请调云南昆明，得到中国科学院领导首肯后，举家迁往昆明，出任昆明植物研究所所长，这是吴征镒一生中最大的转折点。到了云南，吴征镒潜心研究，终了其夙愿。

■ 步行天下，登高望远

20世纪70年代，进西藏进行植物野外考察，对每个科学家来说都是艰难的。

---

①吴志菲，唐姣菊.吴征镒：为中国植物书写传奇.中国人才，2008，3：49.

一是缺氧，二是交通不便，三是不少地方人烟稀少、人迹罕至。

1975 年 5 月，花甲之年的吴征镒参加了中国科学院组织的青藏高原考察。在 3 个月的时间里，他到了藏西南的日喀则、聂拉木和志隆萨噶。他的任务是考察喜马拉雅山北坡的植被和青藏高原的植物区系，包括森林、灌丛、草甸、草原和高寒荒漠等。吴征镒真正体会到西藏的雄伟、壮丽和神秘。辽阔深邃的蓝天，白雪皑皑的雪山，晶莹透明的冰川，湍急而清丽的河流，都激起了他的诗情。

然而，更让他感兴趣的是青藏高原特殊的地理环境和植物分布。1976 年 6 月，他再次从道路十分艰险的滇藏线进藏，横穿三江（金沙江、怒江、澜沧江）大峡谷，对喜马拉雅山南坡和东南坡植被进行深入的考察。在这里，他对横断山脉地区植被的分布带有了更深的了解；对金沙江、澜沧江分水岭和澜沧江、怒江分水岭植物垂直带的分异、青藏高原面上和雅鲁藏布江沿岸的河谷柏树林及大片原始云杉林等生物多样性的差异和联系有了深刻印象；对三江河谷的干热、干暖及干冷河谷的植被的递变有了更直观的感受。

1976 年，吴征镒西藏考察，在亚东哑口

两次入藏，使吴征镒对横断山地区和西藏高原植物区系有了比较详细的了解和认识。他“花甲之年”的生日也是在林芝度过的。进藏考察时，吴征镒一路上谈笑风生，毫无倦意。在颠簸的吉普车上，他仍然手拿纸笔，随手记下车窗外看到的植物。在泥泞的山路上，他因为平足而经常摔跤，吃尽了苦头。走遍中国的吴征镒也

因此获得了一个“摔跤冠军”的称号。有一年在云南文山考察时，吴征镒摔了一跤，却因为这一跤而发现了云南的一种新植物——锡杖兰。所以他笑言：“摔跤好啊，摔跤还可以发现新种呢!”①

1984年，吴征镒在去实验室的途中出了意外，左股骨颈骨折，从此以后只能拄杖而行。但他从没有停下自己奔波考察的脚步。20世纪80～90年代，吴征镒先后到东北、内蒙古，在大兴安岭、长白山和千山，对我国北方的温带植物区系加深了认识。他还两次入新疆。从西宁翻越祁连山时，虽是6月却遇漫天大雪，他坚持冒雪前行。一路上，他考察了戈壁荒漠，考察了天山、阿尔泰山的旱生草甸、草原植被，以及特有的春雨和夏雨短命植物，还到新源的野果沟看原生的苹果属的自然林，观察云杉植被和其他林带分布。后来，他又对华中的梵净山、张家界、天平山、神农架，华西的灌县卧龙、九寨沟、黄龙寺，东南的武夷山、天目山、千岛湖等地进行考察，其间还到海南总结人工群落的工作。直至1998年到台湾，他从台北、台中、台南一直考察到其最南端海岸，才结束了他对国内植物的考察。

1984年，吴征镒在贵州梵净山考察

对全国的野外考察，使吴征镒对中国广阔国土上的植被类型和植物区系及从热带、亚热带到温带、寒带的植物区系分布的过渡了然于胸。加上20世纪70年代两次进藏的考察和对中南半岛诸国（越南、柬埔寨、菲律宾和泰国）的考察，他对青藏高

①王雨宁. 植物之诗——记植物学家吴征镒院士. 今日科苑，2011，18：21.

原的各种垂直植被带分布及喜马拉雅山与横断山脉的联系与区别，还有中国南部热带季雨林与中南半岛的热带雨林的联系和分异等问题，比以往有了更清晰的认识。

1981 年，吴征镒（左）、冯国楣（右）与英国植物学家米歇尔（Michell）教授（中）在大理苍山考察

1979～1995 年，吴征镒数次到国外考察、访问或交流讲学。他考察北美洲，访问美国、加拿大，对中国-北美的区系分异与联系及植物的太平洋洲际间断分布的意义深有感悟；他又考察南美洲，访问委内瑞拉、巴西、阿根廷，对三国在南半球的植物分布和区系组成有了基本的感受，还目睹了亚马孙河流域热带雨林的丰富和壮观；他四访英国伦敦，两进法国、德国、瑞典，查阅了欧洲各大著名标本馆的馆藏标本（包括重访柯马罗夫植物研究所），对欧亚大陆上的水青冈属和栎属落叶阔叶林群区获得了较深的印象；他五赴日本，历遍其诸岛，对中国-日本植物区系的分异和联系有了更明晰的认识，在植物化学和药学方面有许多收益……直至 1995 年 4 月赴英国爱丁堡出席 *Flora of China*（《中国植物志》英文增订版）第七次联合编委会，年事已高的吴征镒才结束了他的国外考察工作。

■ 著书立说，硕果累累

对于著书立说，吴征镒认为研究资源和植被研究必须首先过区系这一关。他从 1958 年《云南植物名录》（油印本）起步，主持编纂《云南植物志》，承担《中国植物志》一些大科的研究和编写。1977 年，《中国植物志》[（第六十五卷（2 分册）、六十六卷］出版，1984 年，《云南种子植物名录》出版。吴征镒在 1959 年任《中国植物志》编委，1973 年任副主编，1987 年任主编。在其任上，《中国植物志》共出版 82 卷（册），约占《中国植物志》全志的 2/3。1988 年起，吴征镒不顾年高，担任中美合作编著的《中国植物志》（英文修订版）主编，对每卷均写出详细的审读意见。2004 年，《中国植物志》82 卷 126 册全部完成出版。《中国植物志》获 2009 年度国家自然科学奖一等奖。

《云南植物志》从 1973 年起步，至 2006 年全部出版，历时 34 年，共 21 卷（增索引一卷），是我国体量最大的地区植物志，吴征镒一直为该志主编。《云南植物志》获 2010 年度云南省自然科学奖特等奖。

其间，吴征镒还主编了《西藏植物志》（五卷），并于 1987 年全部出版。至此，由他担任主编的《中国植物志》《中国植被》《西藏植物志》《云南植物志》四部巨著终告完成。这些专著为开展我国生物多样性、保护生物学、恢复生态学、植物资源开发利用及系统与进化植物学等领域的研究奠定了坚实的基础，在国际植物分类学等研究领域中产生了巨大的影响。

根据《邱园索引》（2005 年）检索结果，吴征镒在 70 多年的植物分类研究中，定名和参与定名的植物分类群有 1766 个（涵盖 94 科 334 属，其中新属 22 个），是中国植物学家发现和命名种子植物最多的一位。以他为代表的三代中国植物分类学家改变了中国植物主要由国外学者命名的历史。1964 年，在北京召开的北京科学讨论会上，吴征镒宣读了《中国植物区系的热带亲缘》一文，提出了关于我国植物区系地理及起源的新创见。

“文化大革命”初期，吴征镒受到冲击，但他在“劳动改造”中仍利用闲暇时间查看各地中草药手册，订正中草药植物名称，做了四大本笔记。后来，这四大本 50 多万字的笔记成为编撰《新华本草纲要》的基本依据。《新华本草纲要》于 1993 年获中国科学院自然科学奖二等奖。

1975～1976 年，吴征镒两次进藏考察，从滇入藏，过三江峡谷，南至亚东、樟木，经青藏路返回，从而对西藏高原全貌有了实际感触。西藏归来，吴征镒到青岛疗养。其间，他制定了西藏植物名录，着手编纂《西藏植物志》，动作迅速，成效显著。在 1980 年 5 月的北京青藏高原科学讨论会上，吴征镒以“西藏植物区系的起源及其演化”为题，阐述了西藏植物区系的性质和特征。1986 年，“青藏高原隆起及其对自然环境与人类活动影响的综合研究”项目获中国科学院科技进步奖特等奖，1988 年获国家自然科学奖一等奖，吴征镒为获奖人之一。

1980 年以后，吴征镒先后被选为美国植物学会外籍终身会员、瑞典皇家植物地理学会名誉会员、世界自然保护联盟（International Union for Conservation of Nature，IUCN）理事，以及苏联植物学会通讯会员。耄耋之年的吴征镒逐渐摆脱烦劳事务，静心著书立说，并随读随写，与弟子协力完成了系统的《中国被子植物科属综论》（2003 年）、《中国植物志第一卷（总论）》（2004 年）、《种子植物分布区类型及其起源与分化》（2006 年）、《中国种子植物区系地理》（2010 年）四本专著。

吴征镒在各方面积累的基础上，对中国植物区系的分布特点、起源、演化及在世界植物区系大背景下的地位和意义有了比较完整的认识。他认识到，生命系统从一开始就形成绿色植物、动物和广义的微生物三者同源而又三位一体的生态系统，其中绿色植物占据了第一生产力的地位，一直发展至今。它们的演化从一开始就是多系、多期、多域地发生，并有节律地历经多次渐变和突变矛盾的解决，在地球的历次大事件、大变动中，通过多次大爆发，变得越来越大、越来越复杂。由此，吴征镒创立了有关三维节律演化和被子植物多系、多期、多域发生的理论。

在世界植物区系的大背景下，吴征镒具体分析了我国 350 多科、3100 多属的 3 万多种种子植物，发展了系统演化与区系地理分化相结合，种系发育与区系发生、发展相结合的系统分析方法，由科及属（部分到种）分析，从而提出被子植物起源于两亿年以前（侏罗纪），太平洋作为泛古大洋从当时泛古大陆中位于北半球东北部的一个海沟，经过海底扩张而演变为现今的太平洋，其后才有古地中海和印度洋的出现，最后才是大西洋完全形成和现今地中海形成等观点。

■ 严谨治学，笔耕不辍

“为学无他，争千秋勿争一日。”[①]这是吴征镒送给学生的一句教诲，也是他一生淡泊名利、严谨治学的写照。

吴征镒的同事和身边的学生、助手都形容他勤勉刻苦、博古通今。有一次在西宁，一个年轻人采了一大捧植物标本来请吴征镒定学名。吴征镒有个习惯，凡是有

---

①吴志菲，唐姣菊. 吴征镒：为中国植物书写传奇. 中国人才，2008，3：49.

人来请他定学名，他来者不拒。结果那天他给那些标本写拉丁文名、中文名写了两个多小时。

1983 年，吴征镒受邀到英国大英博物馆鉴定清朝时期驻华的英国大使在中国采集的一些至今未能鉴定的标本。吴征镒认真观察后，用流利的英语说出了每种植物的拉丁学名及它们的科、属、种、地理分布、相关的文献记录、资源开发价值等，令英国人赞叹不已。因此，吴征镒在世界科学界被称为中国植物的“活词典”。这归功于吴征镒对植物学研究的热爱和数十年的潜心积累。

1995 年 4 月，吴征镒在英国爱丁堡植物园

多年来，吴征镒有个习惯——随身携带一部照相机，走到哪里，拍到哪里，就算是看上去很寻常的花草树木，他也会仔细地拍摄下来。中国科学院昆明植物研究所资料室的一角放置着植物学家们常年积累的中国植物卡片，其中有 3 万多张是吴征镒 1938～1948 年这 10 年间制作的。拉丁学名、发表时间、文章名、发现者、标本号和模式标本照片，在巴掌大的卡片上，吴征镒用自成一体的“蝇头小楷”工整地将植物的资料记录得详详细细。吴征镒在国立西南联合大学生物系任教期间，在茅草房里创建了一间用破木箱和洋油筒建成的植物标本室。这间极为简陋的标本室竟然拥有 2 万多号标本。

新中国成立初期，吴征镒才 30 多岁，就已任中国科学院植物分类研究所研究员兼副所长，从事植物学研究的同时还要承担行政职务。有时开会会间休息的 10 分钟时间他还去标本室看标本。有时候晚上电话比较多，他就把电话搁在一边，专心做研究。即使在“文化大革命”中艰难困苦的情况下，吴征镒也没有放弃植物学研究。当时，吴征镒被剥夺了工作的权利，被迫去昆明郊区黑龙潭田间劳动。白天他在锄地时记下看到的各种植物，晚上回到小屋就悄悄写出来、归类整理，就这样完成了 9 万字的《昆明黑龙潭地区田间杂草名录》。

72 岁时，吴征镒因胆结石险些丧命，次年便进行了“摘胆”手术，而后双眼因白内障等疾病换了人工晶体，又因耳聋而戴上了助听器。“主机尚未坏，零件多不灵”，年迈的吴征镒常这样风趣地表述自己的身体现状，说自己到了“多病所需唯药物”的老年境界。[①]换过人工晶体的吴征镒每天除了听助手们念整理出来的文稿，帮助订正，有时间他还会看看古诗，每天饭后坚持百步走。“我现在耳目不灵，行动不便，我不能有更多的奢想了，我只想把中国古代的植物知识挖掘出来，跟近代的联系起来。”吴老曾感慨万千地说。[②]

到 90 岁以后，吴征镒每天上午工作 2 个小时，下午工作 1 个小时，而且 1 周工作 6 天以上。一旦工作起来，吴征镒总忘记了自己是个高龄老人。这个“不服老”的老人，就连生病了也要继续做研究，这一点让医护人员也没办法。虽然吴征镒有时会因要求工作而发点脾气，但他其实是个非常温和的老人。家人或者学生有做得不对的地方，吴征镒从来不会大声责怪，每回都是轻声细语地讲道理。从 1995 年起便担任吴征镒秘书的杨云珊说，吴老的脾气不是一般的好，自己在他身边工作的 12 年里没有看过他发一次脾气。

“老骥伏枥，志在千里。”“人生有限，在我有限的时间里，我要有一分力尽一分力，有一分光发一分光。”[③]尽管年迈，吴征镒的爱国之心仍旧如初，科研情怀依旧热烈，直至 2013 年 6 月 20 日凌晨 1 点 31 分他因病医治无效逝世。

“博学之，审问之，慎思之，明辨之，笃行之。”这是吴征镒信奉的人生格言。[④]吴征镒认为，做科学研究必须经历三个境界：一是立志立题，确立科研思路；二是殚精竭虑，百折不挠；三是上下求索，终有所得。吴征镒正是把个人的志趣和应用相结合，严谨治学，最后将中国植物学的发展推向了新高度。

吴征镒学贯中外，他的眼界与思考、他的科学研究，远远超出了中国的范围而

---

①③ 吴志菲，唐姣菊. 吴征镒：为中国植物书写传奇. 中国人才，2008，3：49.

② 师潇雅. 行在绿叶中　乐在山水间——记 2007 年国家最高科学技术奖得主吴征镒院士. 中国科技奖励，2008，2：25.

④ 吕春朝，彭华，李德铢. 吴征镒院士生平. 植物分类与资源学报，2013，4：532.

至全球，成为植物学界公认的世界级的植物学家。我国草药事业取得了飞跃的发展，离不开吴征镒在这方面的贡献。但他留给我们的更为宝贵的财富，是热爱祖国、热爱科学事业及刻苦钻研、奋发向上的精神。他爱祖国广袤的山川，爱祖国的一草一木，爱祖国历尽磨难而淳朴的人民。为了研究中国的植物、实现中国植物学本土化，他的脚印几乎印在了中国的每一片土地。他著作等身，成果累累。吴征镒是这个时代标志性的人物，中华民族的文化传统与现代科学在他身上实现了完美的结合。他是矗立在祖国大地上的一座丰碑，永垂不朽！

参考文献

吕春朝，彭华，李德铢. 2013. 吴征镒院士生平. 植物分类与资源学报，4：529-535.

师潇雅. 2008. 行在绿叶中 乐在山水间——记2007年国家最高科学技术奖得主吴征镒院士. 中国科技奖励，2：21-26.

王雨宁. 2011. 植物之诗——记植物学家吴征镒院士. 今日科苑，18：20-21.

吴征镒. 2006. 吴征镒文集. 科学出版社.

吴征镒. 2008. 百兼杂感随记. 科学出版社.

吴征镒. 2014. 吴征镒自传. 北京：科学出版社.

吴志菲. 2008. 吴征镒：一草一木总关情. 决策与信息，4：40-42.

吴志菲，唐姣菊. 2008. 吴征镒：为中国植物书写传奇. 中国人才，3：46-49.

师昌绪

——为祖国做贡献是人生第一要义

2011 年 1 月 14 日，北京人民大会堂，在 2010 年度国家最高科学技术奖的领奖台上，一位老人从国家主席胡锦涛手中接过鲜红的获奖证书。全场掌声如雷鸣般响起，但他仍然笑得那么平静而坦然。“作为一个中国人，就要对中国做出贡献，这是人生的第一要义。”他常常这样说。①他就是我国著名材料学家，被尊为“中国高温合金之父”、材料科学先驱的中国科学院、中国工程院院士师昌绪。

师昌绪

■ 流亡青春，爱国心萌芽

1920 年，师昌绪出生在河北省徐水县一个殷实和睦的大家庭，排行老七。师家是书香门第，父亲师克是一个正统古板的秀才，从小就向他传输儒家经典的仁爱忠

①刘莉. 师昌绪：熔古铸今济家国. 发明与创新，2012，10：33.

恕，反对外国侵略，推崇孔子、孟子、岳飞。母亲是一位传统的农村妇女，一辈子本本分分，与世无争。受母亲品性的影响，师昌绪自幼养成隐忍的性格，这赋予了师昌绪豁达大度的品性。

9岁那年，师昌绪到邻村小学上学，一年后又转到县城的模范小学。在这期间，师昌绪勤奋学习，考试成绩优异，经常名列前茅。三年级读完，师昌绪升入徐水县第一高小。但刚入学不久，就传来了“九一八”事变的噩耗。记得有一次在学校，提到即将做亡国奴，老师和全班同学一起号啕大哭。这件事让师昌绪十分难忘，年幼的师昌绪也是从这里开始第一次对“国家”二字有了深刻感触的。“1931年‘九一八’事变时， 我刚上高小一年级，日本侵占沈阳的消息传来，我们班，包括教师在内，全堂痛哭。所以我从小建立了这样的人生观——中国必须要强盛，否则民不聊生。”①

1934年高小毕业后，师昌绪就读于河北省立第二师范学校（今保定学院），准备将来当一名教师。然而，3年后发生的“七七”事变改变了他的命运与梦想——师昌绪和全家人一起逃离了家乡。从河北逃到河南，一大家子谁走谁留必须有取舍。最后的决定是，可能被抓壮丁的青壮年先走。17岁的师昌绪作为最小的逃亡者，踏上了向南逃亡之旅。和家人分别的那一晚，师昌绪称为一场“生离死别”。在艰辛的逃亡路上，如同惊弓之鸟的人们连一只乌鸦飞过，都以为是日本的飞机。师昌绪也几次濒临危险境地，但所幸活了下来。这一路的经历也把一颗爱国的种子深埋在师昌绪的心中。师昌绪曾说，那时激发的爱国之情，以后就再也没有消退过。

一路逃亡，一路见证了国家的贫弱与屈辱，师昌绪的师范梦动摇了，他开始立志上大学。1941年，师昌绪考取了国立西北工学院，选专业的时候毫不犹豫地报考了矿冶系：“因为我毕业后要实业救国，采矿、炼钢最直接。”②1945年，师昌绪以全班第一名的成绩大学毕业，经推荐到四川綦江电化冶炼厂从事炼铜工作。1947年，他参与“敌占区工厂接收”，调到鞍山钢铁公司。1948年，师昌绪利用两年前考取的出国资格赴美留学，先后就读于密苏里大学矿冶学院和圣母大学，学习冶金与材料，并获得了硕士学位与博士学位——回国“实业救国”的梦想近在眼前。但师昌绪万万没有想到，他的梦想要再一次与祖国共渡难关。“我读完学位以后本打算立即回国，无奈朝鲜战争爆发，中国援助朝鲜，美国政府阻挠我们回国，吊销了5000

①邢星. 真正的科学家：师昌绪. 人民教育，2014，2：68.

②邢星. 真正的科学家：师昌绪. 人民教育，2014，2：69.

名中国留学生的护照。”①

■ 情系祖国，艰辛回国路

归国之路被美国政府堵死了，朝鲜半岛仍然战火纷飞。1952 年 6 月获得博士学位的师昌绪，不得不因前途未卜的滞留而继续受聘于麻省理工学院，在著名金属学家柯恩（M.Kohn）的指导下开展博士后的研究工作。这期间，师昌绪做出了卓越的贡献，在师昌绪的导师和同事看来，他在美国已经拥有了令人赞叹的科研成就和优越的生活环境。然而，这并不能让他放弃回国的念头。“在麻省理工学院的 3 年，我一半时间做研究工作，一半时间进行回国斗争。”“念完了就回国，不然到国外干什么去了……救国是第一。”②

起初，师昌绪想通过中立的第三国印度辗转回国，但这没有逃过美国移民局的眼睛。甚至，这种企图逃脱的“新伎俩”遭到美国移民局的严密封杀，“不管你到什么地方，只要你想离开美国，就认为你要回到红色中国。”③1952 年秋，留美同学李恒德从费城到波士顿，建议同学们组织起来为争取回国向美国政府抗争。这个提议得到许多同学的响应，师昌绪表现得尤为积极。1953 年，师昌绪和其他留学生以组织夏令营为名，把中国留学生聚在一起，共同商讨争取回国的对策。他们决定，把美国当局扣留中国留学生的事公开，并和国内取得联系，得到国内的支持。确定了这两点，他们就开始行动了。他们决定先写信给周总理，报告中国留学生在美的情况，表达回国的强烈愿望，并希望中国政府给予协助。信写好并签名后，需要通过秘密渠道将这封信传递给中国政府，这显然是个难度极大的问题。师昌绪在这个过程中发挥了关键作用，他找到曾帮助他申请印度工作的古普塔（S.Gupta）博士，然后通

1952 年师昌绪在美国麻省理工学院

①邢星. 真正的科学家：师昌绪. 人民教育，2014，2：69.

②李白薇. 师昌绪：人生的第一要义是爱国. 中国发明与专利，2011，4：100.

③刘深，郝红全. 师昌绪传. 北京：人民出版社，2018：73-74.

过印度驻美大使馆安全成功地传递了信件。为了将美国政府阻挠中国留学生回国之事公诸世界和美国人民，中国留学生还决定写一封致美国总统艾森豪威尔的公开信。师昌绪积极承担了公开信的印刷和散发工作。他花 50 美元买了一台滚筒式油印机放在宿舍，白天在实验室工作，晚上偷偷油印信件，“好几千封信都是在我宿舍印的，我还带着两大皮箱的信到纽约去发”。①在发放的过程中，师昌绪多次面临被发现的危险，好在他都能从容地面对突发事件，公开信也如愿地散发了出去。很快，这封公开信在美国产生了很大反响。

1954 年 5 月在日内瓦国际会议上，中国向美国提出严正抗议，这封信就成为中国抗议美国政府无理扣压中国留学生回国的重要证据。同时，艾森豪威尔面对美国民众的舆论压力，被迫于 1954 年对中国学子放行。此后，一批一批的爱国学子得以回国。1955 年 4 月，师昌绪得到了可以回国的通知。回国前，他的导师柯恩曾经问他为什么要回国，是不是嫌工资少，或是地位低，这些都可以解决。师昌绪回答：“我是中国人，在美国像我这样的人多得很。在中国，像我这样的人却很少，很需要。”②6 月，“克里夫兰总统号”邮轮从旧金山码头缓缓起航，开往香港。35 岁的师昌绪站在甲板上，背对着他已经生活了 7 年的美国，迎风望向祖国的方向。

■ 祖国的需要，科研的方向

留学学子归国后，最先都安排在招待所学习，未来的去向和工作岗位也迟迟未定。许多人心神不宁，师昌绪倒很淡定。之后，招待所让每个人填写一张志愿表，表明希望分配到哪个地方或单位工作。师昌绪选择服从分配。师昌绪说：“之前清华大学、北京钢铁工业学院都非常欢迎我去，但是我在志愿表上填的是服从分配，既然已经历尽辛苦回到了祖国，就不能挑肥拣瘦，要根据国家的需要决定自己的去向。什么地方需要我，我就到哪里去！”③后来，师昌绪被分配到中国科学院，并可以在沈阳金属研究所和上海冶陶所做抉择。最后，师昌绪决定去沈阳，“我的想法很简单，虽然同上海比，沈阳的生活艰苦，但我想到的是只要能为国家的经济建设做出更大的贡献，比什么都重要”。④

---

①邢星. 真正的科学家：师昌绪. 人民教育，2014，2：69.

②李白薇. 师昌绪：人生的第一要义是爱国. 中国发明与专利，2011，4：100.

③师昌绪. 师昌绪自传——在人生道路上. 北京：科学出版社，2011：58.

④师昌绪. 师昌绪自传——在人生道路上. 北京：科学出版社，2011：58-59.

师昌绪到中国科学院金属研究所后，被分配到冶炼化学室，而在美国他学的是物理冶金专业。他对此一声不吭。因为他能感受到，初建的金属研究所能独立从事科研工作的研究人员不多，只能根据实际工作需要来为新进人员分配岗位。当时正值中国建设的恢复时期，金属研究所把大部分力量投入到直接为国民经济建设服务的工作之中，师昌绪因而被指定为沈阳金属研究所驻鞍钢工作组的负责人。他的专长本是物理冶金，而新的任务却涉及炼铁、炼钢、轧钢等工艺问题，师昌绪毫无怨言，毫不犹豫地挑起了担子。他率领工作组着手解决生产中的许多实际问题，从精矿粉的烧结到炼铁、炼钢，再到轧钢及分析检测，都有涉及。在此期间，他负责研究了沸腾钢锭中的偏析及其解决途径，建立了钢中夹杂物的鉴定方法，并开展了夹杂物生成过程的研究工作，这项成就对改善我国钢质量起到关键作用。除此之外，他建立了液态金属表面张力的测定装置，开展了超声波和加入孕育剂增加成核中心的实验。1957 年，国家第一个“五年计划”完成，鞍钢得到全面改造和扩建。金属研究所的研究方向也随之发生转变，各钢厂的工作组撤回所内，开始转向高技术新材料的研发。这时，师昌绪又被任命为高温合金研究室的负责人，从此开始了高温合金及合金钢的研究与开发工作。

当时高温合金是航空航天中必不可少的材料，而中国的喷气式飞机的涡轮发动机所用的核心材料——高温合金全部来自苏联，生产工艺对中国也完全保密。因此，独立自主研制高温合金迫在眉睫。师昌绪考虑到中国缺镍少铬，又遇到西方国家封锁的实际情况，大胆提出了“以铁基代镍基高温合金”的战略方针，并在缺乏技术资料、毫无经验的艰苦情况下研制出中国第一个铁基高温合金 808，代替当时的镍基高温合金 GH33 作为航空发动机的涡轮盘。后来，我国金川镍矿开发，镍的来源得到解决，808 合金被淘汰。但在当时，808 合金的研制带动了全国研制铁基高温合金的热潮。之后，国家又提出设计新型飞机东风 113 的设想，但无论是飞行速度还是飞行高度，当时的发动机都无法满足要求，这就需要研制出性能更高的发动机及其涡轮叶片材料。在此背景下，研究人员不断提高高温合金的合金化程度以满足性能的要求。问题是合金化程度越高，越难以模锻成型。对此，师昌绪顶着巨大的压力，极具魄力地提出用铸造工艺取代锻造工艺。要知道，德国人、美国人都尝试过这种工艺，要么失败了，要么不敢付诸实践。1959 年初，师昌绪团队成功研制出铸造高温合金 916，其性能达到当时国际的先进水平，并间接推动了我国真空冶炼术及铸造工艺的发展。

除了研发，师昌绪还亲自率队与抚顺钢厂共同攻关推广。当时，在沈阳的妻子郭蕴宜快要临产，需要照顾。他便每天早晚乘铁闷罐车奔波于沈阳与抚顺之间，即使最冷的一二月份也不例外。因过度劳累，他开始尿血，腰都无法直起来，被诊断为肾盂肾炎。但他没有住院，而是照常工作。他说："当时我想的是，无论如何也要使高温合金的生产立足国内，不让苏联人卡我们的脖子。"[①]起初，师昌绪也为是以理论研究为主还是以生产服务为先而挣扎过。作为一个科学家，他觉得发表有创造性的论文是科研的重点。但经过一次次的思想斗争及对实际国情的分析，师昌绪摆正了自己的态度，坚定了科研为生产服务的决心："从事材料的研究首先是为生产服务，而后才是发表论文。""如果我执着于理论成果，国家任务就难免要落空。"[②]面对同志的惋惜，甚至还有一些人嘲讽"就这张罗劲儿，做个办公室主任或器材材料长还可以"，师昌绪都没有动摇。为了高温合金的推广与生产，在几年里，师昌绪走遍全国的特殊钢厂和航空发动机厂，解决生产中出现的实际问题，被人们亲切地称为"材料医生"。"一切把国家利益放在首位。只要有利于强国富民的工作，都尽力而为，一定把材料的推广工作进行到底！"[③]

1968年师昌绪先生在航空410厂检查发动机涡轮叶片

①师昌绪. 师昌绪自传——在人生道路上. 北京：科学出版社，2011：96.
②师昌绪. 师昌绪自传——在人生道路上. 北京：科学出版社，2011：93.
③师昌绪. 师昌绪自传——在人生道路上. 北京：科学出版社，2011：94.

■ 瑰丽篇章：铸造空心涡轮叶片

当然，作为材料科学家，师昌绪一生中最引以为傲的成果，就是成功研制出镍基高温合金空心涡轮叶片，从而解决了中国战斗机发动机材料升级换代的核心问题，为中国空军建设和国防立下了功勋。

1964年初，中国自行设计新型歼击机歼-8的方案进入最终决策阶段。解决歼-8的推力问题成为决策中的重大关键项目。会上，有人提出采用两台经过改进设计的涡喷-7发动机作动力的双发方案，但要在短短1年时间内完成这样的任务，谁都没有把握。这时，航空研究院副总工程师荣科大胆提出"采用空心涡轮叶片取代实心叶片"的方案。与会专家受到鼓舞的同时，也疑虑时间的问题。荣科当场立下军令状："如果不能在1年内研制并提供涡轮叶片和新的高温合金，我甘愿把自己的脑袋挂在606所的大门口示众！"①国防非儿戏，荣科当晚就驱车从塔湾来到位于南塔的中国科学院金属研究所。晚上8点钟，这位"不速之客"到达师昌绪的家里："空心叶片，你能不能做？我已经拿脑袋担保了。"师昌绪当场就愣住了："什么铸造空心叶片？我从来没见过，也没听说过！"②荣科向师昌绪解释，他在巴黎航展上见过，美国已开始应用。师昌绪当即答应，"既然美国已经采用了这种方法，我们也一定能做出来。"③后来，师昌绪回忆说，其实自己当时对空心涡轮叶片一无所知，能否在1年内攻克，实在没有把握。但是作为材料科学家，强烈的责任感和使命感让他很难说出"不"字。

师昌绪很快组织起606所、410厂100多人的"三结合"科技队伍进行攻关，日夜和大家一起奋战于中国科学院金属研究所简陋的精密铸造实验室里。在研制过程中，他们遇到许多技术难题，如型芯材料的选择等。因为在近100毫米长的叶身中要均匀地排列粗细不等的9个小孔，最细的直径仅0.8毫米，而在侧面进气口处还要有1个弯角。这种空心叶片比美国生产的那种从底部进气的短叶片型芯的制作工艺要难得多。究竟采用何种材料制作型芯，他们查阅了许多资料也未能解决。最后还是从偶然看到的美国杂志上刊登的细石英管的广告中得到启示，决定采用石英管做型芯材料，从而取得了突破性进展。此外，在型芯定位、造型、脱芯、壁厚测量及断芯的无损检测方法上均做了细致的研究和攻克。就这样，仅用不到一年的时

---

①②③ 刘深，郝红全. 师昌绪传. 北京：人民出版社，2018：166.

间，我国第一代铸造多孔空心叶片就在中国科学院金属研究所的实验室诞生了。

紧接着，师昌绪就开始进行下厂推广。这个过程中，他在思想上和具体推广上都受到了阻力，“在生产过程中，每遇到比较大的问题，就有人动摇，想回到锻造合金上去。”[①]为此，科技人员经常下厂，一方面努力解决生产中出现的问题，一方面还要做说服工作，坚持扩大生产，使已取得的成果继续向前推进。20 世纪 70 年代中期，国家决定把空心叶片的生产基地转移到贵州。第三机械工业部仍点名由师昌绪带队，为其解决技术问题。当时贵州基地的生活清苦，住的是最简易的招待所，水管里放出来的水是混浊的，沉淀一会才能使用；楼外的厕所只有留神细看才能下脚；吃的是大食堂发霉的大米、地瓜干和玉米面做的混合饭及南瓜汤，连咸菜和酱油都没有，如不耐心和用力去嚼就无法下咽。可 60 岁的师昌绪对这一切毫无怨言而且非常乐观，与同志们一起圆满地完成了任务。

1982 年师昌绪先生在金属研究所

空心叶片的成功研制，奏响了中国金属材料的新乐章，使我国成为世界上继美国之后第二个采用铸造空心涡轮叶片的国家。直到 20 世纪 90 年代，采用该工艺制作的涡轮叶片仍被用于我国主要歼击机发动机而且向国外大量出口。改革开放后，英国著名航空发动机制造厂罗尔斯 · 罗伊斯公司的总设计师胡克（Hook）教授在参观完我国研制的铸造空心叶片后感慨地说：“单凭见到这一实际成就，就不虚此行。”[②]

■ 担当重任，重建金属所

1966 年 6 月 23 日，中国科学院金属研究所贴出了第一张大字报，宣告“文化大革命”已经从北京蔓延到东北沈阳的这个科研机构。很快，师昌绪就被诬陷为“黑干将”。与此同时，金属研究所陷入瘫痪，他这个研究室主任也“靠边站”了。但是他没有消沉下来，而是坚持工作，仍然在蠕变实验室和材料实验室值班，讲过课，

---

①师昌绪. 师昌绪自传——在人生道路上. 北京：科学出版社，2011：79.

②张立红，徐德平. 丹心一片为国家——记著名材料学家、两院院士师昌绪. 中国科技奖励，2005，9：41.

也辅导过英文。为了参加一次合金鉴定会，他写过一份几万字的总结，也曾下厂解决合金质量问题。此外，他还趁机看了大量文献。1968 年 6 月，师昌绪和数位老科学家被隔离审查。在此期间，师昌绪遭到了身心的摧残。1972 年邓小平重新主持工作之后，师昌绪才真正得到解放，并随之恢复了高温合金研究室主任的工作。一切烟消云散，师昌绪也仍然像以前一样卖力地工作，并于 1978 年 7 月 1 日加入中国共产党。这一年，他整 60 岁，对别人而言，这是退休的年龄，而师昌绪感到自己仍然血气方刚。

1980 年 3 月 31 日，中国科学院任命师昌绪为金属研究所所长。此时摆在师昌绪面前的，是金属研究所的重建工作。作为金属研究所业务工作的管理者，究竟将金属研究所办成一个什么样的研究所，是师昌绪当时主要考虑的问题。经过慎重思考，师昌绪从以下几个方面进行了努力。

首先，确定学科方向。根据中国科学院侧重基础、侧重提高、服务于国防和经济建设的方针，全所经过认真调研讨论并结合国际发展趋势，最终提出了以“材料科学与工程”为主要学科发展方向，即以新型金属材料、新型无机非金属材料、复合材料为主要研究对象，不断为材料科学的发展和国民经济建设提供有价值的成果。此后，金属研究所开辟了多个新的研究领域，包括高分辨电子显微学、材料中的分形等基础研究，以及低温钢、抗氢合金等材料和工艺制备技术。材料科学与工程学科方向的确定，为金属研究所在以后的科技体制改革中持续快速发展起了关键的作用。

其次，师昌绪还非常注重设备仪器的投入，“打硬仗，设备必不可少”。[①]为解决设备陈旧的问题，所里决心每年省吃俭用，在经费上给予重点支持，保证每年添置一两件大件设备。当年全所公共实验室的设备已达到 1532 台，价值达 1940.8 万元，占研究设备总值 4121.3 万元的 47.1%。这些先进大型仪器设备，为金属研究所科研工作的创新发展提供了先进的技术保障。

再次，人才是办好研究所的根本。师昌绪全面落实知识分子政策，在认真考核的基础上，大量晋升了科技人员的专业职称。此外，所里还兴建职工宿舍、实验室及学术报告厅，为科技人员创造有利的学习和工作条件。针对人员老化，师昌绪大力招收研究生以补充新生力量。为增加优秀人才，教师都须以两个学科博士生导师

①刘深，郝红全. 师昌绪传. 北京：人民出版社，2018：201.

的名义，每年为研究所招收4～5名博士生。金属研究所的研究生教育发展很快，进入21世纪，在读研究生人数就达到500人，而且质量越来越好。

最后，师昌绪也很重视科技人员的国际学术交流，他积极争取建立“材料科学与工程培训中心”，并举办英语会话培训班，让更多科技人员能够听懂英语讲课和出国留学。此后，有大批科技人员被派往国外，国外有材料科学方面的代表团来访，金属研究所也是必经之地。1980年美国来访的代表团就表明“中国金属研究的最高点可能在沈阳”。[①]当然，和之前一样，师昌绪仍然坚持科研成果为生产服务的方向，并积极鼓励科技人员勇于攻坚。在师昌绪的领导下，金属研究所经受住了市场经济改革大潮的冲击，逐步发展成为国内一流并向国际先进水平迈进的综合性材料科学与工程研究基地。

■ 科技管理，丹心一片

对于国家的召唤，师昌绪永远无条件服从。1984年，64岁的师昌绪奉调入京。从此，师昌绪的工作重心转移到对我国科学技术事业的宏观管理上。

在其位，谋其职。师昌绪在多个工作岗位上都做出了卓越的成就。以国家自然科学基金委员会的工作为例，在这期间，师昌绪以全部精力投入基金工作，“因为这关系到我国基础研究的大局”。[②]师昌绪回忆说，“刚进自然科学基金委员会时我已超过65岁，如果不是院士的话，也该退休了，但是为了国家科学基金事业的发展，仍然精力充沛地做我认为应该做的事情。”[③]而这些认为应该做的事情，其实许多都是本职之外的事情。师昌绪并没有将老老实实把国家拨的款分配好视为自己的全部职责，他一面积极地争取国家对国家自然科学基金委员会资金的更大投入，一面积极动员国家自然科学基金委员会开展《国家自然科学基金项目指南》的编写，“为了鼓励创新，推动学科交叉与人才培养，国家自然科学基金委员会有责任通过科学基金工作，从宏观上引导”。[④]并且，师昌绪还积极筹划《国家自然科学基金资助项目优秀成果选编》。为了统一格式，提高可读性，盛夏时期，师昌绪在家用了1个多月时间逐字逐句进行修改。除此之外，师昌绪还管了许多“不得人心”却对

①刘深，郝红全. 师昌绪传. 北京：人民出版社，2018：203.
②师昌绪. 师昌绪自传——在人生道路上. 北京：科学出版社，2011：172.
③师昌绪. 师昌绪自传——在人生道路上. 北京：科学出版社，2011：173.
④师昌绪. 师昌绪自传——在人生道路上. 北京：科学出版社，2011：174.

国家科学很重要的工作，包括评审工作、国家重点实验室的遴选工作等。当然，除了在国家自然科学基金委员会，师昌绪在中国工程院、中国科学院学部咨询委员会等其他岗位也是同样“爱管闲事”，乐此不疲地做着自认为应做的职责以外的事情。

除了工作岗位上的规划管理，师昌绪也积极主动地对我国材料科学技术的发展献言献策。这种事情许多：在 1983 年的新材料发展规划会议上，师昌绪建议将 8 个新材料列入重点发展的计划里；在科学技术评奖问题上，师昌绪也对评奖工作的过程及标准进行了建言；863 计划出台后，师昌绪较早地提出了要重视“科技创新”，而不是跟踪；在纳米技术方面，师昌绪强调不要无序发展，在演讲中对“纳米热”泼冷水；除此之外，师昌绪积极争取在 863 计划、973 计划中将材料领域单列出来，并重视传统材料的研究与开发，积极推动我国新材料的工程化生产。而其中最浓墨重彩的一笔，当属师昌绪对碳纤维生产立足国内的指导与推动工作。

高性能碳纤维是发展尖端军民用装备不可替代的先进材料之一，攸关国家安全和经济发展。其实中国于 20 世纪 70 年代中期已经开始研究高性能碳纤维技术，但由于技术、经济和管理基础薄弱，攻坚 30 年都不得要领，未能突破高性能碳纤维的产业化技术，导致形成了对国外产品的长期依赖，成为中国材料产业久攻未克的核心“卡脖子“材料。21 世纪初，当中国面临安全威胁，需加大军工产品订货时，发达国家立即对我国实施断供，死死卡住了我国的关键材料供应。高性能碳纤维的国产化，成为当时迫在眉睫的任务。此时，年过八旬、几乎没有介入过碳纤维领域的“门外汉”师昌绪坐不住了。“作为材料工作者，我认为我有责任出来抓一下”，“看不到中国碳纤维成功，我死不瞑目”。[①]从此，师昌绪为碳纤维的国产化呕心沥血，从立项、制定规模生产目标、确定技术重点到随机取样、统一测试、优胜劣汰直到使用，他不仅介入科学技术问题，还开创了公平、公正、公开考核评选材料的先河。功夫不负有心人，2012 年，碳纤维生产有了突破性进展。当时，在中简科技发展有限公司生产的 ZT7H 碳纤维转阶段（从技

师昌绪获得国家最高科学技术奖

①卫夏雯. 纪念师昌绪先生诞辰 100 周年——国产高性能碳纤维与先进材料研发.科技导报，2018，36：8.

术研发阶段转向实用阶段），师昌绪肯定了T700的稳定性。他说："在上世纪，25年之所以没有过关，就是因为稳定性太差，因为稳定性差不仅影响设计，另外也说明工艺不稳定。这次经过这么多批次的检验，稳定性都保证在5%以内，可以说符合东丽的标准。"[①]师昌绪激动地说自己的一个心病解除了。

只问耕耘，不问收获。只要对国家科学技术发展有利，就努力为之。几十年来，师昌绪呕心沥血，秉承着"活一天就发一天光"的信念，把一片丹心都献给了祖国的科技事业。这就是师昌绪的一生。2013年3月23日是师昌绪生前在公众场合的最后一次亮相。可容纳500人的中国科技馆一层报告厅座无虚席，甚至过道、门口也挤满了人。师昌绪在讲台中央缓缓开口："没人请我来，我是自告奋勇。因为科学家的责任，不光是搞科学，还要搞科普，科普是提高我们人民幸福的最主要的手段之一。虽然我今年95岁，老态龙钟，但是还没有糊涂，我想我还是有责任来向公众讲一讲《材料与社会》……"[②]

参考文献

本书编委会. 2016. 师昌绪院士战略思维与实践足迹. 北京：化学工业出版社.

范桂兰，孙崇儒. 2011. 为了祖国科技事业的腾飞——记国家最高科技奖获得者师昌绪院士. 中国科学基金，2：65-70.

李白薇. 2011. 师昌绪：人生的第一要义是爱国. 中国科技奖励，1：14-17.

刘深，郝红全. 2018. 中国工程院院士传记系列丛书——师昌绪传. 北京：人民出版社.

师昌绪. 2011. 师昌绪自传——在人生道路上. 北京：科学出版社.

张立红，徐德平. 2005. 丹心一片为国家——记著名材料学家、两院院士师昌绪. 中国科技奖励，9：38-44.

① 杨永岗. 中流砥柱 家国情怀——追忆著名材料科学家、战略科学家师昌绪院士. 科技导报，2018，36：87.

② 陈瑜. 师长技昌家国　熔古今济苍生. 科技日报，2014，11：3.

谢家麟

——探索无限　创新人生

谢家麟院士是我国加速器物理学的开拓者和奠基人。2012 年 2 月 14 日，在国家科学技术奖励大会上，谢家麟获得 2011 年度国家最高科学技术奖。其主要科学贡献，就是开拓了中国的粒子加速器事业，为中国高能物理研究的发展，为中国在国际高能物理前沿占有一席之地做出了突出贡献，为我国粒子加速器从无到有并跻身世界前列发挥了至关重要的作用。

谢家麟

谢家麟的人生经历十分丰富，他的科研生涯跨越了一个甲子。他不但出版过数量众多的科学论著，而且参与完成了多项重大的实际应用和创制了科学研究装置。了解和学习谢家麟的成就，对于激发爱国奋斗的精神，培养新一代的创新人才，促进中国科技事业在新世纪的发展和创新，有着重要的启发意义。

■ 父辈的情谊：谢绍贤与李大钊的交往

谢家麟于 1920 年 8 月 8 日出生于哈尔滨。他的祖籍是河北省武清县（现为天津市武清区）的康裕庄。这个村庄距离天津市有几十公里，村子不大，约有几十户人家，大部分都姓谢。谢家麟祖辈家境较清苦，但因为祖父谢子光识得一些字，曾在城里找到工作，后来也做些买卖，慢慢地成为小康之家。谢子光在村里辈分高，又有知识，因此受到村民们的敬重，常被村民们推举出来识字断事。

谢家麟的父亲谢绍贤（字良佐，1892—1970年）在兄长的影响下，立志通过读书改变自身的命运。他就读的是天津北洋法政专门学校的法律系。这个学校曾六易其名，在新中国成立后并入南开大学。

谢绍贤从天津北洋法政专门学校毕业后，带着新婚不久的妻子到远方的哈尔滨去开拓律师业务。谢绍贤在受理案件和辩护上比较严谨踏实，慢慢地有了些名气，成为当地一个比较有成就的律师。但在1931年日本侵占东北地区之后，他的业务开始日益艰难。加上他当年与李大钊的诗词唱和也被日方发现，被定为“准监视人”，外出行动要得到许可，就促使他下决心设法移居北平，另谋发展。

谢绍贤与李大钊的交往是谢家麟由其父亲处得知的，但细节并无记载，已无法考证。但谢家麟在整理其父亲遗稿《稼厂诗词剩稿》时，发现了在李大钊先生被害后，其父亲所写的挽诗：

挽李守常己巳旧作

奇才已绝汉三辅，
闳识徒有禹九州。
吾道故应付刍狗，
世人谁解重骅骝。
孤松拔地风千尺，
五岳填胸土一抔。
我有倾河注海泪，
夕阳无语送新秋。[①]

诗中充满了对李大钊先生的敬重和深深的情谊。

谢绍贤移居北平之后，主要担任如北宁铁路局的法律顾问这样的职务，由此也就有较多的时间来填词作赋。新中国成立后，在解放军总参谋部举行的一次国庆征文中，谢绍贤填了一首调寄满江红的题万里长征图的词：

①谢家麟. 没有终点的旅程. 北京：科学出版社，2008：4.

写入丹青，人争说荆关妙笔。传神到绳行沙度，穷荒绝域。四壁丛山天一线，连边枯海泥千尺，照旌旗孤月吐寒芒，猩红色。

前事在，堪追忆；图画里，惊魂魄。掷头颅几许，换来今日。剑戟已销兵后火，髑髅早灭沟中迹。对春风幸作太平人，须珍惜。①

此词虚实相衬，史今对映。上阕题写“万里长征图”，道不尽艰险征程；下阕提醒今日之人，莫忘历史，珍惜幸福，国之昌盛，得来不易。这首词参加1957年中国人民解放军建军三十周年纪念美术展览会并获奖。谢绍贤的爱国情怀和诗词修养可见一斑，而这在谢家麟身上也得到传承。据谢家麟回忆，父亲对他的影响之一，就是从小教他们兄弟姐妹一些国学知识和诗词，还会检查他们的背诵。此时必须是站着背诵，孩子在父母面前是不能坐着的。谢家麟在从美国回国后，曾有“何幸而生为今日的中国人”之感叹，恰与这首词末句中的“对春风幸作太平人”相呼应。②

■ 动荡的童年：孕育爱国之心

谢家麟六七岁时，由于家里孩子多，父母照顾吃力，口头上把谢家麟过继给没有子女的叔叔谢绍孟（字敬舆）。谢家麟因此与叔叔和婶婶一起生活过几年。他的童年分别在哈尔滨父母处、河北省武清县康裕庄老家度过，后来又因叔叔谢绍孟职务的变动而在湖北的汉阳和襄阳等地度过一段时间。这是一个军阀混战的动荡时期，居所的频繁变动加剧了他的这种动荡感。尽管一些具体的细节已很模糊，但当时的军阀混战给整个社会，尤其是农民们的生活带来的纷扰和痛苦，在他的脑海里留下了深深的烙印。

由于村里没有正规小学，叔叔职务又变动频繁，谢家麟没有按部就班地读过小学，只是间断地在家馆里随老师读过一些“四书”之类的古书，然后就直接进汉阳中学的初一年级就学了。此后，他又随叔叔到襄阳湖北省立第五中学读书。

叔叔除了为人忠厚仗义，还颇有童心，于他有如玩伴。这对于只身来到叔叔家的谢家麟来说，当然是十分难得的。叔叔有一架照相机，这在当时还是十分稀罕的机器。每当照完相后，他俩就一起躲在一张四面盖上了厚棉被的八仙桌下，在这样

①谢家麟. 没有终点的旅程. 北京：科学出版社，2008：4.

②引自：10.1 回国留学生工作分配登记表. 谢家麟人事档案，存于中国科学院高能物理研究所人事处，档案号 DA-003-009。

的“暗室”里冲洗照片。当看到一张白白的相纸上逐渐地显出影像来的时候，已经汗流浃背、快到窒息的他总是会感到莫名的兴奋，也感受到一种技术的神奇力量。

读初中时，家里有一支双筒猎枪，叔叔允许他用来打鸟玩。在一盒进口的子弹打完后，他还曾尝试自己做子弹。他用使用过的弹壳，从爆竹店买来黑色火药做炸药，将火柴上的红头剥下来做引信，又偷用家里电灯磁砣中的铅砂做子弹①。他的试验十分成功，尽管射程不如进口的原装子弹，但用于射鸟，效果几无区别。这些纯属出于兴趣的玩耍，对于他从小培养自己的动手能力和信心是十分有意义的。

他的这种射猎爱好，最后不是因为子弹缺乏，而是因为偶发的感触而终止了。一次出猎，他看到有一棵大树上栖落着几十只斑鸠，急忙装填子弹射出，众多鸟儿纷纷落下。当他兴高采烈地装上这些落地的鸟儿满载而归并打开口袋时，这些受了伤的“战利品”带着血满屋扑腾乱飞，突然让他心里十分难受。这些原本生机勃勃的生灵的垂死挣扎，让他有一种负疚和痛悔感，心中充满了悲悯之情。从此他再也没有去摸过那支一度爱不释手的猎枪。

■ 抗日烽火：读书救国和去大后方

1934 年，谢家麟回到北平，进入汇文中学读书。由此，他开始接触正规的现代教育，打开了一个学习的新天地。汇文中学的物理实验室教学设备齐全，给谢家麟提供了自己动手操作的机会。他开始沉迷于摆弄无线电，并与当时一般的业余爱好者一样，首先从最简单的矿石机做起，能用耳机接收当地的广播；然后发展到用真空管，先做单管机，再加低频放大线路，改用喇叭听；最后再加高频放大，提高灵敏度，收听频率也从一般的中波频道扩展到短波频道。事实上，对于像他这样的爱好者来说，收听广播并不是目的。探索并不是为了实用，真正的快乐在于通过自己动手创造，实践应用课堂上学习的电磁波知识，不断提高机器的性能，从中获得一种自我实现的满足。当然，实用的价值也不可小觑。当 1937 年“七七”事变发生、日本侵占北平之后，他自制的短波收音机就成为他们全家每天了解抗日战况的唯一渠道了。

高三毕业考试，谢家麟为“优秀”，被保送燕京大学物理系，走上了“读书救国”的道路。

---

①当时室内电灯大多用一个通过滑轮悬挂的磁砣，内用铅砂平衡灯头的重量，来调节灯头上下移动。

谢家麟 1938 年入燕京大学时，北平已经被日军占领。由于燕京大学是美国的教会学校，日军不得进入校园，反倒是各种爱国抗日的活动和言论得到校方的暗中支持，因此燕京大学俨然成为沦陷区中的一个独立王国。由于此时北京大学、清华大学、私立南开大学等名校纷纷南迁，到南方重组为国立西南联合大学，一批高教名师云集昆明，仍留驻北平的燕京大学已有师资匮乏之虞。但燕京大学物理系仍然保持着注重实验、提倡培养动手能力的特色。据谢家麟回忆：“物理系强调理论联系实际，强调实验，强调动手能力的培养。从青年时期，我就喜欢动手，做无线电，从收音机到发射机，可谓废寝忘食……燕京大学为学生提供很好的条件，让他们自由施展才能。我以后的工作，多是偏重工程技术，不是搞纯理论，这和在燕京大学的学习有很大的关系。”①

物理系的良好教学传统与氛围，是与系里的教授和系主任分不开的。当时的物理系主任是英国教授班德·威廉（William Band）。1932～1941 年，班德任物理系主任达 10 年之久，是燕京大学物理系任职时间最长的系主任。正是在他任职期间，燕京大学的物理系有了很大的发展。同时，班德也是一位富有同情心和正义感的学者。在 1937 年北平沦陷后，燕京大学成为日军尚未进驻的“孤岛”。但就在这恶劣的环境中，班德利用物理实验室的设备，一方面组装收音机，秘密收听国外和后方的广播，并在师生中相传；另一方面，他还与当时燕京大学的另一位教授林赛·迈可（Lord M. Linsay）等一起，秘密组装无线电收发报机，支援中国人民的抗日战争。1941 年冬，美国与日本的关系急剧恶化，班德与林赛每天都十分警惕地收听短波，监听局势变化。12 月 8 日，林赛第一个收听到日本偷袭珍珠港、美国与日本开战的消息，决定立即转移到平西抗日根据地。这两位教授到达晋察冀抗日根据地后曾给军区通信部队讲课，并担任技术顾问，此后到延安，其后回国。

谢家麟 1941 年写毕业论文时，系里要求自选论文题目。爱自个儿琢磨的谢家麟向导师提出，他研究的题目是可否用光线来进行通话，即利用调制光的强度变化来传送信息。他的这一实验还在初期阶段，太平洋战争的爆发打断了一切。1941 年 12 月 8 日清晨，日本偷袭珍珠港引发太平洋战争的第二天，日本军队冲进了燕京大学，搜捕进步学生，把其余学生也一概驱逐出校。学生们背着自己的铺盖衣物，仓惶离校。虽然以后又接到通知，让大家到伪北京大学报到就学，但谢家麟的爱国情怀使他不愿去敌伪学校委曲求全。因此，他选择了独自离家，辗转跋涉，经过界首、

①燕京研究院. 燕京大学人物志：第一辑. 北京：北京大学出版社，2001：72.

亳州，穿过多道日军封锁线，到达洛阳，再坐火车前往西安，乘汽车翻过秦岭，终于在 1942 年夏天到达当时抗日战争的大后方——成都。

抗日战争期间，教育部门有个规定，从沦陷区来到大后方的学生，可以到任意一个国立大学“借读”。谢家麟在燕京大学已经进入毕业论文写作阶段，只差半年就该毕业了。但来到后方，受爱国情感和“航空报国”思想的驱动，他又选择到当时在乐山复校的武汉大学的航空系学习，这意味着他要返回二年级补课，从头学起。他毅然做出牺牲，于 1942 年夏拿着重庆教育部开出的介绍信，到武汉大学报到。这一举动，当然有当时日军凭借空中优势对中国军民狂轰滥炸造成的刺激，但也反映了爱国青年为报国岂计功利的激情。

在武汉大学借读半年，所学的课程距“航空救国”的理想相距甚远，而此时燕京大学已经在成都复校，燕京大学的同学召唤谢家麟前往聚集。谢家麟于是在 1943 年春选择了重回燕京大学，去完成未读完的物理系四年级课程。当时到达成都的燕京大学的同学中同系同班的，除他之外只有两人，其中之一是他们班上仅有的两名女生之一范绪箴。在北京同学三年半时间，谢家麟竟然从未与范绪箴说过话。在成都复校后，创造了彼此接触和了解的机会，两人才发现彼此对人生和社会的看法有许多共同之处，从而播下了爱情的种子，最终成就了一段美满的姻缘。

1943 年夏毕业后，谢家麟与范绪箴前往位于桂林的中央无线电器材总厂报到工作。谢家麟的毕业论文是关于无线电的研究，去位于桂林的中央无线电器材总厂又是在研究室从事具有研发性质的工作，与他的兴趣对口。当时抗日前线需要各种与无线电相关的产品，因此这也是一个可以服务于抗日的工作，而这对于立志报国的他尤为重要。中央无线电器总材厂主要生产发报发话机（中小功率、移动式的）和配套的收讯机、广播收音机、1～3 千瓦的发射机和中功率的扩音机，这些都是当时前线通信联络和对敌宣传所急需的产品。

在中央无线电器材总厂约一年的时间里，谢家麟先后从事了四项研制工作：用高频振荡器激励火花球放电产生微波，试制氧化铜整流器、用用滑石烧制高频高压绝缘材料，研究地雷探测器。这些研究工作一是与战时需求有关，激发了谢家麟的热情；二是因为当时条件十分简陋，缺乏仪器设备和原料，需要因陋就简、就地取材，也让他感到富有挑战性。他在桂林期间最得意的工作就是成功研制出一种新原理的地雷探测器。他的毕业论文研究过负跨导管振荡器（transitron 振荡器），得知其特点是振荡频率易调且稳定。上级领导让谢家麟利用他研究的 transitron 振荡器来研制一种新型地雷探测器。当时大家只知道美军有地雷探测器，根据的工作原理可能是金属物体会影响振荡器的电磁场从而影响振荡频率，但都没有见到过实物。transitron 振荡器工作频率稳定，线路也十分简单，如果用它来做振荡器并使金属物体影响其频率，有可能对金属的存在更为敏感。谢家麟很快就做出来一个原型，试验结果表明其灵敏度确实很高。在厂里工程师的帮助下，他又制成了一个小巧玲珑的、实用的样品原型。自己的研制成果终于能对抗日战争起到作用了，谢家麟十分开心。但此时正值日寇侵犯桂林，工厂仓皇撤退，这件浸透他心血的工作也就不了了之了。

1945 年初，第二次世界大战的战局已渐趋明朗，德国和日本的败局已定。谢家麟每晚用自制的矿石收音机收听战况。8 月 15 日那天晚上，他突然听到日本投降的消息。他自述真有“剑外忽传收蓟北，初闻涕泪满衣裳”之感。他和妻子沉浸在抗日战争胜利的喜悦与终于可以回到平津和家人团聚的兴奋中，彻夜无眠。[①]

■ 不忘家国：青春做伴好还乡

1947 年春，谢家麟通过了教育部在北平举行的出国考试。他向加州理工学院提出了申请并得到了入学许可。1947 年 8 月，谢家麟在大儿子谢亚宁只有四个月的时候，告别范绪筏母子，远渡重洋，赴美留学。1948 年夏，谢家麟在加州理工学院获得硕士学位。加州理工学院的航空、物理、化学、生物等系都是世界闻名的，但微波物理及其技术却不如斯坦福大学物理系。谢家麟的个人兴趣和几年来在工厂工作的实践，都倾向于更接近实际应用的微波物理与技术，因此他转入斯坦福大学攻读博士学位。

1947 年谢家麟出国前夕和妻子、长子合影

1950 年 7～8 月，在谢家麟毕业前夕，他和同学范新弼、张念智二人考虑回国后如何继续从事微波方面的研究工作，

①谢家麟. 没有终点的旅程. 北京：科学出版社，2008：24.

希望能给祖国的科技发展做出贡献。考虑到国内缺少实验器材，他写信给当时的中国科学院秘书长钱三强，询问是否要带一些关键器材回国。得到领导支持后，他采购了一批建立微波电子学实验室所需的主要器材，如扩散泵、机械泵、磁控管、反射调速管、波导管、晶体检波器等。它们都是实验室使用的器材，但是其中有些仪器可能是禁运的。他们把器材装满 3 个美军处理的剩余物资木箱，打算由谢家麟当作随身行李带回。

当时谢家麟住在斯坦福大学校园内的中国学生俱乐部。他和范新弼、张念智三人花了许多时间开箱、装箱。虽然他们相当小心，但这么大的举动还是很可能引起别人注意。在谢家麟动身回国的前一天晚上，他正在实验室工作，秘书告诉他外面有人找。出去一看，他看见有两个衣冠楚楚的陌生人。他们向他出示证件是美国联邦调查局的探员，问他是否能随他们到停在实验室外面的车上一谈。等谢家麟在车后座坐定，他们先告诉谢家麟谈话将被录音。询问完一般情况后，他们问谢家麟是否要回国，他说“我的妻子和孩子都在中国，我当然要回去”。“他们说‘你回去是否愿意为共产党政府工作’，我说‘共产党政府是主张建设国家的，而我留学的目的正是要求得学识来建设祖国’。他们听了也就没什么可问的了。”①

1951 年谢家麟获得博士学位，他立即动身回国。谢家麟去办理托运行李时，很担心海关人员开箱抽查，如果发现实验器材，即使以科研需要为理由也肯定不会放行。谢家麟一边与检查人员聊家常、联络感情，一边又递上他用 0.5 美元买的雪茄，表示友好，结果对方一个箱子也没有打开检查，就用粉笔在箱上签字，算是通过检验了。当“克里夫兰总统号”邮轮驶离旧金山时，谢家麟踏上了几年来日夜盼望的归国之旅。

1951 年谢家麟在第一次回国的轮船上友人送行
（左范新弼，右张念智）

①谢家麟. 没有终点的旅程. 北京：科学出版社，2008：45.

“克里夫兰总统号”邮轮驶达檀香山，停泊一天。船上有几十名回国的留学生，大家纷纷兴高采烈地上岸游览观光。在下午回船登上舷梯时，发现美国移民局和联邦调查局的官员手持名单，核对每个登船的旅客。在谢家麟和另外几名留学生的名字下都画有横线，美国移民局和联邦调查局的官员问明他们的姓名后，让他们去船上的大厅等待。最后，他们每人拿到一封信。信里写着：“根据美国 1918 年的一项立法，美国政府有权禁止交战国学习科技专业的学生离境，违者将被惩办。”此事非常突然，完全出乎意料，让留学生们惊愕、愤怒不已，但又无能为力。同时，美国移民局和联邦调查局的官员特别提出要检查谢家麟在舱底托运的行李。由船长派人领路，美方官员和谢家麟一起来到邮轮底部，跨过船底放置行李的舱房间隔板上的孔道，找到他放置行李的部位。那里从上到下堆满箱子，费了很大力气才把最上面的箱子搬下来，里面都是书籍。谢家麟一共带了 8 个箱子，其他箱子实在难以搬动。刚好船长也说轮船的行程不能耽误。几名官员商量后，决定从香港返航时把谢家麟的箱子运到旧金山码头再进行检查。

谢家麟返美以后，写了一封信给美国海关，以本人因事不便前往为由，委托朋友张念智把箱子从海关仓库中取出来。因为他的箱子里有些是回国建微波实验室的器材，如果查出可能会有麻烦，取回箱子以后他才放心。随后，谢家麟前往美国俄勒冈大学教书。1952 年夏，他应邀到斯坦福大学微波与高能物理实验室工作。半年后，芝加哥麦卡瑞斯医学中心请斯坦福大学微波与高能物理实验室帮助他们研制一台能产生 45 兆电子伏左右的高能电子束用来治疗肿瘤的加速器。实验室领导希望谢家麟来负责此项工作。他觉得这是独当一面、锻炼自己的绝好机会，毫不迟疑地答应了此事。经过两年的努力，谢家麟克服了种种技术困难，成功研制出这台 45 兆电子伏电子直线加速器。这是当时世界上能量最高的医用直线电子加速器，在他回国前已成功为患者进行辐照，在国际上开

1955 年 7 月初，谢家麟起程回国之初与分别 8 年的妻子和长子

了用高能电子束治癌的先河。

1955 年 7 月初，谢家麟终于再次踏上回国的旅程。四年羁留，一朝得以返乡，他心情之振奋难以言表。

■ 不懈奋斗：从电子直线加速器到北京正负电子对撞机

回国之初，谢家麟由于在美国熟悉电子直线加速器的业务，因此希望开展电子直线加速器的有关工作，把自己的所学奉献给祖国。但做什么样的电子直线加速器呢？当时有两种选择：一种是做一台使用磁控管的低能加速器，这是比较简单易行的，但是这种加速器无法向高能发展；另一种是建造一台可向高能发展的电子直线加速器，这样可以为我国今后发展高能物理实验研究奠定基础，但建造它除了要研制加速管外，还要自行研制世界上功率最大的速调管和调制器，这两个系统的技术难度不亚于加速器本身。上述两种系统不仅在能量上有很大的差别，最主要的还是性能大不相同，研制中的困难程度也大不一样。然而谢家麟认为，他有在美国主持建造当时世界上能量最高的医用加速器的全面经验，困难是可以克服的，因而选择了后一条十分艰难的技术路线。

经过 8 年奋战，谢家麟终于在 1964 年成功建成中国第一台 30 兆电子伏可向更高能量发展的。建成之后，电子直线加速器马上投入国防急需，用电子束流打靶产生的高强度脉冲辐射模拟核爆炸来标定仪器，为“两弹”研制做出了重要贡献；在基础研究上，通过该加速器的研制，发展了大功率速调管、加速管和微波管等一系列先进技术，推动了中国加速器事业的发展，同时在加速器领域培养了一大批有实际经验的人才，为随后北京正负电子对撞机的建造奠定了人才和技术基础。

1977 年，我国决定建造一台质子同步加速器，能量为 50 吉电子伏，代号“八七工程”，谢家麟任加速器总设计师。1980 年，国家经济调整，“八七工程”下马，但高能不断线，可利用“八七工程”预制经费尚未动用的 9000 万元来进行较小的高能建设。如何调整呢？是改走电子的道路，还是继续走质子的道路？1981 年 3 月在美国举行了一次非正式的通报中国高能调整方案的讨论会，谢家麟、朱洪元和叶铭汉参加了这次会议。斯坦福直线加速器中心（Stanford Linear Accelerator Center）所长潘诺夫斯基（W.K.H.Panofskyl）提出了建造 2.2 吉电子伏正负电子对撞机的建议。经过讨论，大多数与会者同意此建议，认为它有明确的物理目标，造价也适合中国的预算。回国后，谢家麟多次组织国内外科学家开展调研和论证，反复对比权衡两种路线的优缺点，最终确定了正负电子对撞机的方案。在这一关键性的选择中，他以深入而细致、实事求是地分析，说服了持不同意见者。高能所全所取得了共识，最终确定了 2.2 吉电子伏正负电子对撞机“一机两用”的方案，既能为高能物理研究提供实验装置，也能为同步辐射应用提供研究平台。

1978 年在美国费米国家加速器实验室考察，谢家麟（中）将五星红旗升在该所主楼之前，左立者为该所所长威尔逊（R.Wilson）

谢家麟担任对撞机总设计师（后任工程经理），对工程设计精心做出了正确的决策。他提出了 6 条设计指导思想：①以保证高亮度为首要考虑；②采用经过考验的先进技术；③设计中强调简单、可靠；④采用能达到性能指标的最经济的技术路线；⑤设计中保留以后改进的余地；⑥设计中保留一机多用的可能。他对决定对撞机性能的一些物理参数进行了仔细研究，在设计上采取措施以保证高亮度的实现，以及高能物理和同步辐射的“一机两用”。谢家麟调整了各大系统在总经费预算中的合理份额。他提出采用关键路径方法（Critical Path Method，CPM）来指导总体工程进展，紧紧抓住工程建设的关键环节，保证了正负电子对撞机的顺利建造。他带领工程团队精心设计、组织、研制、安装及调试，高质量地完成了正负电子对撞机的建设任务。北京正负电子对撞机最终按照设计要求，不超预算，如期完成，成为中国大科学工程的典范。

1988 年 10 月，北京正负电子对撞机成功实现对撞。这是我国在高科技领域的一项重大突破性成就。仅用了 4 年时间、2.4 亿元人民币，北京正负电子对撞机创造了国际同类工程中建设速度快、投资少、质量好、水平高的奇迹。这台对撞机的性能优异，亮度是美国斯坦福有线加速器中心当时正在运转的对撞机 SPEAR 的 4 倍，为中国高能物理实验创造了优越条件，从而获得了多项高能物理的重要成果。在国际权威的粒子数据表上，到 2012 年为止，就有 400 多项数据是由北京谱仪国际合作组在北京正负电子对撞机上测定得出的。从此，中国在高能物理领域占据了一席之地，与其他国家享有平等的合作关系。

1988 年在北京正负电子对撞机建成典礼上
（从左至右，谢家麟、美国能源部法勒教授、叶铭汉）

■ 没有终点的科研旅程

为了跟踪世界战略性高科技发展，不断拓展新领域，1986 年谢家麟在北京正负电子对撞机即将建成时，主动辞去工程经理的职务，让年轻同志担当重任。也就在这一年，谢家麟申请了国家高技术研究发展计划（863 计划）的自选项目，开展了国际前沿的自由电子激光研究。这又是一项技术上极其困难、挑战性极大的任务。

谢家麟选用经过考验的先进技术，制定了热阴极微波电子枪注入器、波荡器和光学谐振腔等核心设备的技术方案。利用他在 1964 年建成的那台电子直线加速器进行改进，提出采用“前馈控制”，提高直线加速器的束流稳定性。他带领团队成功研制出多项先进设备，突破性地解决了关键技术问题。1993 年，他领导建成北京自由电子激光装置。这是亚洲第一台产生激光并实现饱和振荡的装置，多项技术指标达到国际先进水平，使中国成为继美国及欧洲西部国家之后实现红外自由电子激光饱和振荡的国家，为我国自由电子激光的发展奠定了基础。

1993 年谢家麟在北京自由电子激光装置的加速器输出端

2000 年，谢家麟以 80 多岁的高龄，又面向市场需求，投身研制世界上首台简易结构的加速器样机。谢家麟突破加速器设计原理，提出速调管同时作为微波源和电子源的紧凑型电子直线加速器的创新构想，将电子直线加速器几十年沿用的三大系统——电子源、微波源和加速管——精简为两大系统，简化了加速器结构，大大降低了制造成本。经过 4 年努力，成功研制出世界上第一台紧凑型新型电子直线加速器的样机，验证了设计理论的可行性，并申请了国家专利。

谢家麟爱国敬业、求实创新、学风严谨、淡泊名利，潜心粒子加速器研究。他长期活跃在加速器科学技术研究的前沿，为中国高能物理和粒子加速器事业的持续发展做出了重大贡献，是科技工作者的楷模。为纪念他在粒子加速器科学技术上的卓越贡献，国际天文学联合会将一颗国际编号为32928号的小行星正式命名为“谢家麟星”。在苍穹上闪耀的“谢家麟星”，不断激励着人们继续为建设创新型国家和科技强国而努力奋斗。

参考文献

高杰. 2016. 高能报国　不负此生——怀念我的老师谢家麟先生. 物理，4：244-247.
李广林，朱孚泉，任文彬，等. 2012. 创业之路. 现代物理知识，1：9-11.
裴国玺. 2012. 漫话电子直线加速器——谨以此文祝贺导师谢家麟荣获国家最高科技奖. 现代物理知识，1：12-14.
谢家麟. 2007. 没有终点的旅程. 北京：科学出版社.
谢家麟. 2012. 我的人生旅途——写给青年人. 现代物理知识，1：3-7，73-74.
燕京研究院. 2001. 燕京大学人物志：第一辑. 北京：北京大学出版社.
叶铭汉. 2012. 热烈祝贺谢家麟院士荣获国家最高科学技术奖. 现代物理知识，1：8-9.
叶铭汉. 2016. 深切缅怀谢家麟先生. 物理，4：234-239.
张闯. 2016. 高山仰止　景行行止. 物理，4：240-243.

郑哲敏

——为祖国雪中送炭

郑哲敏是国际著名力学家，我国爆炸力学的奠基人和开拓者、中国力学学科建设与发展的组织者和领导者。他生于1924年10月，1947年毕业于清华大学机械工程系，1948～1952年在美国加州理工学院机械工程系学习，先后获得硕士、博士学位。1955年回国后至今在中国科学院力学研究所工作，历任室主任、副所长、所长等职，现任所学术委员会名誉主任。1980年当选中国科学院学部委员，1993年当选美国国家工程院外籍院士，1994年选聘为中国工程院院士。2012年获得国家最高科学技术奖。①

郑哲敏

郑哲敏始终心系祖国，拥有家国天下的伟大情怀。20世纪60年代在中国的航天事业遭遇瓶颈之时，他雪中送炭，促进了航天工程的建设。几十年来，郑哲敏瞄准国家的需求，取得了一系列重大科技成果。他早期钻研水弹性力学研究，长期从事固体力学研究，善于用力学理论解决工程实际问题，随后提出了流体弹塑性体模型和理论，并在岩土爆破、爆炸加工、核爆炸效应、材料动态破坏、穿甲破甲等方面取得重要成果。他带头进行海洋工程力学、材料力学性能、环境流体力学的研究，创建了中国科学院力学研究所非线性连续介质力学开放实验室，为推动中国力学事业的发展做出了贡献。

①高荣伟. 郑哲敏与他的“二钱”恩师. 党史文汇，2013，6：33.

■ 求学之路：就学中国需要的应用力学

郑哲敏出生在山东省济南市，原籍浙江省鄞县。父亲郑章斐幼年放牛，念过几年私塾和小学，后来进城当学徒，而后经商办厂。郑章斐崇尚实业，全力支持和鼓励子女用功读书，教育子女勤勉好学、修身养性。在这种家庭教育的影响下，郑哲敏青少年时期就勤奋好学，养成了正直的品格。

郑哲敏在济南市立第五小学读完小学后进入济南育英中学。初中第二年，抗日战争爆发，郑哲敏入川。他先后进成都建国中学、成都华阳县中学和金堂铭贤中学学习。他学习刻苦，乐于为大家做事，对物理和英文有浓厚的兴趣，各科成绩优异。

1943 年，郑哲敏以优异的成绩考入国立西南联合大学，就读于电机工程学系及机械工程学系。1946 年，钱伟长从美国加州理工学院回到清华大学任教，郑哲敏是钱伟长开设的力学课程班上第一批学生。

郑哲敏回忆："钱先生那时刚从国外回来，他在机械系开了一门课，是给我们四年级学生开的，叫近代力学课，包括弹性力学及一些流体力学和其他现代力学知识。钱先生在课堂上给我们介绍他在美国的工作，讲火箭原理等。"钱伟长授课时加入大量的海外史料加以佐证，引人入胜，尤其关于新工程科学的思想对学生很有启发，博得学子们的阵阵掌声。在钱伟长的影响下，从那时起，郑哲敏的研究方向转向了力学。

毕业后，郑哲敏留在清华大学，给钱伟长做了一年的工程力学课的助教。他补习了许多知识，同时自学库朗（Courant Richard）的微积分，旁听物理系王竹溪先生和外语系陈福田先生的课。在这些大家中，钱伟长对他的影响最大，一是使他从此确定要研究力学；二是钱伟长重视数学和物理学等基础学科，对他的影响很大；三是钱伟长是当时有名的"进步教授"，积极参与爱国学生运动，还常跟学生讲对美国社会的认识，认为美国"虽有许多科学创造，但都不能为人民所用"。

1947 年底至 1948 年初，经清华大学、北平（北京）地区、华北区和全国（分华北区、华中区、华南区）四级选拔，郑哲敏脱颖而出，成为全国唯一一名"国际扶轮社奖学金"获得者。年轻的郑哲敏认为应用力学对中国工业建设有重要作用，提出以应用力学为专修的学科，并开始选择国外合适的大学。

在 20 世纪 30～50 年代，钱学森、郭永怀、林家翘、钱伟长等一批当时的青年才俊、后来的力学大师先后来到加州理工学院求学或工作，在国际知名的力学大师冯·卡门的指导下，着力开拓应用力学学科的前沿及应用的疆土。

为了探索最前沿的科学知识，郑哲敏同时将美国加州理工学院和英国伦敦大学列为拟入的学校，并得到梅贻琦、陈福田、钱伟长、李辑祥等人的推荐。1948 年 4 月，他的申请获准并确定入学美国加州理工学院。同年 8 月，他由上海乘船赴美。在加州理工学院学习一年后，他顺利获得了硕士学位。

1948 年 9 月，郑哲敏抵加州理工学院

随后，他选修了钱学森开设的关于火箭的课程。当时的钱学森已经誉满全球，他那严密而生动的讲授引起了郑哲敏的极大兴趣。之后，郑哲敏便成为钱学森的博士研究生，做热应力方面的研究。在那所著名学府里，耳濡目染和多方面的实践使郑哲敏深受冯·卡门和钱学森所代表的近代应用力学学派的影响：着眼重大的实际问题，强调严格推理、表述清晰、创新理论，进而开辟新的技术和工业。这成为郑哲敏后来一生坚持的研究方向和治学风格。1952 年 6 月，郑哲敏获得加州理工学院应用力学与数学博士学位。

■ 艰难回国：爆炸力学的诞生

1949 年，中华人民共和国成立。郑哲敏渴望为祖国的建设尽一分力量，于是在取得博士学位后，决心返回中国。不料美国政府百般阻挠，坚决不肯放他回国。从 1952 年开始的整整两年时间，他的护照被扣留，使他成了没有合法身份的人，并被严厉告知不得企图离境。

1954 年 9 月，美国移民局取消了对一批留学生不得离境的限制，郑哲敏幸运地成为其中之一。作为首批回国的留学生，他不禁感到一丝彷徨。离开的时候，导师钱学森为他送行。他请教道："回国后干什么？"钱先生回答道："国家需要做什么，你就做什么。"①从此以后，这句话便深深地烙在郑哲敏的心中。他告诉自己：祖国的需要就是我的专业。科学家要（为工程技术）雪中送炭，不要锦上添花！

①茹娅. 科学家的一生与爆炸的瞬间——记 2012 年度国家最高科技奖获得者郑哲敏. 紫光阁，2013，3：63.

为了安全抵达中国，郑哲敏没有直接返回，而是选择先绕道去欧洲，随后再回到中国。他于 1954 年 9 月 26 日从纽约乘船离开美国，10 月 12 日抵达瑞士。由于办理途经地点的签证手续和等待船期，1955 年 1 月 19 日他离开法国，途经香港，于 2 月 21 日从宝安县（今深圳）入境。整个归国旅程历时近 5 个月。在阔别了 6 年半之后，郑哲敏终于回到了祖国的怀抱！

在“回国留学生工作分配登记表”中，他写道：“回国本是一贯主张。我们之所以获得教育，直接或间接的是由于全国人民的劳动，因此回国服务是不可推辞的责任。同时一个人如果不是在为群众的利益工作，那么生活便失去了意义。”①回国后，郑哲敏便全身心投入祖国的力学学科发展事业中。

1953 年底，中国科学院在数学研究所内组建力学研究室，钱伟长任主任，进行固体力学和流体力学的研究。回国不久，郑哲敏便加入了恩师钱伟长创立的力学研究室，任副研究员。1955 年 10 月，钱学森回国，主持了对力学研究的基本方向的研讨。1956 年 1 月 5 日，中国科学院院务会决定组建力学研究所，报国务院审批。1956 年 1 月 16 日，中国科学院力学研究所正式成立，在所长钱学森、副所长钱伟长的规划下，设置了弹性力学、塑性力学、流体气体动力学、自动控制及调节理论、运筹学、化学流体力学和物理力学等研究组。郑哲敏成为力学研究所首批科研人员，任弹性力学组组长，从此展开以祖国的经济与国防建设为主线的丰富的应用力学和工程科学实践活动。

郭永怀（左）和郑哲敏（右）亲切交谈

①高荣伟. 郑哲敏与他的“二钱”恩师. 党史文汇，2013，6：34.

当时我国的航天部门正在紧锣密鼓地从事着“两弹一星”的研制工作。但是我国工业面临的一个棘手问题是缺少万吨水压机，无法把加工工艺水平提高上去，因此没法做出航天要求的特殊零部件。适逢中苏交恶，苏联专家的撤离更是让研究雪上加霜。在这个为祖国雪中送炭的关键时刻，郑哲敏挺身而出。他和钱学森想到，既然爆炸能够在瞬间产生巨大的冲击力，何不利用这种力量，把需要的零件痛痛快快地炸出来呢？

1960年，郑哲敏受中国航空航天工业部委托，研究爆炸成型的问题。那年秋天的一个下午，中国科学院力学研究所的篮球场上发生了一次小小的爆炸。当硝烟和尘土消散之后，一片薄薄的铁板炸成的一个小碗出现在围观人群的面前，引发了一阵欢呼。这是郑哲敏和他的研究人员做的一次爆炸成型实验。它的结果让特地安排了这次实验的钱学森兴奋不已。钱学森激动地拿着这个小碗绕场一周，给众人传看：“可不要小看这个碗，我们将来卫星上天就靠它了。”①随之，在中国，一个新兴的专业就此诞生，钱学森起名为“爆炸力学”，创始人便是其得意门生郑哲敏。

■ 趁热打铁：爆炸力学的发展

1964年，郑哲敏接受并完成了空中核爆炸冲击波压力标定的任务。经过调研和分析，他认为当时国外把全场分为内部流体区和外部固体区的分区模型存在不连续的缺点。1965年，他和解伯民提交了《关于地下爆炸计算模型的一个建议》，提出了一种新的力学模型——流体弹塑性体模型。这一模型能够满意地体现介质在流体性质和固体性质之间的紧密耦合及其运动在时间和空间上的连续变化的特征。在此后的两年中，他们应用这个模型对地下核爆炸进行了模拟计算。

还在20世纪60年代初，郑哲敏就提出用室内小型枪击试验代替实弹靶场考核的建议，并且准备研究将流体弹塑性模型应用到穿破甲机理研究中。1971年11月回到中国科学院力学研究所后，他主动联系兵工部门，建立合作关系，继续指导他领导的团队完成了杆式弹穿甲相似律研究，并且提出了杆式弹的穿甲模型。这个模型抓住了弹头在孔底边进边碎的特点，引入碎渣作为弹靶作用的中间过渡体，从而改进了国际流行的Tate公式。

①茹娅. 科学家的一生与爆炸的瞬间——记2012年度国家最高科技奖获得者郑哲敏. 紫光阁，2013，3：63.

他解决了破甲相似律、破甲弹金属射流失稳拉断机理、射流侵彻金属装甲和非金属装甲的机理等一系列问题。他分析了记录破甲弹射流的变形、颈缩和断裂的X射线相片。在1977年发表的论文中，他巧妙地采用量纲分析和解析方法给出了射流失稳断裂的计算公式，证明了射流高速段的失稳是空气动力作用的结果，而低速段的失稳则与射流材料的强度性质有关。国际上同一年也发表了射流失稳的文章，但只讨论了低速段，而证明手段用的是数值方法。

1975～1977年，他建立了一个描述金属装甲破甲机理的流体弹塑性体模型，指出金属材料的惯性和强度起决定作用，而可压缩性和相变影响可被忽略。据此理论，他提出了一个比流行的Eichel berger公式更符合实际的计算侵彻速度的公式。1981年，他的团队又在记录纤维增强复合材料的侵彻过程的X射线照片上，发现孔底附近孔壁发生回缩的重要现象。他们分析判断材料发生了热裂解，于是进一步组织专门实验和理论分析，建立了流体弹塑性加热裂解的侵彻模型。上述工作有力地指导了兵工部门的研制和设计工作。

由于十分关心爆炸事故和灾害对人民生命和财产造成的损害，从20世纪80年代初期，郑哲敏便开始组织气相燃烧和爆炸、粉尘燃烧和爆炸的研究。煤与瓦斯突出这类事故在我国煤矿中频繁发生，严重威胁着工人的生命安全和煤炭生产。由于现象复杂，世界上主要产煤国家长期研究其发生机制而得不到有效解决。郑哲敏出于对煤矿工人的真挚感情，力图攻克这个难关。

他在1982年的中国力学学会第二届理事会上发表了《从数量级和量纲分析看煤与瓦斯突出的机理》一文，对我国历年发生的大型瓦斯突出事故从力学角度做了分析和估算，认为突出的主要能量来源于煤层中的瓦斯，而地压只是触发煤层破坏的条件。他指导的团队在20世纪80年代、90年代发表多篇论文，从室内模拟和理论分析两方面不断展开他的想法。他们的室内实验证明，煤与瓦斯在一定条件下会发生恒速推进的自持突出；同时，他们还建立了关于两相介质的渗流破坏的简化模型，定性揭示了突出的主要过程和特征，并且为一个重要的实用突出判据提供了理论说明。

郑哲敏对于爆炸和冲击过程中出现的失稳现象非常重视。除了前面提到的高速射流的拉断失稳问题外，在高速变形固体材料内部发生的绝热剪切及两块金属在爆炸复合时产生的波状界面现象等稳定性问题上，他都做过深入的探索。在这些工作中，他总是立足于收集和分析实验数据和资料；除了宏观现象以外，还深入考察金相微观特征，从中选择主要参数，分析彼此间的因果关联，然后再提出理论模型。

郑哲敏为爆炸力学学科的创建和发展做出了一系列开创性的贡献，包括：

（1）在声学理论方面，提出了薄板在水下爆炸击波作用下的变形理论；

（2）在爆炸后期效应方面，提出了高速射流的准定常侵彻理论、爆炸成型后期的第二次加载理论及爆破的鼓包运动理论等；

（3）提出了反映爆炸和冲击问题中的高速、高压和高温特征及惯性与强度相互祸合效应的流体弹塑性体模型和多种应用理论；

（4）提出了多种爆炸和冲击的相似律；

（5）提出了多种耦合运动的理论，包括两种物体的耦合运动及同一物体中流体性质和固体性质相互影响的耦合效应的理论；

（6）在稳定性问题方面，提出了射流拉断、界面波、绝热剪切等理论。

由于对爆炸力学的理论和应用发展做出贡献，1993 年 2 月，郑哲敏当选为美国国家工程院外籍院士。当年，全世界仅有 8 名非美科学家获此殊荣。

1993 年，郑哲敏参加美国国家工程院年会

■ 不忘初心：为科研工作鞠躬尽瘁

研究爆炸成型始于制作火箭部件的特殊要求，而在这之后，郑哲敏和他领导的研究团队总是瞄准国家需求。他始终坚持当初的信念：国家需要我的时候，我就得出现，为科学事业鞠躬尽瘁。

20 世纪 70 年代后期以来，郑哲敏在全面负责中国科学院力学研究所领导工作的同时，根据力学学科前沿发展趋势和国家重大需求，重点抓了材料力学性能、非线性力学、海洋工程力学的科技工作，并使这 3 个方面都取得了重要的进展和成绩。

郑哲敏十分重视固体材料力学性质的研究。早在 20 世纪 60 年代，他就领导了一个研究组开始研究材料在冲击载荷下的变形和破坏。20 世纪 70 年代初，他邀请著名的断裂力学专家陈茂先生到中国科学院力学研究所做了断裂力学的专题学术报告，以传播和推动断裂力学的研究工作。1978 年，在他主持制定的全国力学规划中，把材料力学性能的研究列为 14 项重大课题的第一项。1979 年，郑哲敏即在力学研究所组建材料力学性能研究室，并任第一任室主任。

1982 年，郑哲敏发表了论文《连续介质力学与断裂》，针对当时流行的线弹性断裂力学在计及塑性功的分析中忽略了一个长度量纲，指出在断裂分析中存在一个被忽视的长度量，并提出尺度效应必须包括到断裂理论中。这篇论文的学术观点引导了那个时期材料力学性能研究室的科技研究工作。

“七五”期间，郑哲敏联络中国科学院力学研究所、金属研究所、固体物理研究所、金属腐蚀和防护研究所等单位，发起和组织院内大协作，他作为首席科学家承担了中国科学院“七五”重大基础研究项目“材料的变形损伤和断裂行为的机制及其力学理论”。此外，郑哲敏还作为首席科学家承担了中国科学院“八五”重点项目“材料变形损伤和破坏的机理和宏微观力学理论”。郑哲敏一方面总体领导材料力学性能方面的研究工作，另一方面直接指导并参与了若干方面的研究，包括热塑剪切带、疲劳短裂纹、金属压痕力学分析等。在郑哲敏的带领和指导下，力学研究所在材料力学性能的研究上取得了一批重要的科研成果和众多荣誉，包括获得 12 项国家和中国科学院的科技成果奖。

中国科学院力学研究所非线性连续介质力学开放研究实验室（State Key Laboratory of Nonlinear Mechanics，LNM）于 1988 年 6 月正式成立，郑哲敏任第一任室主任。而后，他担任 LNM 学术委员会主任至 2000 年。

1995 年，国家自然科学基金委员会受国家计划委员会和国家科学技术委员会的委托，组织同行专家对物理学和力学领域的 16 个国家重点和部门开放实验室进行评估。LNM 被评为优秀实验室，而且是当年被评为优秀的唯一一个部门开放实验室。评估组认为：“LNM 在研究方向上都是当前国际力学基础研究最主要的前沿和攻坚目标，近几年取得了一批有国际影响的成果，多次在国际会议上做特邀报告，论文被大量引用。”此后，LNM 被科技部批准立项建设国家重点实验室，并于 2000

年4月通过验收，同时定名为“非线性力学国家重点实验室”（LNM）。[①]此后，1997年，LNM被中国科学院党组授予首批中国科学院“双文明先进集体”的荣誉称号。

20世纪80年代初，根据国外海洋资源开发的发展趋势，周培源、严济慈、钱三强等老一辈科学家提出建议，在中国科学院开展海洋工程科学技术研究工作。1982年10～11月，林同城、李敏华、钱寿易、郑哲敏等组成中国海洋工程力学考察团，先后访问了英国、挪威等海洋资源开发比较先进的国家。回国后，他们根据国外的发展情况和国内的实际需要，提出了重点解决海洋油气开发中的14个国际前沿的科学技术问题；同时在中国科学院力学研究所组织海洋工程科学与技术的研究队伍，并在中国科学院设立“海洋石油勘探开发中的科研问题”的攻关项目，进行海洋开采平台和海洋工程力学问题的研究。

1986年，卢嘉锡院长批准成立了“中国科学院海洋工程科学技术研究中心”，并任命郑哲敏担任中心主任。30多年来，郑哲敏领导中国科学院海洋工程科学技术研究中心开展了多项海洋工程领域的研究工作，先后承担了国家科学技术委员会攻关项目和国家自然科学基金重大项目。中国科学院海洋工程科学技术研究中心与中国海洋石油总公司建立了长期的友好合作关系，完成了数十项中国海洋石油总公司委托的科研和工程开发项目，解决了许多工程或技术中的难题，为多个海区的海底油气开采创造了条件。

■ 赤子之心：处处闪现的人格魅力

做科研不仅是做科学和技术的研发，更重要的是做人。郑哲敏不仅在科学事业上获得了突出成就，同时极具人格魅力。而在这处处闪现的人格魅力之下，是一颗赤子之心。

郑哲敏拥有远见卓识，总能借助长远的目光，牢牢把握住科研的方向。“钱学森先生曾对我说，你做这个问题要想到后面更大的问题是什么，这对我的影响很大，就是说不要把眼光局限在眼前的‘小’问题上。”[②]这也成为郑哲敏一生治学的信条。

①洪友士. 郑哲敏先生的主要经历与成就——祝贺郑哲敏先生八十华诞//洪友士. 祝贺郑哲敏先生八十华诞应用力学报告会——应用力学进展论文集. 北京：科学出版 社，2004：7.

②吴晶晶. 郑哲敏：此生唯愿尽“力”报国. 发明与创新（综合科技），2013，5：31.

郑哲敏（右）拜访老师钱学森（左）

郑哲敏继承了老师以应用力学为主的方向，他希望力学打开大门，走进更多行业，在发展高技术、实现传统工业现代化和可持续发展方面发挥作用。郑哲敏多次到大西北，看到大片黄土或戈壁滩遇到大雨容易形成泥流冲毁铁路和房屋，心里感到不安，经常思考如何解决这一问题。经过长期思索和调研，他提出了力学应面向地学的观点，并组织开展了环境和灾害流体力学研究。在他的倡导和组织下，我国建立和发展了灾害力学、环境力学、海洋工程、热弹性力学、水弹性力学等多个力学分支学科或领域。

郑哲敏办公室工作照

几十年来，郑哲敏不仅在中国科学院力学研究所的建设和发展过程中起了关键作用，而且满腔热情地致力于我国科学技术事业的多方面工作，特别是参与或主持制定了我国各阶段的力学学科发展规划，显示了他在力学和技术科学领域的战略思想，为中国力学和技术科学的发展做出了重要贡献。从 1956 年起，我国制定十二年科学技术发展远景规划时，郑哲敏便以年轻专家助手的身份参加钱学森主持的第一次全国力学规划的制定工作。1977 年，郑哲敏主持制定了中国科学院的力学发展规划。1978 年，郑哲敏作为主持人之一，组织了制定全国力学规划的工作。

“他是一位战略学家，总是比别人看得更深一些，更远一些。”学生兼同事洪友士说。但郑哲敏谦逊地说：“我的想法很简单，就想为国家做一些实实在在的事情。”①

枯燥的科研工作需要工作者沉稳、实事求是，同时要耐得住寂寞，对于这一点，郑哲敏确实是身体力行。他认为，追求科学是一个不断否定自己的过程，必须客观地评价自己和别人的工作；谦虚的精神可以帮助科技工作者听到不同的意见以补充自己的不足；说话做事不要绕弯子，科学研究就是追求真理的过程，必须实事求是。

强烈的责任感使他养成了冷静的科学态度，而和同事的交流合作往往是灵感火花碰撞的时刻。因此，当大家都在为工作上的一些进展感到自豪的时候，他总是冷静地评价这些进展在整个学科中的实际地位。对于学术交流，郑哲敏认为一定要克服“死要面子不敢进行学术争论”的心理，学术会议不能总是各讲各的，一定要敞开心胸，有真正的学术交流。“光靠几篇论文累积起来是不行的，放那谁都用不上。一定要学有所用，真正出一些有价值的或者有实际应用的成果。”

曾经有采访者问郑哲敏，在科研工作中他什么时候感觉最好。他说：“通过艰辛努力仍百思不解，突然柳暗花明，一切都变得井井有条，这个感觉很奇妙。在激烈的讨论中，你几乎可以听到或触摸到思想在急速地奔跑、在飞跃，这种感觉也很奇妙。”他接着说，“科学研究是很辛苦和枯燥的，但这些感觉是无价的补偿。科学研究的魅力也许就在这里”。②

郑哲敏生活照

洪友士曾评价老师郑哲敏：

①吴晶晶. 郑哲敏：此生唯愿尽“力”报国. 发明与创新（综合科技），2013，5：31.

②潘聪平，王桂荣. 50 年耕耘演绎“爆炸传奇”——访浙籍院士、著名爆炸力学专家郑哲敏. 今日浙江，2009，6：55.

作为一名杰出的科学家，郑先生充满对祖国的热爱、对科学的追求和对事业的执着。郑哲敏对祖国科学事业的远见卓识和实事求是的态度彰显了他对中国的热爱之情。正是对中华大地深沉的爱，他才会不畏艰难，毅然回国，选择创立并发展对建设有用的爆炸力学。中国的力学研究在郑哲敏的推动下有了飞跃式的发展。

发现新的现象，提出新的概念，发展新的学科，郑哲敏一生都在做开创性的事业。这源于他回国前的信仰：为祖国雪中送炭，绝不锦上添花！不甘于沿着前人深深的脚印前进，郑哲敏要走的路是没人走过的泥泞小路，他真正要做的是祖国正需要他做的事。作为工程前沿的拓荒人，他阐明了爆炸成型的机理和模型律，解决了火箭重要部件的加工难题，发展了一门新的力学分支学科——爆炸力学。他建立的流体弹塑性模型，揭示了穿破甲机理等，为建立力学的理论体系和应用做出了重大贡献。他始终秉持着一颗赤子之心，放眼中国科技发展的未来，低调沉稳，坚持实事求是的原则。这样一位科学家，无疑是中国科学事业的奋斗者和科研工作者的榜样。

参考文献

戴兰宏. 2013. 工程科学前沿的拓荒者——郑哲敏. 力学进展，3：265-294.

高荣伟. 2013. 郑哲敏与他的“二钱”恩师. 党史文汇，6：33-34.

洪友士. 2004. 郑哲敏先生的主要经历与成就——祝贺郑哲敏先生八十华诞. //洪友士. 祝贺郑哲敏先生八十华诞应用力学报告会——应用力学进展论文集. 北京：科学出版社.

洪友士. 2005. 郑哲敏对应用力学和技术科学的贡献. 力学进展，1：1-4.

刘志远. 2016. 做国家需要的事情——郑哲敏的赤子报国心. 科技导报，23：146.

潘聪平，王桂荣. 2009. 50年耕耘演绎“爆炸传奇”——访浙籍院士、著名爆炸力学专家郑哲敏. 今日浙江，6：54-55.

茹娅. 2013. 科学家的一生与爆炸的瞬间——记2012年度国家最高科技奖获得者郑哲敏. 紫光阁，3：63-65.

宋春悦. 2014. 中国“爆炸力学”学科诞生记. 中国科技奖励，7：42.

熊卫民，张志会. 2012. 加州理工学院的中国留学生——郑哲敏院士访谈录. 科学文化评论，6：101-117.

赵玉杰，李欣欣，白欣. 2014. 从力学研究室到力学研究所——郑哲敏院士访谈录. 力学与实践，1：101-105.

张存浩

——国家的需要就是我科研的方向

张存浩

2014 年 1 月 10 日，张存浩荣获国家最高科学技术奖后，有记者采访时问他："您的人生理想是什么？" 张存浩回答："从青年时代起，我为自己树立的最大的人生理想就是报国。国家的需要就是我科研的方向！"[①]短短一句话掷地有声，正是张存浩 60 多年科研人生的真实写照。

■ 生于战乱，学成报国

1928 年 2 月 23 日，张存浩出生于天津的一个书香世家，祖籍山东无棣。张存浩的家世极富传奇。他的祖父是清朝最后一个两广总督，外祖父是清末民国时的一位大军阀，伯父、父亲都曾留洋海外，伯父在哈佛大学学市政，是著名的市政建设专家，姑姑张锦 23 岁在美国获化学博士学位，是我国较早的有机化学女博士，姑父傅鹰是我国著名化学家、中国科学院首届学部委员，叔叔张镈是著名建筑师及人民大会堂的设计者。其父张铸，1949 年后任天津化工局高级工程师。母亲龙文瑗是云南哈尼族人。抗日战争全面爆发后，日本侵略者的铁蹄很快踏向华北。张存浩这时正在天津读小学，龙文瑗不愿儿子在日本的奴化教育下成长，毅然将只有 9 岁的张存浩交给早年从美国学成回国任教的姑父傅鹰和姑母张锦夫妇带到"大后方"抚养。从 1937 年起，傅鹰和张锦夫妇将张存浩带在自己身

①顾瑞珍，吴晶晶. 一生报国 矢志不渝——记国家最高科技奖获得者张存浩. 共产党员（河北），2014，6：44.

边，极尽教育启蒙之责，抚育他长大成人。他们献身祖国教育和科学事业的举动，以及强烈的民族自豪感和爱国主义精神，对张存浩影响很深。少年的张存浩更是好学。在家庭环境的熏陶下，他日渐养成严谨的治学态度，以及重视理论与实践相结合、注重创新的风格。

在抗日战争时极其艰苦的环境下，张存浩随姑父、姑母辗转于重庆和福建，于1938年10岁时考入享誉中外的重庆南开中学学习，1940年转入福建长汀中学。1943年，15岁的张存浩由高二肄业考入国立厦门大学化学系，次年转到重庆中央大学化工系，1947年毕业。1947～1948年，他在国立南开大学化工系读研究生，1948年赴美留学，先在艾奥瓦大学化学系读研究生，后转入密歇根大学化工系，于1950年获密歇根大学化学工程硕士学位。

1950年6月，美国入侵朝鲜。从中美关系发展看，他料定美国会很快阻止中国留学生归国，致使他的“科学报国梦”遭到延误。虽然张存浩的姑母曾坚持让他在美国念完博士再回国，但强烈的爱国心、神圣的使命感和责任感使张存浩心中充满了为中华崛起而奋斗的豪情。在取得硕士学位后，他立即放弃了继续深造的机会和国外多家单位给予丰厚待遇的工作机会，在国家最需要他的时候，毅然回到当时条件还十分艰苦的祖国。

回到祖国，张存浩与家人暂住在北京。不久之后，他收到京城包括北京大学在内的4家著名高校和科研单位发来的邀请。正在张存浩思考、抉择之际，时任东北科学研究所大连分所①所长的我国著名物理化学家张大煜找到了他。张大煜进京为研究所招揽人才，在有关部门看到了张存浩的材料。出于物理化学家的敏感，张大煜顿时觉得他是个年轻、有思想的人才，于是记下他的联系方式。俩人一谈话，张大煜马上印证了自己的看法。一番交流后，张大煜真诚地对张存浩说：“党和国家为了加快新中国建设，在东北重要工业基地之一大连设立了研究所，配备了很好的科研设备，只是目前缺少科研人员，希望你能去看一看，当然我更希望你能到那里工作！”一位年长20多岁的前辈科学家如此看重自己，亲自登门相邀，张存浩深受感动，当即点头答应，当晚便随张大煜乘火车前往大连。到了研究所，一圈参观下来，张存浩发现情况确如张大煜所说，所里有许多当时在国际上都属于精良的先进设备，同时他还发现，已有不少从国外回来的学子在这里从事研究工作。这大大

①现中国科学院大连化学物理研究所前身。

吸引了张存浩。他很快做出决定：谢绝北京大学等单位的邀请，来大连工作。于是，1951 年春，23 岁的张存浩离开家人只身来到大连，开始了实现报国梦想的科研人生。①

■ 解决国家石油匮乏

刚进研究所时，张存浩被分配到“燃料第一研究室”工作。当时地域辽阔的中国只在玉门有一块很小的油田，产量很低，石油资源十分匮乏，根本满足不了新中国建设的需要。加上西方社会对新中国实行全面封锁，国内燃料油形势十分严峻。当时，水煤气合成石油是世界性热门课题。针对新中国石油资源匮乏的严峻形势，党中央、国务院迅速做出决定——自力更生解决问题，并随之把水煤气合成液体燃料的重任交给了东北科学研究所大连分所。接到任务，研究所领导高度重视。经过认真研究，领导们一致认为张存浩等几个年轻人研究能力强，堪当重任。领导征求张存浩意见时，他十分清楚这项任务的难度，但更清楚国家面临的困难，二话没说便表了态：“我一定和同事们紧密合作，完成任务！”②就这样，年轻的张存浩接下了科研生涯中的第一个重要课题。

关于水煤气合成液体燃料的研究、开发，当时许多西方国家已经进行了很多年，其是否成功与合成提取量的高低关键在催化剂。从煤经过水煤气合成燃油的过程，是进行一系列化学反应的过程。在这一系列化学反应中，催化剂是关键。过去用的是钴催化剂，但是钴不但稀少昂贵，而且存在催化效率低、产品质量差、催化剂寿命短等缺点。英国、美国等正在研究的铁催化剂又具有积碳严重、催化剂寿命短等严重缺点。因此寻找新的催化剂和新工艺成了张存浩和楼南泉等一众青年科学家在那一阶段的奋斗目标。张存浩开始大量查阅资料，整天废寝忘食地研究、思考，满脑子都是任务，常常一干就到大半夜，有时累得坐着就睡着了。在我国催化科学奠基人张大煜的指导下，张存浩与楼南泉等人全力投入到水煤气合成液体燃料的研究之中。中国科学院提出科学研究“三严”作风——“严格、严肃、严密”，一向严于律已的张存浩是忠实的履行者。他说：“科研工作必须一丝不苟，你的工作要经得起时间的考验，过多少年回头看，脸也不红才行。”③令人称奇的是，张存浩与合作者

①②沈黎明. 张存浩：中国化学激光奠基人. 金融经济（市场版），2014，2：41.

③高荣伟. 报效祖国的科研人生——记张存浩院士. 职业，2014，7：39.

们在很短的时间里研制出新的高效氮化熔铁催化剂，并建立了氮化熔铁催化剂流化床水煤气合成油新工艺体系；解决了流化床传热和返混等难题，并且在所内取得了“小试”和“中试”的成功。以张存浩为组长的课题组能做出水煤气生成二碳及三碳以上产品达200克/米^{3}的成绩，超过了当时国际最高水平（160克/米^3），而且在产品分布、催化剂寿命等方面也处于国际领先地位。张存浩等人的成功，得到了所领导和上级领导的鼓励和高度赞扬，1955年9月，张存浩当选为全国青年社会主义建设积极分子。1956年1月，张存浩又作为全国政协特邀代表，进京参加了全国政协会议。不久，他们的研究成果获得我国首届国家自然科学奖三等奖。刚刚二十七八岁就取得如此成就，张存浩很快成为同行中令人瞩目的佼佼者。

1957年，张存浩（左一）在做水煤气合成液体燃料

随着研究的深入，合成油项目不断取得新成果，令世界同行瞩目。可就在这时，我国发现了大庆油田，中国一跃从“贫油国”变为“富油国”。毫无疑问，天然油的造价比合成油低得多，合成油研究很快因国力薄弱、经费困难被叫停。但是直至今日，当年的研究成果和学术思想仍然具有很好的参考价值，“煤代油”的思路和技术在研究所仍然得到很好的延续和发展，以甲醛制烯烃为代表的新一代“煤代油”

技术已经实现工业化，成了我国战略性新兴产业。但是在当时，一项前景大好的项目突然停下来，张存浩心中非常清楚这对科研人员来说意味着什么，许多人都觉得太可惜，但他却说："与自己成名成家相比，国家的利益更重要！"[①]因此张存浩毫无怨言地服从组织安排，打扫干净战场，没有一句怨言，再次义无反顾地转向国家需要的研究方向。

■ 开创火箭推进剂的研究

20世纪50年代末期，紧张的国际形势迫使中国必须独立自主地快速发展国防尖端技术。封锁和核威胁让中央领导萌生了造原子弹和人造卫星的想法。而火箭推进剂作为"两弹一星"的重要燃料来源，被提到了国防安全和尖端技术的层面上。张存浩在合成油项目研究中表现突出，因此被指派立刻转向火箭推进剂的研究，同时被任命为项目负责人。这次，张存浩依旧毫不犹豫地接受了任务。

没见过火箭，没见过发动机的张存浩作为项目负责人，就这样带着一群人"进驻"了金家沟这个名副其实的山沟沟。20世纪60年代，他和楼南泉负责牵头进行火箭推进剂和发动机燃烧方面的研究，参与提出燃速理论及侵蚀燃烧理论，并开展激波管高速反应动力学等研究。火箭需要高能燃料，为火箭研制新燃料是一个全新课题，一系列复杂问题必须求得准确答案。张存浩和同事们在硼烷高能燃料、固体推进剂、固液推进剂等方面进行了大量的实验。这项研究在国外是绝密的，文献资料很少，而且毒性和爆炸危险性都很大。张存浩对此心知肚明。于是，每次遇到危险系数高的实验，他都冲在前面。他说："这项研究危险性大，想一点事故不出很难，除非你不干。我作为专业人员都没有完全避免的把握，如果让别人去做就会更危险。"[②]就这样，张存浩率领团队冒着生命危险在火箭试车台上做固液型火箭发动机实验。经过数千次的试车台原型实验，先后研制出液体氧化剂喷注器、高温燃气涡流混合器、异型固体药柱、耐高温石墨喷管，尤其是火箭发动机高空点火器等固液发动机的关键零件。1968年，他们成功研制出固液火箭发动机样机，并解决了燃烧过程中的均匀性、完全性、稳定性等关键科学问题。经过多年的努力，张存浩与他的同事们首次提出了固体推进剂燃速的多层火焰理论，比较全面、完整地解释了固体推进剂的侵蚀燃烧和临界流速现象。1964年，

①② 沈黎明. 张存浩：中国化学激光奠基人. 金融经济（市场版），2014，2：41.

项目成功收官并获国家自然科学奖三等奖。

■ 开创高能化学激光领域研究

1966 年，38 岁的张存浩正是年富力强投身科研的大好时光，岂料“文化大革命”爆发了。张存浩受到冲击，被终止了所有研究工作。1971 年底，张存浩被调回中国科学院大连化学物理研究所。

面对国外研制高能激光的挑战，高能激光成为符合国家战略需要的前沿课题。因此在艰苦的条件下，中国科学院大连化学物理研究所成立化学激光研究室，并且任命张存浩为主任。20 世纪 70 年代初，我国几家单位也开展了相关研究和探索，有的做气动激光，有的做自由电子激光，有的做化学激光……但功率都不高，全国最好的只有 0.3 瓦，功能非常有限。于是，国家决定加强对这一高精尖技术的研究。这其实是一项真正的尖端技术，以当时中国的科技水平来做这项研究，难度非常大，而且这项工作需要相当多的光学知识，对张存浩来说更是一次挑战。他回首当年：“搞激光比搞火箭推进剂还难，主要是一无所有。资料、仪器、设备样样都缺，光谱仪、示波器什么都没有。”[①]在这种条件下，经历了“文化大革命”期间科研工作几乎停滞的张存浩真的有些着急了。激光化学实验室第一批研究组成员、中国科学院院士沙国河回忆道：“在他手下干事是非常有压力的，因为他非常着急，想尽快把化学激光搞上去。他也不说什么，但是每天来检查工作，问你有什么进展。要是总没有进展的话，你自己也会不好意思的。”[②]因为这一特点，张存浩得了一个“张着急”的绰号。

现如今，张存浩被问起“张着急”这个绰号时，还会不好意思地笑着说：“我知道这个绰号，当时的确是有点着急，有些惭愧。”[③]但在当时的情况下，张存浩着急也是有原因的。半年内，他带领的团队就将激光的功率从 0.3 瓦提升到 100 瓦，并研制出我国第一台超声速燃烧型氟化氢、氟化氘激光器，整体性能指标达到当时世界先进水平。随后，他率领团队开展我国第一个重要的化学激光体系的研究，解决了化学激光关键技术，成功研制出我国第一台连续波超声速化学激光器，并于“文化大革命”期间成功进行了验证试验。激光器整体性能指标达到当时世界先进水平，为我国化学激光的后续发展奠定了基础。这项成果获 1978 年国家部委的重大成果二等奖。

---

①高荣伟. 报效祖国的科研人生——记张存浩院士. 职业，2014，7：40.

②沈黎明. 张存浩：中国化学激光奠基人. 金融经济（市场版），2014，2：42.

③李白薇. 用生命报国. 中国科技奖励，2014，1：14.

■ 开创分子反应动力学研究领域

20 世纪 80 年代，已经年近花甲的张存浩又在化学激光领域掀起一场波澜。1979 年，张存浩提出要发展波长更短的氧碘化学激光。在当时，这是国际上最前沿尖端的课题。应用激光题目下有许多分支，当时国内有自由电子激光、准分子激光、化学激光等多个分支领域的研究。1986 年，国家实施重大科研计划，化学激光却不在其列。张存浩坐不住了，13 年的研究成果不能就这样束之高阁。他开始向相关负责人陈述化学激光对于国防建设的重要性。他说，他敢打赌，用其他项目十分之一的经费，就能更快做出功率更高的激光。因为有了张存浩当年的坚持和奋力一搏，化学激光才能够在今天成为我国应用激光的首要来源。氧碘化学激光如今取得的瞩目成就也验证了他当年决策方向的正确性。

从 20 世纪 80 年代起，张存浩与合作者从事双共振多光子电离光谱，激发态分子光谱，化学、量子态分辨的分子传能及新型化学激光体系等方面的研究，再次开辟了新的研究领域，在激光化学和新型化学激光器等领域进行了大量开拓性工作。1983 年，他与合作者开展脉冲氧碘化学激光器的研究，首次研发出光引发/放电引发脉冲氟碘化学激光器。激光器的化学效率达 34%，超过 1988 年苏联的水平，处于世界领先地位。1992 年，张存浩团队研制出中国第一台连续波氧碘化学激光器，整体性能处于国际先进水平。

1989 年 10 月 5 日，张存浩（中）与陈佳洱（左）等人在嘉庆激光会议上合影

张存浩在研制高能化学激光的同时，十分注意化学激光的机理和基础理论研

究。他领导的团队率先开展了新“泵浦”反应和分子碰撞传能动力学方面的研究。以此为基础，他作为奠基人之一开创了我国分子反应动力学研究领域，取得了多项国际先进或领先的研究成果。张存浩指导研究生研发出一种新的双共振多光子电离光谱技术——“离子凹陷光谱”，首次通过实验测定了寿命短至100飞秒的氨分子预解离态的转动能级结构，获得国际同行的很高评价和广泛应用。在分子碰撞“态-态”传能研究中，他和沙国河院士发现了一些新的倾向性定则、新的传能机理，特别是首次实验观察到碰撞传能中的量子干涉效应，定义和测量了干涉相位角。这种干涉效应是分子物质波性质的表现，类似于电子衍射现象，但由于分子的质量比电子大千倍以上，其德布罗意波长很短，一般情况下很难观测到。这一研究发现引起了国际同行们的广泛关注。1997年在英国召开的国际著名科学前沿讨论会“分子光谱和动力学戈登会议”将这一工作作为会议的中心主题，并邀请张存浩院士做了“分子激发态碰撞传能中的量子干涉效应”的特邀报告。他应邀将这些研究工作中的部分研究成果撰写成综述性论文，在《科学》上发表，并被《科学》主编评价为亚洲代表性科研成果之一。“双共振电离法研究激发态分子光谱和态分辨碰撞传能”研究获1999年国家自然科学奖二等奖。2000年，关于这项研究的报道“我国首次发现新的物质波干涉现象”被评为中国十大科技进展新闻之一。

1998年，张存浩在国际纯粹与应用化学联合会（IUPAC）会议上的做报告

■ 把培养科研人才放在首要位置

张存浩对我国科学事业的贡献，不仅在于他的多项科研成果对国民经济和国家建设有重要战略意义，还包括他在科技领导岗位上的卓越贡献。他在中国科学院大连化学物理研究所先后担任室主任、副所长、所长期间，领导并参与解决了一系列强国富民的重大科学问题，取得的许多重大成果至今仍然是国家所急需的。同时，他致力于学科建设和基础研究，合理布局新学科，积极广泛地开展行之有效的国际合作与交流，引进并培养了一大批杰出的青年人才。尽管他身为领导，又是项目负责人，但取得成果和获得各种重大奖励时，他总是把最大的功劳归于工作在第一线的学生和合作者。学生解金春博士回忆说："获首届吴健雄物理奖的那篇论文，张先生把我排为第一完成人，把自己排在最后。这件事留给我的印象很深。"①有人问张存浩为何尽可能地把机会留给年轻人时，他总是谦虚地说："我的贡献不如年轻人大。"②对于有才干的中青年科技人才，他敢于大胆提拔并委以重任，竭力为他们脱颖而出创造有利条件，为历史悠久的中国科学院大连化学物理研究所的快速发展注入新的生机和活力。在培养青年人才方面，张存浩倾注了大量心血。对真正优秀的青年人才，他是发自内心地爱惜。他把获得的何梁何利基金和在香港等地讲学所得的酬金全部捐赠给了中国科学院大连化学物理研究所设立奖学金，以此激励更多的青年学者发奋学习、献身科研、报效祖国。获得："国家最高科学技术奖"后，他在发言中说："我将以发现和培养人才为己任，激励青年人青胜于蓝，秀出班行。"③他在中国科学院大连化学物理研究所共事或带过的中青年骨干和学生中不乏出类拔萃者，如何国钟、沙国河、杨柏龄、桑凤亭、杨学明等，都已是具有国际影响的科学家。

■ 建立健全科研基金的运行机制

20 世纪 80 年代初，为推动我国科技体制改革、变革科研经费拨款方式，中国科学院 89 位学部委员致函党中央、国务院，建议设立面向全国的自然科学基金，得到党中央、国务院的首肯。随后，国务院于 1986 年 2 月 14 日批准成立国家自然科学基金委员会。

---

①②③高荣伟. 报效祖国的科研人生——记张存浩院士. 职业，2014，7：41.

从 1991 年起，张存浩被调往刚刚成立 5 年的国家自然科学基金委员会，接替第一届主任唐敖庆先生，担任第二、第三届主任，一干就是 9 年。这一次，张存浩走到了影响力辐射全国科技的大舞台上。在张存浩出任国家自然科学基金委员会主任期间，营造环境、调整结构成为国家自然科学基金委员会发展的主题。他针对不同时期科学基金工作的特点，适时地提出了“控制规模、提高强度、拉开档次、鼓励创新”及“加强基础、突出创新、调整结构、提高绩效”等一系列的资助政策。张存浩的举措是颇为大胆的。在他担任国家自然科学基金委员会主任的 9 年时间里，国家自然科学基金总经费增加了近 8 倍。在他的领导下，国家自然科学基金委员会积极开展国际合作与交流，先后与 35 个国家和地区的科技界建立了合作关系，国际合作交流经费从 1991 年的 800 万元增加到 1999 年的 4207 万元，合作研究经费占国际合作交流总经费的比例由 1993 年的 21.5%提升至 1999 年的 40%以上。他首先向德方倡议共同设立中德科学中心，中德科学中心在两国政府的支持下，于 2000 年成立。

1996 年 10 月，张存浩（左一）、唐敖庆（左二）、杨振宁（右二）在讨论中国科学基金工作

同时，他在我国科技管理部门中第一个倡议设立了专门从事学风管理的机构——国家自然科学基金委员会监督委员会，保障了国家自然科学基金事业的健康发展，同时也赢得科技界乃至整个社会的赞誉。他的一篇题为“让反学术不端成为文化力量”的文章，对学术不端现象毫不避讳，“‘以量取胜’的政策取向及相关的管理和评价制度，导致了科学价值的迷失。目前一些科技成果发布得过于

随意，也是整体社会环境浮躁的折射……”说到最后，他还不忘整个环境对年轻人的影响，以及年轻人在其中应有的担当，“要形成反对学术不端的文化力量，需要年轻人的参与和努力”。①

2014年，当国家最高科学技术奖的荣誉授予他时，这位曾历经人生波澜，在中国发展的进程中渐渐老去的老人，谦虚而真诚地说：“我认为这个奖不该颁给我，而是应该授予我们的集体，没有他们，我是什么都做不了的。”②当中国科技在世界强国面前挺起腰杆时，张存浩却累弯了腰。在60多年的科研生涯中，他承载着党和国家的重托，以“扎根科学、心忧天下”的科学情怀，“勇于创新、不断攀登”的科学精神，“奖掖后学、甘为人梯”的崇高风尚和“淡泊名利、团结民主”的工作作风，为我国科技事业的发展做出了重要贡献。在科研发展的长河里，张存浩始终充当着那承前启后的关键环节，培养了一批又一批优秀的科研人才。相比他所创造的科研奇迹，科技人才的持续发展是他为中国未来发展留下的一笔无尽财富。他现在虽然年事已高，但依旧活跃在科学研究的前沿。回首过往这60余载，张存浩从来没有后悔过，即便被误解、被污蔑，他也是默默地用科研成果作为自己最终的回答。正如他回答记者的提问时所说：“从青年时代起，为自己树立的最大的科研人生理想，就是报国。国家的需要，就是我研究的方向。”③作为我国著名物理化学家、化学激光的奠基人和中国分子反应动力学的奠基人之一，张存浩把一生都奉献给了祖国的科技事业。

参考文献

高荣伟. 2014. 报效祖国的科研人生——记张存浩院士. 职业，7：39-41.

顾瑞珍，吴晶晶. 2014. 一生报国 矢志不渝——记国家最高科技奖获得者张存浩. 共产党员(河北)，6：43-44.

李白薇. 2014. 为师者张存浩. 中国科技奖励，1：16-18.

刘瑞营. 2014. 数度转行 追寻梦想之光——记2013年度国家最高科学技术奖获得者、物理化学家张存浩. 中国科技产业，2：16-17.

沙国河. 1998. 热烈祝贺张存浩先生科研工作50年. 化学物理学报，6：481-483.

①高荣伟. 报效祖国的科研人生——记张存浩院士. 职业，2014，7：41.

②李白薇. 用生命报国. 中国科技奖励，2014，1：15.

③顾瑞珍，吴晶晶. 一生报国 矢志不渝——记国家最高科技奖获得者张存浩. 共产党员（河北），2014，6：44.

邵赛兵，吴善超，郑永和. 2014. 荷社稷之重　拓探索之渊——记国家最高科技奖获得者张存浩院士. 中国科学基金，1：3-7.
沈黎明. 2014. 张存浩：国之需，我之责. 劳动保障世界，7：38-39.
沈黎明. 2014. 张存浩：中国化学激光奠基人. 金融经济（市场版），2：39-42.
王海泉. 2014. 双料学科奠基人——记最高科技奖获得者张存浩. 中国人才，3：60-61.

赵忠贤

——高温超导的中国力量

赵忠贤

中国高温超导(全称为“超导电性”)研究的奠基人之一赵忠贤，1941年1月30日出生于辽宁省新民县。小时候，他家境贫困，新中国成立后才有所好转。但在艰苦的条件下，他始终刻苦学习。上小学时，老师做的一个实验使他对科学产生了极大的兴趣，此后便一直热衷于学习科学且各科成绩优异。1959～1964年，他在中国科学技术大学物理系学习，毕业后分配到我国低温物理与技术的发源地——中国科学院物理研究所。当时研究所的科研条件很艰苦，但他对此毫不在意。在他看来，能够做科研是一件快乐的事。

1973年，他被派往英国剑桥大学学习。在那里，他接触到了超导现象。超导现象最早由荷兰物理学家卡梅林·昂尼斯(Kammerlingh Onnes)于1911年发现，之后不断有科学家为之付出不懈努力。1977年，赵忠贤在《物理》上发文阐述自己对“麦克米兰极限”的看法，随后一直参与各项研究。1987年，赵忠贤参与发现液氮温区超导体，为超导领域做出了重大贡献，因此荣获中国科学院科技进步奖特别奖和国家自然科学奖一等奖等多个奖项，同年晋升为中国科学院研究员且当选为第三世界科学院院士。1991年，他当选为中国科学院学部委员。2011年，他在“超导量子尺寸效应”的研究上做出巨大贡献，因此获国家自然科学奖二等奖。2013年，他做出关于“40开以上铁基高温超导体的发现及若干基本物理性质”的研究结果，荣获国家自然科学奖一等奖。赵忠贤在接触超导后便醉心于研究这个领域，一做就是一辈子。超导研究成了他生命中不可割舍的一部分。

■ 痴迷科学，选定航向

上小学时，一位姓苏的老师做的一个实验给他留下了深刻的印象。那是在一次自然课上，苏老师做了一个神奇的实验：在一个玻璃罩里放一只小老鼠，开始时老鼠没有什么变化，活动很正常；往玻璃罩里增加一些氧气，老鼠就表现得很活跃；过了一会儿，老鼠把玻璃罩里的氧气消耗了一些，老鼠就变得越来越蔫。这个实验说明氧气太多和太少都会导致老鼠活动异常，目的是演示氧气对生命的作用。这个“神奇现象”激发了赵忠贤对自然奥秘探索的兴趣。每当回想起当年的情景，他都会深情地怀念这位老师。赵忠贤说他后来对自然科学的追求，也许就萌芽于这次小实验。在那之后，他始终沉迷于这样的“神奇现象”。

上初中时，他对平面几何十分痴迷，常常在课下与同学讨论怎么证明。上高中时，赵忠贤文理科成绩都不错，是一名优秀的学生。1956年，党中央提出了“向科学进军”的号召。这一年，一本有重大影响的科普杂志《知识就是力量》创刊了。这本杂志一问世就吸引了赵忠贤，他从杂志中了解到许多科学技术的新进展，如人造卫星、原子能和平利用、半导体、火箭、自动化等。这些科普文章使他开阔了眼界、扩大了科技知识面，成为科技爱好者。赵忠贤对物理产生了浓厚的兴趣，解物理难题是他的一大爱好。但更吸引他的是物理实验，他还自己动手制作矿石收音机等。很难说这些经历是通向他未来事业的阶梯，因为当时许多青年学子都有这样的经历，但这些确实为他选择未来的事业埋下了种子。

高考时，他将自己未来的发展方向定在了理工科。高中快毕业时，正赶上“大跃进”尾期，街道组织搞“卫生大跃进”，要学校乐队去造声势。作为乐队成员，赵忠贤也在其中。那时他正在看书备考，极不情愿参加如此无聊的运动，说了几句风凉话，马上被人戴上“反对卫生大跃进”的帽子，让他的操行从“优”变“良”，失去了报考哈尔滨军事工程学院的机会。但他并没放弃。高中即将毕业的时候，他看到了一份中国科学技术大学的招生简章，封面上火箭环绕地球飞行的图片吸引了他。他翻开招生简章，发现里面所列的科系都与国家的科学发展有关，还有赵忠尧、钱学森、华罗庚等许多著名科学家在学校任教。在班主任的帮助下，他因祸得福，获得了报考中国科学技术大学的机会。

1959 年，他考入中国科学技术大学物理系，成为其第二届学生。中国科学技术大学的学习也为他后来的研究奠定了基础。中国科学技术大学不仅注重基础课教学，更鼓励学生自己设计并动手做实验。中国科学技术大学是由中国科学院管理的大学，实施“全院办校、所系结合”的办学方针，许多知名的科学家都自愿到中国科学技术大学讲课。在这里，赵忠贤聆听过严济慈、钱临照、张宗隧、朱洪元、洪朝生等著名科学家讲课，也聆听过钱三强等大师的演讲。这些著名科学家的言传身教给赵忠贤留下了深刻的印象，潜移默化地铸造了他思考、观察和解决问题的方式。大师的知识似春雨滋润着学生的心田，赵忠贤如饥似渴地畅游在知识的海洋中。

赵忠贤在大学时代第一次接触超导，从此就陷进了这个高深莫测而又妙趣横生的低温世界。在中国科学技术大学的 5 年中有 3 年国家处于困难时期。中国科学技术大学当时主楼刚盖好，冬天没有暖气。天气冷，老师讲课讲到一半，和同学们一起跺脚取暖，然后继续上课。周末，赵忠贤还经常跑很远的路到东郊拜师学日文。对大多数学生来说，做实验是为未来工作做准备的必修课，中国科学技术大学的实验室即使晚上也经常开放。赵忠贤在大一的时候就和几个同学到实验室里自己设计实验，并且有机会到中国科学院物理研究所的实验室实习，从事真正的科学研究。

一次，在阑尾炎做手术之后，他挑灯夜战补课，睡眠很少，以致因为太累在浴室洗澡时晕倒。老师知道他身体不好，对他的毕业论文并没有特别严格的要求。他根据自己对超导的理解与研究，到实验室进行铅铋合金的实验。这种合金熔点比较低，实验室电炉就能炼。当时有课题组正在做一种均匀的磁场，他想结合这个课题，看能否通过冻结磁场来完成实验。结果歪打正着，做完实验后，他看到美国《物理评论快报》（*Physical Review Letter*）上发表的一篇文章中提到的基本流程与他的实验一样。当时通信比较慢，赵忠贤看到那篇文章是在做实验之后，而文章作者做实验的时间应该更早。赵忠贤为对方与自己有相同见解而感到高兴，他的毕业论文也令老师和同学们大为惊讶。3 年的基础课学习结束，他选定了自己事业之舟的航向，将研究低温物理学作为第一志愿。

■ 刻苦钻研，厚积薄发

1964 年，赵忠贤从中国科学技术大学毕业后，被分配到我国低温物理与技术的发源地——中国科学院物理研究所。在他的回忆里，当时的科研虽然条件艰苦，但是很快乐。这段经历让他学会了在后来的科研中如何利用最艰难的条件坚持科研，如何在设备差、经费少的情况下仍然做出漂亮的科研成果。此时，他为实现自己的初衷而兴奋不已，从此更加刻苦钻研，努力探索。在这里，他更多地接触到充满着诱惑的一个个新课题、一项项新任务。开始，他参加超导计算机器件的研制，把半导体的光刻技术应用到超导器件的制备工艺上。后来，他承担了国防任务，积极参加并领导研制为提供红外雷达和参量放大雷达用的微型制冷机。该系统体积小、振动小，在低温下运转稳定，寿命长。这项研究作为中国科学院物理研究所低温技术成果的组成部分，曾获得全国科学大会的奖励。

1973 年，组织选送赵忠贤去英国学习。他先是在英国国家物理实验室，后来进入剑桥大学材料科学与冶金系进修，在导师的指导下从事有关第Ⅱ类实用超导体的研究课题。为了探索这类超导体的“谜”，赵忠贤在实验室里经过了无数次研究方案的推敲、无数遍精心的实验，每天一干就是十几个小时，常常工作到深夜。仅仅一年的时间，他就发现了第Ⅱ类超导不可逆量子磁通线在运动过程中从非线性到线性区转变的临界点与临界电流呈线性关系。对此，他的导师、超导物理学家艾维茨（Ivetts）博士称赞道：“如果是我的博士生能在 3 年内做出这样的结果，那就是非常好的。”[①]该项工作曾在第十五届全国低温物理学会议上宣读，后来发表在法国一家学术刊物上。

超导是严格的低温现象，指某些材料在温度降低到某一临界值（即超导临界温度）以下时电阻突然消失的现象。具备这种特性的材料就称为超导体。所谓“高温超导体”，是指临界温度在 40 开（约零下 233℃）以上的超导体。麦克米兰（Macmillan）根据获 1972 年诺贝尔奖的 BCS 理论计算，认为超导临界温度最高不大可能超过 40 开。他的计算得到了国际学术界的普遍认同，40 开也因此被称作“麦克米兰极限”。因此，尽管高温超导体一直是人们密切关注的话题，寻找高转变温度的超导体却只是一个梦想。1975 年，美国固体物理学家访华代表团访问中国科学院物理研究所时，就曾有人戏言：“除非将室温降到液氦温度，人们才能获得室温超导体。”[②]然而，超导体诱人的应用前景及它产生的深远影响，始终受到国际学术界的普遍关注。

1975 年回国后，他踌躇满志，继续涉足超导材料的研究领域。由于他和所内有关专家的共同倡议，自 1976 年以来，在中国科学院物理研究所和中国物理学会的

①黄兴章. 超导体专家赵忠贤. 中国科学院院刊，1988，1：83.
②黄兴章. 超导体专家赵忠贤. 中国科学院院刊，1988，1：84.

支持下，国内超导人才汇聚一堂，先后举行了6次关于高转变温度超导体的全国性学术会议。这在国际上也属罕见。每次召开会议，他都是热情的组织者和最活跃的参加者，他还担任了第5次会议的领导小组组长。

在1977年的全国自然科学学科规划会议上，超导技术的研究被正式列为凝聚态物理研究的5项重点之一。随后，赵忠贤在中国科学院物理研究所参与组织筹建超导体研究室，担任了该研究室副主任，并多次撰写超导体的科普与评论性文章，在国内宣传。无疑，这些努力在推动我国超导方面研究及其应用发展方面起到了积极作用。同年，他在《物理》上发表了关于“探究高临界温度超导体”的文章，指出结构不稳定性又不产生结构相变可以使临界温度达到40～55开，进而提出复杂结构和新机制在某些情况下甚至可以达到80开。1983年，他开始研究氧化物超导体BPB系统及重费米子超导性，1986年在钡-镧-铜-氧（Ba-La-Cu-O）系统研究中，注意到杂质的影响。

1976～1986年的10年来，赵忠贤的研究范围广泛，学术思想活跃，并显露其组织科研工作的才能。他和他的同事、研究生们与有关单位合作，主要集中于两个方面的研究工作：一是亚稳相的材料，如A1结构、非晶态、夏沃尔相材料；二是非常规超导体，如氧化物超导体、重费米子系统及有机材料等。

1986年，在美国国际商业机器公司（IBM）苏黎世研究实验室工作的德国物理学家柏诺兹（J. Georg Bednorz）和瑞士物理学家缪勒（K. Alexander Muller）在其制备的钡-镧-铜-氧样品中，利用电阻测量发现了35开超导电性的可能性。这项研究成果发表在9月中旬出版的德国《物理学杂志》上，但在当时并没有引起大多数同行的重视。

赵忠贤在1986年9月从图书馆得知缪勒和柏诺兹的研究结果时，通过认真分析，意识到其价值和意义并做出了积极的反应，与其他科研人员合作着手研究。他的初步判断是，这种氧化物在三价铜离子和二价铜离子之间的巡游电子可能导致姜-泰勒效应（Jahn-Teller effect）在不同铜离子上交替发生，并使相邻晶格交替发生畸变。这种不稳定性可能会产生强的电子-声子相互作用，而又不引起结构相变，因此有可能出现高转变温度导体。

1986年底，赵忠贤的团队和国际上少数几个小组几乎同时在钡-镧-铜-氧体系中突破了“麦克米兰极限”，获得了40开以上的高温超导体。一时间，世界物理学界可以说是地动山摇，传统理论的崩塌让“北京的赵”出现在国际著名物理学刊物上。此时他（或以他为主要参与者的研究组）在国内外发表论文30多篇，有的独具创见，曾在美国、法国和联邦德国等国举行的国际学术会议上宣读过，得到与会学者的关注与好评，并被国际上有关的期刊刊登或选入会议论文集。

1987 年，赵忠贤研究团队独立地发现了液氮温度超导体，并首先向世界上公布其化学成分为钡-镧-铜-氧。这一研究成果推动了许多国家的超导研究。液氮超导体既是集体智慧的结晶、共同努力的结果，也是这项研究的学术带头人赵忠贤无数个不眠之夜换来的成果。

1987 年赵忠贤（中）与合作者陈立泉（前排右一）等人在实验室讨论工作

1987 年 3 月在美国纽约举行的美国物理学会（American Physical Society，APS）年会上，主持氧化物超导体专题报告会的美国物理学会凝聚态物理部主任、康奈尔大学教授阿希克夫（Ashcroft），在会议开始前首先介绍了专题报告者朱经武、赵忠贤等人之后激动地说道："这些是开动这架机器的人们的代表。"[①]顿时，在盛况空前的会议大厅内外，爆发出雷鸣般的掌声。此情此景令人心醉，有什么能比为祖国赢得荣誉更令人激动呢？

1987 年 3 月赵忠贤在美国物理学会年会上做报告

①黄兴章. 超导体专家赵忠贤. 中国科学院院刊，1988，1：85.

1987 年，柏诺兹和缪勒因发现金属氧化物高温超导体，获得了诺贝尔物理学奖。当时有人认为，如果中国的研究条件能更好一些，那么超导的诺贝尔奖获得者可能就有中国人了（言外之意：就可能是赵忠贤了）。然而，赵忠贤不以为然地说："你说得不对。如果我们条件好，取得研究成果会更快、水平更高，但是也应该是柏诺兹和缪勒拿奖。他们是打开窗户的人、开创者，他们对氧化物超导的认识比我们深刻。同时，搞科学要有精神，一味强调客观，什么事情都做不成了。"①可见其做研究是为科研工作贡献一份力量，而不是为了名利。

1987 年赵忠贤晋升为中国科学院研究员且当选为第三世界科学院院士。1988 年，他任全国超导技术联合研究开发中心副主任、《低温物理学报》副主编等职。但在诚挚的祝贺与荣誉面前，他更多地注视着未来。应该说，在千载难逢的超导体重大突破和激烈的角逐中，机遇来自于赵忠贤执着的追求。中国受国情限制，研究力度及投入的资金相比国外都差很远。

■ 一辈子只做一件事

2008 年，他再次取得世界级的重大科学成果。他提出了高温高压合成结合轻稀土元素替代的方案，并领导研究小组采用高压合成方法合成了绝大多数临界温度 50 开以上的铁基超导体系列的无氟缺氧铁基超导体，并创造了铁基超导临界温度 55 开的记录。他的发现为确认铁基超导体为第二个高温超导家族提供了重要依据，实现了高温超导研究领域的第二次突破。

在这期间，他以 67 岁的年纪 3 次带领年轻人几乎通宵工作，完成了初期最关键的 3 篇论文。在赵忠贤看来，搞科研最重要的一点是能够迅速抓住问题的本质，并驾驭自己的知识和能力去解决它。他说："如果说我做科研有什么优势，那就是我的科研直觉比较准，我能够感觉到正确的方向在哪里。而这种科研直觉来自于大量的经验，来自于在长期坚持后的积累。"②

美国《科学》3 次报道赵忠贤小组的工作并予以充分肯定。赵忠贤小组的成果作为"40 开以上铁基高温超导体的发现及若干基本物理性质研究"的重要部分，荣获 2013 年度国家自然科学奖一等奖。赵忠贤在铁基超导研究中的突破，让铁基超

---

①王恒. 关心科普、科技馆事业的科学家赵忠贤. 自然科学博物馆研究，2017，4：93.

②刘辰. 赵忠贤：探寻超导世界"新高度". 中国科技产业，2017，2：25.

导材料走向应用成为可能。铁基超导材料在工业、医学、通信、国防等诸多领域具有广阔的应用前景，被认为是最具发展前景的新型高温超导体之一。2014 年 10 月，赵忠贤院士又荣获 2014 年何梁何利基金中“含金量”最高的科技大奖——科学与技术成就奖。几十年来，我国高温超导研究从追赶到引领世界。在这一历史进程中，赵忠贤是主要的倡导者、推动者和践行者。他有无私奉献的精神和国际领先的成果，是新中国培养的科学家的杰出代表，为高温超导研究扎根中国并处于国际前列做出了重要贡献。

1988 年赵忠贤在 A 楼 101 房间做实验进展介绍

超导就在我们的身边。现在医院里用的部分核磁共振成像仪的核心部件是 1.5 特或 3 特的超导磁体。北美地区有几千台高温超导滤波器服务在手机基站上，与传统基站相比大大改善了通信质量。2012 年发现“上帝粒子”的欧洲核子研究组织的大型对撞机中，几十公里长的超导加速环和多个有几层楼高的超导探测器都是最关键的部件。

超导体在航空航天、信息通信、能源存储等领域有着重要的应用前景。国内已经有电厂使用超导技术。在国外，德国利用高温超导磁体的涡流加热技术，将铝材热加工的电能转化效率提高 30%。超导技术一旦得到广泛的应用，将为人类创造相当可观的效益。自人类发现超导以来，诺贝尔奖已 5 次颁发给 10 位研究超导的科学家。

2016 年 9 月，我国研制出全球首根百米量级铁基超导长线。这一消息在业内引起极大的轰动。它被认为是铁基超导材料从实验室研究走向产业化进程的关键一步。在美国、日本、欧洲等国家（或地区）的铁基超导线制备还处于米级水平的时候，我国已走在世界最前沿。这一切，与中国科学院院士、物理学家赵忠贤在铁基高温超导研究上的突破是密不可分的。

半个世纪以来，赵忠贤的名字一直与我国超导发展紧密相连。他在我国最早提出要探索高温超导体，最早建议成立国家超导实验室，他在高温超导研究的两次重大突破中都做出了重要贡献，并代表中国站到国际物理学界的大舞台。他的研究成果曾两次获得科技界最受瞩目的荣誉——国家自然科学奖一等奖。

2017 年 1 月 9 日，中国科学院院士、中国科学院物理研究所研究员赵忠贤荣获 2016 年度国家最高科学技术奖。在获奖之后，赵忠贤曾和几个朋友谈到他这些年走过的路，一个朋友说："1997 年你当选为中共中央候补委员，争取一个高一点的职务还是有可能的。"赵忠贤笑着说："我没有那个本事，干不了，我还是老老实实干我的超导吧。我就有这点本事，也许这样还能为国家做点事。"过了一会他又说："有一个名牌大学曾考虑请我当校长。我想过，我真的没有那个本事，还是请别人去做吧。我上大学的时候，只想好好学习，一心只想为国家的科学发展出力，连当个组长的'野心'都没有。"[①]

赵忠贤说："我这一辈子只做一件事，就是探索超导体、开展超导机理研究。"[②]正是这份专注，使他坚持研究高温超导 40 多年。做科研不仅是赵忠贤的"饭碗"，更是兴趣所在——用他的话来说，"快乐在于每天都面对解决新问题的挑战"。[③]从某种意义上讲，科研之路艰难而漫长。正是愿意快乐地面对挑战，即使身处逆境，他也不灰心、不放弃，总是满怀希望。

1992 年前后赵忠贤在实验室工作中

①王恒. 关心科普、科技馆事业的科学家赵忠贤. 自然科学博物馆研究，2017，4：93-94.

②王恒. 关心科普、科技馆事业的科学家赵忠贤. 自然科学博物馆研究，2017，4：94.

③韩宇. 何梁何利科技成就奖获得者赵忠贤——中国超导领域领头羊. 中国科技产业，2015，5：72.

■ 专注科研，不忘科普

赵忠贤对物理研究始终保持着最初的热情，并具有一定的敏锐度，能及时发现新的研究方向。对赵忠贤来说，做研究有两点很重要：一是坚韧不拔地献身科学和报效社会的精神，二是不断地提高实验技术水平和分析的能力。最重要的是敢于在概念上突破，或者说是敢于创新。学习前人的“重见解”“尚新知”的传统，同时也有责任积极推动超导应用以造福人类。

赵忠贤不仅专注于自己的研究，也经常鼓励学生。他对学生们说：“不要只盯着论文，要真的去解决科学问题；坚持 10 年，一定会有突破。现在社会上各种诱惑许多，好像许多选择都比做科研赚钱，但如果选择了科研这条道路，不妨安下心来，坚持一下，我相信你们坚持 10 年一定会有重大突破。科学家从超导发现伊始就一直在坚持探索新超导体。”①

这些探索带来的效果包括新的实用超导材料、很有物理研究价值的新超导体、非超导但很有价值的新材料、新的工艺技术的发展，甚至开辟新的研究领域。

回顾低温物理的发展过程，尽管由超导体的理想导电性、完全抗磁性及隧道效应等基本性质而产生的强磁与弱磁行为，已经在国民经济、军事技术、医疗卫生和高技术产业的若干领域内得到或将得到实际应用，但是超导技术发展的基础是低温技术与实用超导材料的获得和发展。超导体的优异性能在技术上的应用虽然极为理想，但它的广泛使用仍受低温条件的限制。发现室温超导体是科学家的梦想。室温超导体能否找到，既没有成功的理论肯定，也没有成功的理论否定。而事实上，临界温度一直在提高，新的超导体不断地被发现。如果找到室温超导体，那么其影响和意义是难以估量的。

赵忠贤院士曾说过：“高温超导的成果犹如一滴水，滴水成涓，汇聚到人类文明的长河之中。一代人做一代人的事。我愿做铺路的石子，让年轻的朋友大展宏图，为实现中华民族伟大复兴的中国梦、为人类的文明进步做出新的贡献。”②其实，这也是他对于科普和科技馆事业的一贯态度。能为国家做出巨大贡献的科学家不在少数，但是既能潜心进行科学研究，又能时时关心科学普及工作、把培养青少年成长作为己任的科学家并不是许多，而赵忠贤就是这样一位关心科普事业的大科学家。

---

①刘辰. 赵忠贤：探寻超导世界“新高度”. 中国科技产业，2017，2：25.

②王恒. 关心科普、科技馆事业的科学家赵忠贤. 自然科学博物馆研究，2017，4：96.

科学虽是一件严肃的事，但对不同年龄层次的人来说，学习科学的方式也应有所不同。“科普”要考虑的正是这样一件事。大多数人可能会认为像赵忠贤这样的物理学家没有时间做科普，他应该把时间都用在了做前沿的科学研究上，但在他看来，这件事同样重要。他认为这是科学研究的入门，在他看来，“了解科学是一种享受，能获新知，引发好奇，提升情趣。”①

这种想法源于 1974～1975 年赵忠贤赴英国剑桥大学等著名实验室进修时的经历。当时他去伦敦科学博物馆参观过几次，看到许多青少年在那里活动，熙熙攘攘十分活跃。他想，我们的国家也应有这样的博物馆，让孩子们从小就能接触科学，他们长大后才能为我国的科学事业做贡献。此外还有一个原因：赵忠贤特别欣赏两位法国科学家——1991 年诺贝尔物理学奖获得者热纳（Pierre-Gilles de Gennes）和 1992 年诺贝尔物理学奖获得者夏帕克（Georges Charpark）。他们在荣获诺贝尔奖之后投入很大精力推动中小学的教育改革，并从事一些科普活动。赵忠贤认为这是一个科学家应该做的事情。

超导研究虽然已有百年历史，但仍然年轻。超导已经开始造福人类并有着广泛的应用前景，21 世纪一定会有新的技术成为经济的新增长点。如果在超导材料方面有新的重大突破，则有可能成为这类新技术的候选者。对超导电性的深入认识一直推动着量子力学和物理学的发展，高温超导体的发现又带来了新的机遇和挑战。这是一个仍然充满挑战与发现的领域，中国科学家应该，也能够为人类文明做出新的、无愧于前人的贡献。在这巨大的进步中，不得不感谢高温超导的中国力量——赵忠贤的无私奉献，有了他的开创性工作的奠基，中国的超导研究将会更上一层楼！

参考文献

郭桐兴，崔立凯. 2009. 前途无量的超导应用——赵忠贤院士访谈录. 高科技与产业化，12：34-35.

韩羽. 2015. 何梁何利科技成就奖获得者赵忠贤——中国超导领域领头羊. 中国科技产业，5：72.

黄兴章. 1988. 超导体专家赵忠贤. 中国科学院院刊，1：83-85.

①王恒. 关心科普、科技馆事业的科学家赵忠贤. 自然科学博物馆研究，2017，4：95.

江世亮. 2011. 超导：一个依然充满挑战与发现的领域——赵忠贤院士答问录. 世界科学，10：19-20.
刘辰. 2017. 赵忠贤：探寻超导世界“新高度”. 中国科技产业，2：24-25.
邵红宇，任晓明，张笑天. 2014. 赵忠贤：高温超导的中国力量. 中国科技奖励，11：44-46.
王恒. 2017. 关心科普、科技馆事业的科学家赵忠贤. 自然科学博物馆研究，4：92-97.
王中才，鸿宇. 2009. 赵忠贤：蜚声世界的超导专家. 中国人才，1：44-46.